문학 속의 가족관계 분석

홍정화 지음

머리말
PROLOGUE

흔히 문학은 한 시대와 그 시대를 산 사람들을 객관적으로 바라볼 수 있는 창문이라고 한다. 이는 문학을 통하여 과거의 인간이 살았던 모습과 미래의 삶의 모습을 짐작할 수 있기 때문이다. 즉, 인간은 자신의 개인적인 인생을 살지만 의식적 또는 무의식적으로 그 시대에 발생한 여러 사건들에 대하여 영향을 받고, 동시에 당시의 사람들과 다양한 관계를 맺으며 유무형의 결과물을 산출하게 마련이다. 작가는 이러한 인생들이 살아가는 모습을 지켜보며 나름의 시각으로 그들의 일상을 작품으로 구성하여 독자들에게 남긴다. 따라서 문학작품을 살펴보면 당시의 사람들이 살았던 시대의 경제와 사회 현상, 삶의 방식이나 행태 등이 나타나 있음을 파악할 수 있다.

문학이 세상을 여는 창이기 때문에 문학은 인간이 살아가는 세상의 여러 가지 모습을 제대로 보여 주어야 할 것이다. 이러한 관점에서 문인의 시대적 소임과 역할이 대단히 중요하다는 점을 구태여 강조할 필요는 없다. 물론 문인의 소임과 역할에 대하여 여러 학자나 문인들이 다양한 관점에서 견해를 피력한 바 있다. 이 책을 대하는 독자들께서도 각자의 소신과 견해를 가지고 있을 것이며, 이를 다양한 기회에 개진할 기회도 많이 있을 것이다.

이 책에서는 위와 같은 시각을 존중하여 일제 강점기부터 2000년대에 이르기까지 발표된 문학작품에 나타난 가족관계의 모습에 초점을 맞추어 분석하고자 한다. 가족관계는 사람이 살아가는 원초적 사회조직이어서 인간의 본원적 희로애락을 그대로 보여주기 때문이다. 가족의 전반에 걸친 삶의 모습, 부부 간의 애증, 부모와 자식 간의 사랑과 아쉬움 등 3부분으로 나누어 관계분석을 시도하였다. 구체적으로 이 책에서는 단순히 문학작품을 가족관계의 관점에서 재편성하고 약간의 의견을 삽입하는 형식으로 진행하고자 한다. 물론 필자의 학문적 가족관계학 지식 수준이 미약하여 심도 있는 가족관계의 모범 답안을 발견하기는 쉽지 않을 것이다. 그저 분석 대상 작품을 통하여 그것이 발표될 당시의 가족의 모습을 이해하는 데 목표를 설정하고 있다는 점을 밝혀 둔다. 이러한 시도는 문학 속에서 소개되고 있는 가족관계의 유형을 찾아봄으로써 문학과 다른 분야의 융합을 의미한다고 해석할 수도 있다.

이 책에서 다룬 작품들은 가족관계의 유형에 따라 3부로 분류되어 분석되었으며, 분석 작품의 특징을 소개하면 다음과 같다.

첫째, 제1부에서는 가족 전반에 대한 모습이 담긴 작품을 대상으로 소개하였다. 염상섭의 대표작인 '삼대'는 1920-1930년대 서울 중구 수하동의 대지주인 조의관의 3대에 걸친 가족사를 다룬 것으로서 한 가문의 흥망성쇠와 주변 인물들의 관계를 통해서 일제 강점기의 가족관계와 사회상을 보여주고 있다. 채만식의 '태평천하'는 염상섭의 '삼대'와 더불어 1930년대를 대표하는 가족사 소설로 알려져 있는데, 1930년대 일제 강점기 하의 현실을 태평천하라고 여기는 주인공 윤직원 영감의 독선적 행태를 중심으로 하여 5대에 걸친 가족의 관계가 풍자적 줄거리로 엮어지고 있다. 황석영의 '철도원 삼대'는 철도원으로 살아온 가족 삼대의 삶의 궤적을 추적하면서 그들이 몸담고 일했던 철도업의 태동과 성장 관련 사실들을 짚어보며, 동시에 일제 강점기와 해방 이후 지하와 지상을 넘나들며 전개되었던 사회주의(공산주의) 운동과 노동운동을 소개하였다. 이범선의 '오발탄'은 해방 후 월남한 가족의 삶을 체험적으로 그린 작품으로서 1950년대 후반의 월남인의 고단한 삶, 나아가 서울 주변 속 1950년대의 서민 가정이 살아온 당시의 경제와 사회환경 및 가족관계를 다루고 있다. 김원일의 중편소설 '손풍금'은 사회주의자였던 작은할아버지의 생애를 추적하여 석사논문을 작성하고자 하는 손자와 할아버지를 화자로 내세워 분단하의 가족 관계를 그린 작품이다. 최일남의 '흐르는 북'은 1980년대의 성공한 중산층 가정을 배경으로 하여, 북에 대한 열정으로 평생을 살아온 할아버지, 그런 할아버지를 원망하는 고위 관리 아들 및 두 세대를 동시에 이해하고자 하는 손자의 모습을 통해 가족 세대 간의 갈등양상과 사회상을 그린 작품이다. 조남주의 '82년생 김지영'은 작품 속 1982년생 여성 김지영의 일대기를 추적하면서 전통적으로 남성 우선주의적인 한국 가족제도 하의 사회에서 여성들의 삶의 현장을 드러내 보여주고 있다. 한강의 연작 소설 '채식주의자'는 단지 채식주의를 고집하며 고기를 거부하는 한 여인이 가족들을 비롯한 다수인의 고정관념과 과욕에 눌려, 극단적으로 추락해 가는 과정과 이로 인한 가족관계의 황폐화 모습을 추적하고 있다. 이창래의 '영원한 이방인'에서는 미국으로 이주한 부모님을 둔 이민자 가족의 주인공이 미국에서도 한국에서도 초대받지 않아 어느 쪽에도 속하지 못한다는 갈등의식 속에서 자신의 정체성과 가족관계를 찾아가는 과정을 그리고 있다.

둘째, 제2부에서는 가족제도의 기초 구성원인 부부 간의 사랑과 갈등을 형상화한 작품을 소개한다. 문학 작품에서는 부부 간의 관계에 대하여 어떤 관점과 주장을 보여주는지 살펴볼 필요가 있다. 이인화의 '시인의 별'은 원나라의 지배시기에 살았던 고려시대의 안현(安顯)이라는 불우한 지식인의 부부 간 사랑의 역정(歷程)을 그리고 있으며, 아울러 몽골 지배 하의 고려시대의 사회상을 짐작해내고 있다. 박완서의 '친절한 복희씨'는 한 평범한 여인의 발자취를 더듬어 본 작품으로서, 주인공 여성 복희씨는 버스 안내양이 되려고 열아홉에 상경하였으나 다른 인연으로 남의 집 식모로 들어가, 집 주인인 자영업자의 후처가 되어 열심히 살아가는 모습을 그리고 있다. 전처 자식을 포함하여 다섯 명의 자식을 잘 키워 출가시키고, 수 십년이 지나 이제는 남편을 돌보며 지낸다는 부부 간의 애증을 다룬 작품이다. 신경숙의 '지금 우리 곁에 누가 있는 걸까요?'는 부부 간 사랑의 간극이 발생하는 과정과 부부 간의 오해와 진실의 해명을 통해 불행을 극복하려는 노력 모습에 이어, 결과적으로 부부 간 사랑의 확인을 통하여 행복을 찾아가는 형상을 그리고 있다.

셋째, 제3부에서는 부모와 자식 간의 사랑을 소재로 한 작품을 소개한다. 부모와 자식 간의 사랑은 내리사랑, 일방적 사랑이라고 한다. 그래서 부모의 자식사랑은 원초적이고 반대급부 없는 사랑이라고 한다. 문학에서는 어떤 모습을 보여주는지 살펴본다. 하근찬의 '수난이대'는 6.25 전쟁 후 농촌사회에서 겪고 있는 민초들의 수난 사례를 주인공 부자의 수난을 통하여 살펴보고 이를 어떻게 이겨내고 있는지를 형상화하고 있는데, 이후 계속 태어나는 새로운 세대의 독자들에게 먼저 세대의 역사를 담담히 들려주는 소설로서 가치가 있다. 한무숙의 '생인손'은 구한말 노비로 태어나 해방 및 6.25 전쟁 등의 격동기를 거치면서 기구한 운명을 살아간 한 여인의 고해성사를 통하여 인간으로서 모녀에게 닥친 불가항력적 운명을 그리고 있다. 박완서의 '나목'은 6.25 전쟁 중의 서울이라는 배경 하에 탄생한 작품으로서 6.25 전쟁 기간 중의 서울생활의 모습, 남녀 간의 사랑, 가족제도의 실제, 모녀 간의 애증관계, 미군 px를 둘러싼 사회상 등을 작품에 담고 있다. 신경숙의 장편소설 '엄마를 부탁해'는 심연으로부터 진하게 묻어나는 모정의 모습을 가족 구성원별 관점에서 분석함으로써 핵가족시대와 1인 가족시대를 하나의 트렌드로 몰고가는 듯한 세태에 과제를 안겨 주고 있다. 신경숙의 '아버지에게 갔었어'에서는 "여러 겹의 아버지의 목소리를 찾아내고 싶었다."며 "아무 이름 없이 한 세상을 살다가는 아버지들에게 바치는 신경숙의 헌사로 읽어주시면 감사하겠다."고 작품의 성격을 설명하고 있다. 이 책에서는 개별적 인간으로서 아버지의 실체적 모습을 자식들의 여러 관점에서 찾아내 분석하고 있다. 신경숙의 '감자 먹는 사람들'은 아버지의 병상을 지키며, 아버지의 지난 모습에 대한 기억들을 소환해 내는 딸의 모습을 관찰하면서 부녀지간의 애정을 다시 생각하게 한다. 이승우의 '나는 아주 오래 살 것이다'에서는 1997년 당시 경제 위기를 맞아 사회에서 퇴출당한 한 기업인의 정신분열증을 다루고 있으나, 작가의 진의는 가정 폭력이 본인의 불행은 물론 가족들의 인생에도 중대한 영향을 미친다는 점을 주장한 것으로 보인다. 구체적으로 어린 시절 아버지의 폭력에 시달려 심한 트라우마를 겪는 한 기업인의 아픔을 적절하게 그리고 있다. 작품을 통하여 가정 폭력은 자녀들에게 후과(後果)로 남는다는 점을 내비치고 있다. 최일남의 두 작품 '너무 큰 나무'와 '점순이'에서는 두 작품에 나타나는 등장인물들의 대화나 작가의 지문을 토대로 1970년대 가정부들의 집안 내에서 존재감이나 대우 면에서 그들의 위상은 어느 정도였으며, 그들이 집안의 어른인 가장을 보는 눈은 어떠하였는지를 보여준다.

문학평론의 관점을 문학이론 보다는 가족관계라는 현실적인 문제로 끌어들인 이 책의 취지에 대해서는 흔쾌히 동의가 되지 않을 수도 있다. 그러나 문학이 인간의 행복을 추구하는 데 기여할 수 있다는 점에서 현학적인 토론보다는 우리 가까이에서 나타나는 인간사에 관한 일들을 따져보는 것도 우리의 현실을 개선하는 데 도움이 될 것으로 믿는다. 이러한 관점에서 저자는 평론이라기보다는 평설이라는 기준으로 문학작품들을 분석하고 있음을 말하고 싶다.

이 책을 발간하는 과정에서 많은 분들의 도움을 생각하게 된다. 등단으로 이끌어 주신 윤종안 교수님과 문학의 길을 안내해 주시는 김진희 회장님의 자상한 지도에 감사드리며, 박종욱 회장님의 관심과 조언에 감사드린다. 또한 이 책이 나오도록 독려와 지원을 해주신 장영란 박사님께도 감사 인사를 드린다. 끝으로 수익성이 불투명한 이 책을 출판해 주신 도서출판 두남의 전두표 사장님을 비롯한 임직원 여러분께 감사의 말씀을 드리며 두남의 발전을 기원한다.

2023년 12월
저자 씀

차례
CONTENTS

머리말 프롤로그 / 3

PART 1 가족관계의 전반적 모습

Chapter 1 염상섭의 장편소설 '삼대'에 나타난 1930년대의
          가족관계와 사회상 ··· 13

Chapter 2 채만식의 소설 「태평천하」에 나타난 1930년대의
          사회상과 대지주 가족의 모습 ··· 37

Chapter 3 황석영의 장편소설 '철도원 삼대'를 통해 본
          가족 3대의 노동운동 ··· 57

Chapter 4 이범선의 소설 '오발탄'에 나타난 1950년대
          사회상과 서민가정의 삶의 모습 ··· 79

Chapter 5 김원일의 중편소설 '손풍금'에 나타난 분단 하의 가족관계 ··· 97

Chapter 6 최일남의 소설 '흐르는 북'에 나타난 1980년대
          가족의 세대 간 갈등과 사회 모습 ··· 115

Chapter 7 조남주 장편소설 '82년생 김지영'에 나타난
          남성우선의 가족관계 현실 ··· 129

Chapter 8 한강의 연작소설 '채식주의자'에 나타난 가족관계의
          황폐화 과정 ··· 145

Chapter 9 이창래의 소설 '영원한 이방인'에 나타난 미국 이민자
          가족의 정체성 갈등 ··· 165

PART 2 가족제도의 근간으로서 부부 모습

Chapter 10 이인화의 단편소설 '시인의 별'에 나타난 고려시대의
사회상과 부부 간의 사랑 ... 187

Chapter 11 박완서의 소설 '친절한 복희씨'를 통해 본 부부의 일생 ... 203

Chapter 12 신경숙의 소설 '지금 우리 곁에 누가 있는 걸까요'에
나타난 부부 간 사랑의 결정체(結晶體) ... 215

PART 3 부모와 자식 간의 사랑

Chapter 13 하근찬의 소설 '수난이대'에 나타난 부자 간의 사랑 모습 ... 229

Chapter 14 한무숙의 소설 '생인손'에 나타난 모녀의 운명 ... 241

Chapter 15 박완서의 장편소설 '나목'에 나타난 6.25 전쟁 중의
사회상과 모녀의 애증 ... 255

Chapter 16 신경숙의 장편소설 '엄마를 부탁해'에 나타난
모정(母情)의 세월 ... 275

Chapter 17 신경숙의 장편소설 '아버지에게 갔었어'에 나타난
아버지의 일생 ... 293

Chapter 18 신경숙의 소설 '감자 먹는 사람들'에 나타난 딸의
아버지에 대한 상념(想念) ... 313

Chapter 19 이승우의 단편소설 '나는 아주 오래 살 것이다'에
나타난 가정폭력의 후과(後果) ... 331

Chapter 20 최일남의 소설을 통해 본 1970년대 가족 구성원과
가정부의 관계 ... 345

PART 1
가족관계의 전반적 모습

Chapter 1 염상섭의 장편소설 '삼대'에 나타난 1930년대의 가족관계와 사회상
Chapter 2 채만식의 소설 '태평천하'에 나타난 1930년대의 대지주 가족의 모습과 사회상
Chapter 3 황석영의 장편소설 '철도원 삼대'를 통해 본 가족 3대의 노동운동
Chapter 4 이범선의 소설 '오발탄'에 나타난 1950년대 사회상과 서민가정의 삶의 모습
Chapter 5 김원일의 중편소설 '손풍금'에 나타난 분단 하의 가족관계
Chapter 6 최일남의 소설 '흐르는 북'에 나타난 1980년대 가족의 세대 간 갈등과 사회 모습
Chapter 7 조남주의 장편소설 '82년생 김지영'에 나타난 남성우선의 가족관계 현실
Chapter 8 한강의 연작소설 '채식주의자'에 나타난 가족관계의 황폐화 과정
Chapter 9 이창래의 소설 '영원한 이방인'에 나타난 미국 이민자 가족의 정체성 갈등

Chapter 1

염상섭의 장편소설 '삼대'에 나타난 1930년대의 가족관계와 사회상

1. 시작하는 글

작가 염상섭은 1897년 서울 종로구 적선동에서 태어나 교토부립 제2중학교, 보성소학교를 거쳐 일본 게이오대학(慶應大學) 문학부에서 수학하였다. 1920년 2월 동아일보 창간과 함께 진학문(秦學文)의 추천으로 정경부 기자로 활동하였으며, 이어서 조선일보 학예부장, 만선일보와 경향신문의 편집국장을 지냈다. 그는 1920년 7월 김억, 김찬영, 민태, 남궁벽, 오상순, 황석우 등과 함께 동인지 「폐허」를 창간하고 창간 동인으로 활동하기도 했다. 1921년 「개벽」에 발표한 처녀작 '표본실의 청개구리'는 한국 최초의 자연주의적인 소설로 평가되며, '만세전' 등을 통해 근대 중편소설의 기반을 마련하였으며, 이후 장편소설 '삼대'를 발표하여 일제 강점기의 서울 종로구 지역의 소시민들의 생활상을 보여주었다.

염상섭의 대표작인 '삼대'는 1920-1930년대 서울 중구 수하동의 대지주인 조의관의 3대에 걸친 가족사를 다룬 것으로써 한 가문의 흥망성쇠와 주변 인물들의 관계를 통해서 식민지 시대의 사회상을 사실적으로 보여주고 있다. 또한 당시 세대 간의 갈등구조와 사회주의 사상을 둘러싼 젊은이들의 고뇌를 다루고 있으며, 부의 주변에서 기생하며 살아가는 인물들의 욕망과 타락상을 그리고 있다. 자본주의 의식과 사회주의 운동이 오버랩 되는 시절에 두 젊은 지식인 덕기와 병화의 생활방식과 가치관이 대조적으로 드러나면서 그 시대의 장면들을 활동사진으로 보여주는 듯하다. 이 작품은 1931년 1월 1일부터 9월 17일까지 총 215회에 걸쳐 조선일보에 연재된 것으로 우리나라 최초의 장편소설로 인정받는다.

2. 작품의 개요 및 작중인물의 특징

　　제1대인 조의관은 대지주로서 가문을 중시하고 형식과 의례 등 전통적 봉건사상에 젖어 있으며 기독교인으로 교회활동에 열중하는 아들 조상훈과 사상적으로나 성격적으로 대치되는 인물이다. 또한 그는 구한말 세대답게 며느리보다도 어린 수원집이라는 첩을 두고 있다. 그녀를 통하여 귀순이라는 딸을 하나 두고 있다. 그는 유교적 사상과 관습을 숭상하여 제사 지내줄 아들을 얻을 수 있다면 수원집 이외에 아들을 낳아줄 첩을 하나 들이는 것도 고려할만하다는 의식을 가지고 있다. 그는 중인신분의 위치에서 벗어나고자 재산을 축적하여 양반을 사고 족보를 만들었다. 작품에서 그는 사당 열쇠와 금고 열쇠를 가지고 집안 식솔들을 관리하며 대외적으로 자신의 시대에 걸 맞는 권력을 행사한다. 이러한 그의 행적을 통하여 당시의 봉건사회와 자본주의 사회가 공존하고 있음을 짐작할 수 있다.
　　제2대인 조의관의 아들 조상훈은 외국 유학을 한 일제 강점기의 지식인으로 기독교 사상과 교회활동을 통해 사회를 변화시키고자 하는 의식을 가지고 있다. 조상훈은 교회활동을 통하여 사회적 지위와 명예를 유지할 수 있었으나 돈과 가문을 중시하는 부친 조의관의 가치관과 충돌하여 결국 아버지와 등을 돌리고 대립을 한다. 그는 교원활동과 교회활동을 하던 중 홍경애 가족을 돕는 과정에서 타락과 욕정을 멈추지 못하고 자신을 나락으로 몰고 간다. 즉, 아들 조덕기의 보통학교 동급생이었던 경애의 부친 장례를 치러준 이후 그녀 집안을 도와주다가 그만 둘 사이에 딸이 생기게 되자 몰락의 길로 접어든다. 조상훈은 경애를 첩으로 들일 수도, 현 부인과 이혼을 하고 경애와 결혼을 선택하지도 못한다. 그러다보니 아버지의 유산에 대한 집착하는 모습을 보여주어 범죄 수준의 행동을 하게 된다.

제3대인 조의관의 손자 조덕기는 조부와 부친의 두 세대의 의식이나 행태를 배척하지는 않지만 모두 수용하는 것도 아니며 그냥 존중하는 스탠스를 취한다. 경애를 임신시킨 아버지를 나쁘게 생각하면서도 아버지에게 깍듯하게 대한다. 모두가 할아버지의 재산을 탐내지만 조덕기는 그들과 다른 모습을 보여준다. 조부의 유언대로 자신이 평생 가문과 금고를 지키며 살아가게 될 입장에 대해 마냥 기뻐하지도 않는다. 그의 부친이 벌이는 경애와 의경 등과의 일탈 행위를 못마땅해 하면서도 자신도 필순을 마음에 두는 것처럼 부도덕한 행위를 답습하는 듯한 일을 행하며 갈등을 겪고 있다. 또한 그의 조부로부터 받은 상속 중에 사당의 가치는 회의적으로 보면서도 금고에 대해서는 집착하는 듯한 모습에서 그가 생각하는 이상의 가치와 현실적인 가치 간에서 번민하고 있다.

조덕기의 친구 김병화는 사회주의 운동을 하는 지식인으로서 덕기가 가진 돈을 부정적으로 보면서도 덕기로부터 술과 담배를 얻어

먹는다. 병화는 덕기를 술집 바커스로 안내하여 그곳에서 일하는 경애를 만나게 하고 자신이 하숙하는 집의 딸 필순을 소개하기도 한다. 덕기는 자신의 아버지와 관계해 아이를 낳은 경애가 술집에서 일을 하는 것을 보고 놀란다. 덕기가 일본에서 공부를 마치려고 떠나려 할 때 조부가 허리를 다쳐 자리에 누우며 상태가 좋아지지 않았다. 덕기가 졸업 시험을 보기 위해 경도로 떠나자 그의 조부는 건강 상태가 점점 나빠지게 되면서 자신이 죽기 전에 금고 열쇠를 꼭 덕기에게 주고 싶어 하여 집으로 소환한다. 전보를 받고 집으로 돌아온 덕기는 조부의 유언장이 들어 있는 금고 열쇠를 받는다. 조부는 그의 대부분의 재산을 아들 상훈이 아닌 손자 덕기에게 승계시키는 절차를 마치는 결과가 된 셈이다. 그 후 조부는 의전 병원으로 옮겨져 치료를 받다가 곧 운명을 한다. 의사는 조부가 비소에 중독되었다는 소견을 표명한다. 그러자 조상훈은 부검을 해볼 것을 제안하지만 상훈의 집안 형인 창훈이 나서서 부모에 대한 불효라며 부검을 하지 못하게 하는 주장을 펼치면서 분위가 반대로 모아지자, 덕기 역시 부검을 하자고 나설 입장이 되지 못하여 그대로 장례를 치르기로 한다.

    조상훈은 부친이 돌아가시자 젊은 여성인 의경을 데리고 산다. 의경은 그가 자주 출입하던 매당집에서 만난 여자로 매당과 수원집은 조의관의 재산을 노리고 접근한 한 패거리였다. 김병화는 반찬가게를 열고 필순의 가족도 합류하여 장사를 한다. 그러자 경찰들은 조의관의 죽음에 대한 소문과 김병화의 반찬가게 밑천이 된 돈의 출처를 놓고 덕기와 병화 일행을 잡아들인다. 덕기가 경찰에 잡혀 들어간 사이에 상훈은 가짜 형사를 데리고 집으로 가서 덕기가 지키고 있는 금고를 털어간다. 경찰의 수사 결과 조부는 수원집 일당에 의한 비소 중독으로 사망하였다는 점과 조상훈이 금고를 털어 유언장을 조작한 점이 밝혀졌다. 한편 사회주의자로 경찰의 주목을 받아 잡혀간 김병화는 운동 일당들과의 관계가 밝혀지지 않아 풀려 나지 못했으나 덕기와 필순은 무사히 풀려난다. 사회주의 운동원으로부터 공격을 받아 병원에 입원 중이던 필순의 아버지는 사망하게 되어 덕기는 필순 아버지의 장례를 치러준다. 결국 덕기도 자신의 부친 상훈이 경애 아버지의 장례를 치러준 것과 같이 자신도 부친이 걸어왔던 길을 따라 가는 것이 아닌지 회의에 빠진다.

김병화는 사회주의 운동가로서 아버지 세대를 전적으로 부정하고 아버지와 관계를 끊고 살지만 덕기는 병화가 추구하는 사회주의 이념 자체를 부정하지 않고 자신도 사회주의 이념에 심정적으로 동조하지만 현실적으로 사회주의를 주장하는 어떠한 행동을 취하지도 않는다. 당시 일제강점기의 식민 통치의 압력이 크게 작용했던 상황 하에서 의식 있는 청년들은 극도로 좌절감에서 헤어나지 못했다. 그러나 작품에서는 새로운 세대인 덕기와 병화를 통해 현실의 어려움을 이겨낼 수 있도록 미래상을 제시하려고 노력한 것으로 보인다.

3. 가족 삼대의 갈등구조 및 가치관 변화

작품에서는 조의관, 조상훈, 조덕기로 이어지는 한 가족 3대의 삶을 통해서 구한말에서 식민지 시대에 이르는 서울의 4대문 내 백성들의 삶과 사회상을 보여준다. 특히 작품을 통하여 작가는 봉건 사회에서 근대 자본주의 사회로 이어지는 과도기적 과정에서 발생하는 다양한 세대 간 갈등 모습을 한 가족 3대의 가치관 차이를 통하여 사실적으로 그리고 있다.

1) 제1대 조의관

전통적 봉건주의 신봉자로서 재산형성에 대단한 능력을 보여 많은 농토와 가옥 및 정미소 등 부동산을 소유하고 있다. 조선시대 이래 중인신분으로 추정되며, 이러한 연유로 양반의 족보를 만들기 위해 조상의 근원을 파악하고 일가친척을 연결하는데 많은 돈을 들인다. 그는 집안의 크고 작은 제사와 가문의 명예를 키우는 것을 가장 큰 일로 여긴다. 작품에서는 가문을 단단히 세우고 친척을 챙기는 모습을 다음과 같이 기술하고 있다.

"수하동 조의관 댁 문지방 없는 솟을대문에는 언제부턴가 ××조씨 대동보소라는 넓고 기다란 나무때가 붙기 시작하였었다. 근 이태 동안 무릇 ××조씨라고 하는 '종씨' 쳐놓고 안 드나드는 사람이 없게 되었다. 종씨 종씨--보도 듣도 못하던 종씨의 사태가 났던 것이다. 그 종씨가 상훈에게는 구살머리적고 못마땅하였다.
그러나 조의관은 그 무서운 규모로도 이 종씨를 할아버지 아저씨 하고 덤벼드는 시골꼬락서니 젊은 애들을 며칠씩 묵혀서는 노잣냥 주어 내려 보내는 것이었다."

그러나 자신의 아들에 대하여는 불신감을 직설적으로 내비친다. 그는 기독교에 심취하여 집안을 돌보기보다는 자유분방한 인생을 사는 아들 상훈보다 손자인 덕기를 더 신뢰하여 집안의 대소사를 손자와 의논하고 유산상속 및 관리도 덕기에게 맡긴다. 조의관은 수원댁이라는 첩을 들어앉히고 70세에 귀순이라는 딸을 낳았으며, 아들 식구는 밀어내 다른 집에서 살도록 하고 있다. 아들에 대한 불신감과 자신의 부에 대한 자부심이 다음과 같은 질책에서 드러난다.

"무슨 잔소리를 그래도 뻔뻔히 서서 하는 것이냐? 어서 가거라! 네 자식도 너 따위를 만들 작정이냐? 덕기는 내가 기르고 내가 공부를 시키는 터이다. 너는 낳았달 뿐이지 네 손으로 밥 한술이나 먹이고 학비 한 푼이나 대어 주었니? 내가 아무러면 너만큼 못 가르쳐놓겠니! 잔소리 말고 어서 가거라! 도덕이니 박애니 구원이니 하면서 제 자식 하나 못 가르치는 놈이 입으로만 허울 좋은 소리를 떠들면 세상이 잘될 듯싶으냐!"

아들에 대한 불신감은 그의 재산 상속과 관련하여 다음과 같은 결연한 의지 표명에서 적나라하게 나타난다.

"내 재산이래야 얼마 있는 게 아니다마는 반은 덕기에게 물려줄 것이요, 그 나머지로는 내가 쓰고 싶은 데 쓰다 남으면 공평히 나누어주고 갈 테다. 공증인을 세우든 변호사를 불러대든 하여 뒤를 깡그러뜨려 놓을 것이니까 너는 이제는 남 된 셈만 쳐라. 내가 죽으면 네가 머리를 풀 테냐? 거상을 입을 테냐?"

조의관은 자신이 죽은 뒤에 기도를 어떤 놈이 하면 황천으로 가다 말고 돌아와서 그놈의 혓바닥을 빼놓겠다고 공개적으로 미리 유언까지 해두었다. 아들이 예수교식으로 장사를 지내줄까 보아 그것이 큰 걱정이라는 것이다. 당시 유교적 관습에 젖어있는 조의관의 봉건적 의식세계에서는 아들의 교회활동에 대한 이해가 되어 있지 않으며 불만이 대단히 누적되어 있는 것으로 보인다.

많은 조부들이 그렇듯이 조의관도 손자에 대한 애정이 대단하여 친구관계 등에 대한 노파심이 진한 염려를 나타낸다. 손자 조덕기의 친한 친구 김병화에 대한 불만이 다음과 같이 조덕기에 대한 훈시를 통하여 표출되고 있다.

"얘, 누가 찾아왔나보다. 그 누구냐? 대가리 꼴 하고 …… 친구를 잘 사귀어야 하는 거야. 친구라고 찾아온다는 것이 왜 모두 그 따위뿐이냐?"

조부는 병화가 누군지도 모르면서 다만 양복 꼴이나 머리를 텁수룩하게 하고 다니는 것으로 보아 무엇이나 뜯으러 다니는 친구일 것으로 추정하여 그런 인간과 어울려서 술을 배우고 돈을 쓰러 다닐까 보아서 걱정을 하는 것이었다.

조의관은 자신이 평생 형성한 재산을 상속하는 과정에 손자 덕기의 입장을 가장 중시하여 그를 중심으로 한 재산배분을 그려 놓고 있다. 그는 자신이 자리에 눕자 일본 경도에 유학중인 덕기를 오도록 전보를 치라고 성화를 한다. 상속과 관련된 유언 과정과 설명을 다음과 같이 나타나고 있다.

"영감이 덕기를 어서 불러다 보려는 것은 귀여운 생각에 애정으로도 그렇지마는, 한 가지 중대한 것은 재산 처리를 손자를 앞에 앉히고 하려는 생각이기 때문이었다. 물론 아들을 쏙 빼놓고 하려는 것은 아니나, 어쨌든 손자까지 앞에 앉히고서 유언을 하자는 생각이다. 그것도 자기가 이번에 죽으리라는 생각은 아니나, 사람의 일을 모르겠고 어차 어피에 언제든지 할 일이니까 나중 자기가 일어나서 또 하더라도 어쨌든 간에 이 기회에 대강만이라도 처리를 하여놓으려는 생각이 있느니만큼, 손자를 성화같이 기다리는 것이요, 따라서 상훈이 덕기를 못 오게 방망이를 드는 것이라고 넘겨짚고 아들에게 준금치산 선고까지라도 시키겠다고 야단을 치는 것이다."

조부의 성화로 조덕기가 경도에서 귀국하자 다음과 같은 내용으로 유언을 행한다. 당부의 사항으로 가문을 승계하여 유지하는 것으로 이를 이행하도록 다짐하고 있다.

"어쨌든 이 금고 열쇠를 맡아라. 어떤 놈이 무어라고 하든지 소용없다. 이 열쇠 하나를 네게 맡기려고 그렇게 급히 부른 것이다. 하지만 맡겨노면 이제는 나도 마음 놓고 눈을 감겠다. 그러나 내가 죽기까지는 네 마음대로 한만히 열어보아서는 아니 된다. 금고 속에는 네 도장까지 있다마는 내가 눈을 감기 전에는 네 도장이라도 네 손으로 써서는 아니 된다. 그 열쇠 하나에 네 평생의 운명이 달렸고 이 집안 가운이 달렸다. 너는 그 열쇠를 붙들고 사당을 지켜야 한다. 네게 맡기고 가는 것은 사당과 그 열쇠--두 가지뿐이다. 그 외에는 유언이고 뭐고 다 쓸데없다. 이때까지 공부를 시킨 것도 그 두 가지를 잘 모시고 지키게 하자는 것이니까."

조의관은 구한말 시대를 살아온 세대로서 전통적 봉건주의에 젖어 유교관념에 투철한 의식세계를 보여주고 있다. 대지주로서 양반가문을 스스로 형성하고 고액의 비용을 들여 족보를 발간하는 등 중시조로서의 역할을 감당한다. 당시 자본주의 초기의 흐름 속에서 막대한 부에 근거한 신분상승 기류를 잘 반영하고 있다. 그러한 신념 하에서 후대를 걱정하는 마음이 지나칠 정도로 자신의 주장에 집착하는 듯하다. 이런 연유로 자유분방한 아들이 유교적 가문 구축과 제사에 대하여 관심이 없고 경제관념도 없이 재산만 축낸다는 불신은 계속 부자간의 간격을 계속 벌어지게 하고 있다. 마침내 그는 아들을 건너 뛰어 손자에게 가문을 넘기는 결정을 내린다. 한편으로는 아들을 더 얻고자 하는 생각에서 수원댁이라는 젊은 첩을 얻어 기대를 걸어보기도 하나 순조롭지 못하게 결말을 맺는다. 그는 신분사회가 흔들리고 자본주의가 싹트는 과도기의 인물로서 재산 형성을 하고 가문을 세우는데 진력하고 이를 후손들에게 넘기면서 자신의 삶을 평가하는 모습이 작품을 통하여 나타난다. 그러나 일제하에서 민족의식이나 독립의지 등은 보여주지를 못하고, 많은 대지주나 기득권층이 그랬듯이 자신의 일상과 위상을 담보하기 위하여 일본인 관리들과 관계를 유지하고 있었던 것으로 추측된다.

2) 제2대 조상훈

조상훈은 외국 유학을 다녀온 신세대 지식인으로서 그의 부친과는 생각이 아주 다르다. 그는 처음에는 기독교 신자로서 교회활동을 하며 모범적인 활동을 하나 홍경애라는 젊은 여성과의 관계를 가지면서부터 지식인의 정도를 벗어난다. 그는 일제 강점기 하에서 지식인의 이상을 현실에 구현하지 못하고 타락하고 마는 인물이다. 그는 3·1 운동이 실패로 돌아가면서 허무주의에 물들어 축첩과 노름, 술로 얼룩진 퇴폐적인 생활에 빠지게 된다. 이처럼 조상훈은 목적의식을 잃고 타락해 버린 당시 지식인의 일면을 보여 주고 있다.

조상훈은 부친 조의관에게 신용을 잃어 자식인 조덕기에게도 동정어린 눈길을 받아야만 했다. 조덕기는 부친이 조부의 집에 올 적마다 조부로부터 꾸중만 맞고 안에도 들르거나 말거나 하고 훌쩍 가버리는 부친의 뒷모양을 바라보고 민망한 생각이 들었다. 덕기는 그의 부친의 지나온 시간들을 다음과 같이 평가한다.

> "자기 부친에게 잘못이 없다는 것은 아니나 그렇다고 남에 없는 위선자거나 악인은 아니다. 이 세상 사람을 저울에 달아본다면 한 돈도 못 되는 한 푼 내외의 차이밖에 없건만 부친이 어떤 동기로이었든지--어떤 동기라느니보다도 2, 30년 전 시대의 신청년이 봉건사회를 뒷발길로 차버리고 나서려고 허비적거릴 때에 누구나 그리하였던 것과 같이 그도 젊은 지사로 나섰던 것이요, 또 그러느라면 정치적으로는 길이 막

힌 그들이 모여드는 교단 아래 밀려가서 무릎을 꿇었던 것이 오늘날의 종교 생활의 첫 발길이었던 것이다. 그것도 만일 그가 요샛말로 자기청산을 하고 어떤 시기에 거기에서 발을 빼냈더라면 그가 사상으로도 더 새로운 시대에 나오게 되었을 것이요, 실생활에 있어서도 자기의 성격대로 순조로운 길을 나아가는 동시에 그러한 위선적 이중생활 속에서 헤매지는 않았을 것이다."

아들 덕기는 회한에 젖어 자신의 부친이 잘 나가던 시절의 모습을 다음과 같이 안타까운 마음을 표현하고 있다.

"이태 동안이나 미국 다녀온 사람, 그리고 도도한 웅변으로 설교하는 깨끗한 신사--그때는 덕기의 부친도 40이 아직 차지 못한 한창때의 장년이요 호남자이었다. 게다가 뒤에는 재산이 있으니 교회 안의 인기는 이 한사람의 독차지였다. 20 전후의 젊은 여자의 추앙이 일신에 모인 것도 사실이었을 것이다."

조상훈이 교회에서 만난 독립운동을 한 가족을 돌보아 주게 된다. 그 집의 어린 딸 경애로부터 존경을 받으며 관계를 이어가다가 깊은 관계에 빠지면서 상훈의 민낯이 드러나는데, 경애의 시각으로 본 존경받는 인사 상훈의 본래 모습이 다음과 같이 실망감으로 가득찬 눈초리로 표현된다.

"상훈은 이래저래 홧김에 술을 먹는 모양이었다 …… 경애는 어이가 없었다. 신성에 대한 환멸을 느꼈다. 예수교인이라면 으레 술 담배 안 먹는 사람이요. 계집은 자기 아내밖에 모르는 …… 경애가 그 신성하여야 할 조선생님이 술을 마시고 얼굴이 벌개진 것을 보고는 딴사람 같아서 마주 보기가 도리어 겸연쩍었다. 조 선생님이나 그런 부류의 사람들을 신성한 사람으로 보아온 것이 잘못이었던가? 숭배하던 조 선생이 맥주를 조금 먹었다는 일이 이 소녀의 머리를 한층 더 뒤숭숭하게 했다."

상훈은 부친의 호령은 언제나 박박 할퀴는 것 같아 심장 밑이 찌르르하다고 느낀다. 그럴 때마다 하속배나 어린 며느리자식 보기에도 창피한 마음이 들었다. 여생이 얼마 안 남은 부친이니 그야말로 양해는 못할망정 자식된 자기로서 제 속마음으로라도 정성껏 대하리라고 생각하다가도 주책없는 어린애처럼 배반감이 든다고 생각하는 것이었다. 그는 "내가 잘한 것이야 없지마는 효도는 윗사람이 받아주셔야 할 것이 아닌가?"하는 불만을 토로한다. 또한 그는 부자간에 따뜻한 말 한마디 주고받은 기억은 별로 없는 것 같은데, 수원집이 들어온 후로 부자간의 관계가 한층 더 서먹해진 것을 생각할 때, 젊은 여인들과 놀아나는 자신에 대하여 밤낮으로 불만을 터뜨리는 자기 마누라만 나무랄 수도 없을 것 같았다

상훈은 부친이 이대로 나아가다가는 어떠한 법률상 수단으로든지 자기를 쏙 빼어놓고 한 대 걸러서 아들 덕기에게로 상속을 시킬지도 모르겠다는 위기감을 느낀다. 거기다가 자신을 경계하는 수원집의 농락이 있어서 아무래도 후일이 걱정이 된다. 그렇다고 심심치 않게 일어나는 일부 집안의 모양으로 부자가 법정에서 다투는 재산 싸움의 추태는 자기로서는 도저히 할 수 없는 일이라는 생각이 든다. 더구나 기독교 지도층이라는 처지로서 재산 문제로 세상에 드러내놓고 다툴 일은 못 되는 것이다. 그래서 어쨌든 덕기를 꼭 붙들어 앞혀서 수원집이나 기타 일문일족의 간섭이나 농간을 막게 하고 한편으로는 덕기를 자기 손에 쥐고 조종해나가는 것이 제일 상책이라는 생각에 다다른다. 따라서 덕기를 잘 활용하자면 아무리 부자간이라 하여도 지금까지와는 태도를 바꿔서 아들의 비위를 맞

추어주고 살살 달래서 자신으로부터 벗어나지 않게 해야 하겠다고 다짐을 하였다. 그러나 부친 조의관 별세 후 재산 대부분을 가문 승계라는 명분으로 덕기에게 상속되고 자신에게는 다른 가족 구성원들과 비슷한 정도만 남겨주자 덕기에게 도전적으로 자신이 쓸 돈을 요구하는가 하면 상속 재산을 탈취하는 사태까지 벌인다. 부친의 비소 중독사 의혹으로 인해 집안 일이 형사 사건이 되어 그도 소환과 취조를 겪었다. 재산 상속후 상훈의 아들에 대한 생각이 다음과 같이 기술되어 있어 씁쓸한 분위기를 자아낸다.

"아들이 잡혀 갇혔다는 말을 듣고 상훈은 스르르 큰집에 들렀다. 일자 이후로 처음이다. 아들이 그런 누명을 쓰고 횡액에 걸린 것이 안 되기는 하였으나 별 죄가 있는 것 아니요, 한 서너 달 미결감에 들어앉았다가 나오면 그만일 것이니, 젊은 놈 기운에 도리어 공부도 되고 이 세상 경험 삼아도 좋을 것이라고쯤 생각하는 것이다. 하여간 몇 달 동안은 눈에 아니 띨 것도 해롭지 않다고 코웃음을 쳤다. 자식 앞에서라도 기를 못 펴다가 그동안만이라도 집안일을 마음대로 휘둘러 볼 수도 있겠거니 해서 그런 것이다."

결과적으로 조상훈은 제사와 같은 집안일에는 무심하고 교회 사업이나 유흥에만 몰두해 집안의 돈을 빼돌리려고 혈안이 되고 있는 것으로 그려진다. 그 시절의 지식인으로서 독실한 기독교 신자인 그는 교회를 통해 교육과 사회운동에 큰 뜻을 품고 있었으나, 독립운동가의 가족을 돌봐 주던 중 그 집의 딸인 경애와 관계를 맺어 아이를 낳고부터는 정도를 벗어나는 행위를 하고 있다. 그는 결국은 이후 축첩과 도박, 그리고 아편에까지 손을 대면서 부친의 축적한 재산을 탕진하게 되는 부자집 아들로 그친다.

3) 제3대 조덕기

조덕기는 조의관의 손자이고, 조상훈의 아들로서 중도적이고 절충적인 지식인이다. 그의 친구이며 사회주의를 신봉하는 병화로부터 부르주아라는 비판을 받는 점에서 알 수 있듯이 덕기는 조부 조의관이 축적한 재산 덕분에 부유층 집안에서 남부러울 것 없이 교육을 받으며 성장한 인물이다. 작품에서 덕기는 착한 심성을 가지고 있으나 조부와 부친의 대립 과정에서 자신의 역할을 찾지 못하고 소극적으로 대처하는 우유부단하지만 심성이 넉넉한 인물로 설정되어 있는 듯하다.

그러나 덕기는 조부가 부친에게 대하여 직선적으로 내뱉는 공격적 지탄을 듣기 싫었다. 일 년에 몇 차례씩 되는 제사 때면 한층 심하게 벌어지는 예수교 논쟁 등은 듣기가 힘든 것이어서 부친의 입장을 이해하는 편인 것으로 보인다.

덕기의 부모가 따로 살림을 날 때 중학에 다니던 덕기도 물론 부모를 따라 조부의 집을 나갔었다. 그러나 중학교 4년 때 장가를 들자 반년쯤 부모 앞에서 지내다가 다시 조부의 집으로 옮겨왔다. 모친과 처가에서도 수원댁이라는 젊은 시서조모 밑에 두기를 싫어했다. 그러나 조부의 엄명을 거역하는 수는 없었다. 서조모가 만만한 어린 내외를 데려다두고 휘두르며 부려먹기에도 알맞고, 또한 나이 먹은 며느리이자 눈 안 맞는 며느리를 고독하게 만들자는 것이었다.

그래도 조부로서는 손주 내외가 귀여워서 데려온 것일지 모른다. 또 덕기도 부친보다는 조부를 따랐던 것이다. 게다가 재산이 아직도 조부의 수중에 있고 단돈 한 푼이라도 조부가 결재를 하는 터이라 조부의 뜻을 맞추어야 하겠다는 다짐도 있었다.

덕기는 부친이 그의 보통학교 동창인 경애와 관계를 가져 아이를 낳은 것에 반감과 책임의식을 가지고 있다. 병화의 안내로 경애가 일하는 술집에서 그녀를 만난 장면이 다음과 같이 그려져 있다. 당시의 가치관에서 그는 정도를 걷는 것으로 설정되고 있다.

"경애가 고뿌 술을 받아서 마시는 것을 보고 덕기는 외면을 하였다. 처음에 소리를 치며 해롱해롱하며 내닫는 그 꼴에도 가슴이 내려앉듯이 놀랐지만 그 술 마시는 데에 한층 더 놀랍고 밉고 더럽고 가엽고 한 복잡한 감정을 참을 수가 없었다.
부친에게 이 꼴을 뵈었으면 좋겠다고 생각하였다. 부친에게 대하여 이때껏 느껴보지 못한 반항심이 부쩍 머리를 들어오는 것을 깨달았다."

조덕기의 관점에서 그의 부친에 대한 평가가 작품에서 다음과 같이 나타나고 있다.

"어쨌든 부친은 봉건시대에서 지금 시대로 건너 조부와 덕기 자신의 중간에 끼여서 조부 편이 될 수도 없고 아들인 덕기 자신의 편도 못 되는 것과 같은 어지중간에 처지라고 새삼스러이 생각하였다. 따라서 그만큼 사회적으로나 가정적으로나 또는 자기의 사상내용으로나 가장 불안정한 번민기에 있는 것이 사실이라고 보고 있다. 그러므로 덕기는 부친에게 대하여 가다가다 반감이 불끈 치밀다가도 한편으로는 가엾은 생각, 동정하는 마음이 나는 것이었다."

그의 부친은 절대 방임주의, 절대 자유주의라고 할 수 있어서 어떤 결정에 지침이나 조언을 해주지 않아, 덕기는 일에 대하여 꼼꼼 혼자 생각하고 결정을 하여 조부에게 말하면 이 양반은 신지식에 어두워 그런지 학비만 내어줄 뿐이다. 때로는 부친에게 허락을 구하면 그저 고개만 끄덕일 뿐이었다. 그것으로 보면 덕기가 이만큼이나 되어가는 것은 제가 못생기지 않고 재주도 있거니와 철도 일

찍 들어 그렇다고 작품에서는 주석을 달고 있다

그는 집안의 대를 이을 상속자로서 "내 일생에 하지 않으면 안 될 가장 중대한 일은 이 금고 여닫는 것과 사당 문을 여닫는 것 두 가지밖에 없단 말인가?"하며 자신의 입장을 되새기는 장면도 작품 속에 등장하고 있다.

조부의 유서를 살펴보며 다시 한번 조부의 책임감을 무겁게 보고 있다. 덕기의 판단으로 유서에 씌어진 날짜는 불과 십여 일 전, 즉 사랑에서 안방으로 들어오기 전으로 생각된다. 그 침중한 가운데서도 만일을 염려하여 오밤중에 혼자 일어나 엉금엉금 금고에 매달려서 꺼내고 넣고 하였을 것을 생각하니, 덕기는 조부가 가엾고 감격에 겨워 눈물까지 날 것 같다. 조부의 성미와 고루한 사상에 대하여서나, 부자간에 그처럼 반목하는 것은 덕기로서도 불만이 없지 않으나 자손을 위하여 그렇게 애절하게 염려하는 것을 생각하면 고맙기 그지없다

그러나 덕기는 재산을 상속하였을망정 조부의 유지도 계승할 것인가를 자문한다. 그는 금고 문지기는 될 수 있을지언정 사당 문지기로서도 조부가 믿듯이 그처럼 충실할 것인가 의문이 들었다.

작품의 전개상 후반부에서 최대의 관심사가 덕기의 필순에 대한 폭발적인 감정이 어떻게 현실 속으로 연착륙할 것인가의 문제이다. 이미 결혼하여 처자를 둔 가장으로서 필순에 대한 연정을 어찌할 줄 몰라 번민의 시간을 보내며, 한편으로는 어서 필순이 남의 사람이 되어서 가주었으면 자기는 필순에 대한 감정이 더 깊어지기 전에 멀리 떨어져버릴 수 있다는 생각이드는 것도 사실이다. 이러한 점은 친구 병화가 그의 마음을 꼭 집어내서 '감정을 청산하고 유혹에서 벗어나려는 수단'이라고 하던 말이 정곡을 짚은 것처럼 아프고도 시원하다. 그러나 유혹에서 벗어나려는 그 노력도, 그 필순을 위

한다는 것보다도 자기를 위한 일이라는 생각이 들어 너무 이기적이고 위선자라는 심한 자책감이 든다.

또한 덕기가 참기 어려운 것은 모친의 필순에 대한 다음과 같은 주장이다. 이미 산전수전 다 겪은 모친의 질책은 반박하기 어려운 사실이기도 하다.

> "너도 체통이 있어야지. 아무리 너 아버지 내력이기루 세상에 계집이 없어서 그따위 가게쟁이 딸년을 안방구석으로 끌어들여서 씩둑꺽둑 하구 들어엎댔단 말이냐? 너두 이젠 집안 어른 된 체통이 있어야지!"

덕기는 당시의 여러 어려웠던 환경과의 관계를 생각하며 부친의 입장을 역지사지로 되돌려본다. 부친은 때를 못 만났고, 그런 시대에 태어났기 때문에 중심을 잡지 못한 면도 있다. 그러나 실상은 자기의 성격 때문이며, 조부의 성격 때문인지도 모른다는 생각이 든다. 같은 시대, 같은 환경, 같은 조건 밑에 있으면서도 부친의 걸어온 길과, 병화의 부친이 걷는 길과, 필순의 부친의 길이 천양지판으로 다른 것은 결국에 성격 나름이다. 돈 있는 집의 아들이라고 모두 부친 같은 생활을 할까! 그것을 생각하면 사람의 운명이니 숙명이니 팔자니 하는 것은 결국 성격에서 우러나오는 것, 성격 그것을 말하는 것 같다는 생각을 한다.

덕기는 여러 풍파를 겪으며 대지주 조부의 상속자로서 위치를 잡은 시점에서 자신을 되돌아보고 미래를 더듬어본다. 그는 본래 책상물림으로 나이도 차기 전에 이런 규모의 살림을 맡게 된 것이 힘겨운 일이지마는 돈에 인색치 않은 성격이라는 점을 스스로 평가한다. 그는 열쇠 꾸러미를 놓칠세라 2,000석 중의 한 섬이라도 축이 날세라고 애를 쓰며 이 뒤숭숭한 집안의 주인인지 어른인지가 되기

보다는, 반찬 가게의 뒷방에 사랑의 보금자리를 꾸민 병화나 300석을 팔아가며라도 첩치가를 하고 마음 편히 들어앉아 있는 부친의 상팔자가 부러워 보이는 것도 사실이다. 그는 조부께서 좀 더 사시거나 살림을 맡을 형이라도 있었으면 하는 엉뚱한 생각을 해본다. 덕기는 살림을 맡은 지 한 달도 채 못 되어 벌써 짜증부터 났다. 그는 새삼스러이 고독을 느끼고 있었다.

그러나 작품의 마무리는 필순에 대한 덕기 모자의 갈등을 펼쳐 보이면서 독자들의 조언을 구하는 듯하다. 덕기 모친의 "너 아버지가 걸어가신 길을 그대로 뒤밟아 가려느냐? 경애 아버지의 약값을 대다가 그렇게 되듯이 너도 그 애 아버지의 약값, 입원료나 물잇구럭을 해줄 거라! ······"는 호통에 덕기는 "필순이를 '제2 홍경애'를 만들 수는 없다! 필순이를 누구보다도 사랑하기 때문이다!"라는 생각이 들자 어느덧 자기 눈에도 눈물이 핑 도는 것을 참았다고 작가는 설명하고 있는 것이다.

4. 1920-1930년대의 사회상

1) 대지주 집안 구성원 모습

조부 조의관이 가장인 집안 구성원을 작품에 언급되는 장면을 중심으로 살펴보면, 그의 배우자인 동시에 첩인 수원댁과 딸 귀순, 손자 조덕기 내외와 소생으로 구성되어 있다. 가족 이외에 도우미로 일하는 행랑아범과 어멈, 집사격인 지주사, 그 외에 최참봉, 안방 애보기년, 침모, 상노 등으로 일가를 이룬다. 아들 조상훈 내외 및 덕희는 분가하여 따로 사는데, 도우미로 원삼과 원삼처를 거느리고 있다. 결과적으로 조의관 일가는 9명의 도우미와 더불어 살아가고 있다. 마치 조선시대 하인들을 거느리고 살던 양반의 모습을 보는 듯하다. 당시는 과도기적 기간으로서 전통적 신분구조가 그대로 잔존하고 있는 것으로 보이며, 마땅한 일자리도 없는 현실에서 그저 대지주 집안 등에 의탁하여 살아가는 기층민들이 존재한다는 것으로 볼 수 있다.

당시 개화한 지식인으로 분류될 수 있는 조상훈의 분가한 가정생활을 보자. 작품의 표현을 인용하면 다음과 같다. 마치 조선 시대의 양반댁이나 벼슬아치의 부부생활을 연상하는 듯하다.

"원체 이 중늙은이 내외는 이름만 걸리 내외였다. 식사도 사랑, 잠도 사랑, 세수까지도 사랑에서 내다가 하는 것이었다. 남편의 코빼기도 못 보는 날이 많다. 그래도 남 보기에는 그리 의가 좋지 않은 것 같지도 않다. 검다 희다 말이 도대체 없기 때문이다. …… 어쨌든 40에 한둘 넘은 이 중년 부인은 얼굴을 잊어버리게 된 남편을 미워하고 원망하는 것이었다."

2) 전통적 가치관과 기독교

당시 전통적 가치관 하에서 기독교와는 자주 충돌이 일어나는 듯하다. 조의관은 그의 아들과 손자에게 "예수교 아니라 예수교보다 더한 것을 믿기로 그래 조상 정사, 부모 제사 지내는 게 무에 틀린다 말이냐? 예수는 아버지를 모른다더라마는 어쨌든 예수도 부모가 있었기에 태어나지 않았겠니? …… 덕기도 잘 들어두어라."하고 소리를 치고 나서 또 수시로 하는 잔소리를 퍼붓곤 한다.

당시 기독교도에 대한 사회적 인식은 도덕적이고 청결한 정신 이미지로 각인되어 있는 것으로 보인다. 상훈이 밤늦은 시간에 병화, 경애와 함께 술 마신 곳에서 일본인 취객들과 충돌이 생겨 파출소로 연행되자, 그가 순사에게 애걸을 하니까 주소 성명 직업을 적으라 한다. 그가 직업에 학교 교원이라고 쓰니까 어느 학교냐고 묻고, "미션 스쿨이 아닌가! 교원이요 게다가 크리스천으로서 그만한 지각이 들었을 사람이 젊은 사람을 데리고 다니면서 술을 먹고 다니다니 창피한 줄 알겠지?"라는 훈시를 듣는 장면으로 보아 교회 신자로서 조심스런 몸가짐이 요구되었던 것으로 보인다.

3) 젊은 지식인들의 사상

작품에서는 사회주의 사상이 지식인들을 중심으로 침투되는 현상을 다루고 있으며, 그에 대한 일제 당국의 엄격한 단속과 처벌을 자세히 그리고 있다. 사회주의에 몰입한 인물로 병화를 중심으로 들며, 경애가 추종하는 것으로 전개되고 있다. 병화는 굶으며 동경 바닥에서 일 년간 뒹구는 동안에 생활이 빈곤하여 사상이나 기분이 더욱 과격하여졌다. 동경에서 경도까지 노자를 만들어가지고 덕기에게 가서 귀국을 시켜달라고 하였다. 그 즈음 덕기도 사회주의 관련 서적을 탐독했으나 자기와도 사상으로 거리가 여간 멀어지지 않은 것을 보고 놀랐다.

병화는 서울의 집에 돌아와서는 두 달도 못 되어서 기독교 신자인 부친과 충돌이 생겼다. 밥상 받고 기도 아니 하는 데서부터 충돌이 생겼던 것이다. 병화는 자기의 직업적 신앙에 따라오지 않는다고 내쫓는 부모라면, 자식이 부모의 소유물이나 노예가 아닌 이상, 자식도 제 생활이 있는 이상 어찌할 수 없는 노릇이라고 호소한다.

한편 덕기는 무산 운동에 대하여 무관심으로 냉담히 방관만 할 수 없고 그렇다고 제일선에 나서서 싸울 성격도 아니요 처지도 아니니까 차라리 변호사나 되어서 뒷일이나 보면 좋겠다는 생각이었다. 덮어놓고 크게 되겠다는 공상도 가지고 있지 않으나 책상물림의 뒷방 서방님으로 일생을 마치기도 싫었다. 제 분수대로는 무엇이라도 하고 싶다고 다짐한다.

4) 부검에 대한 인식

조상훈은 병원에 입원 후 사망한 자신의 부친 사망원인으로 비소 중독설이 제기되자 부검에 대한 논의를 수용할 듯 말하자, 그의 친척 어른들은 몹시 흥분하여 다음과 같이 삿대질을 하며 펄펄 뛰는 장면이 연출된다. 부검에 대한 거부감이 엄청나다는 당시의 사회상 알려 주는 듯하다.

> "황송한 말씀이나 푸줏간에서 소 잡듯이 부모의 신체를 갈가리 찢어 발기려는 그런 놈이, 집안 망할 자식이, 천지개벽 이후에 있겠느냐고, 욕설이 빗발치듯하고 구석구석이 모여서는 대격론이 일어나는 것이었다. 부모가 아니라 원수더란 말인가? 생전에 뼈진 소리를 좀 하셨다고 돌아가시기가 무섭게 칼질을 해서 부모를 욕을 보이자 하니 성한 놈이면 육시처참을 할 일이요, 미쳤다면 그놈부터 가두어두든지, 아주 조씨 문중에서 때려잡아버려야 할 일이라고 은근히 떠들어놓은 사람은 창훈이었다."

5) 명절풍경

작품에서는 필순의 눈을 통하여 광화문 근처 지역의 설명절 풍경으로서 연날리기와 널뛰기를 소개하고 있다. 필순이 병상 앞에서 지키고 앉았다가 부친이 잠이 곤히 드는 것을 보고, 가만히 나와서 유리창 밖으로 길거리를 내다보고 서자, 마주 보이는 것은 개천을 사이에 두고 부연 벌판에 우뚝 선 옮겨온 광화문이다. 그리고 무슨 연들을 개천 속에서 날리는지 지역의 조무래기들이 휩쓸려서 법석들인 풍경이다. 그녀는 "오늘이 명일이로군. 연이고 널이고 내일까지 뿐이다!" 라는 생각을 하며 침잠에 젖는다. 그녀는 언제라고 남의 집 처녀들처럼 새 옷을 입고 널을 뛰러 다니고 하며 설을 쇠어본 일도 없지마는 널뛰는 소리도 들어봤던가 싶다. 어쩐지 자기만은 어려서부터 세상 처녀들과 뚝 떨어진 딴 세상에서 자란 것 같다는 서글픈 생각이 드는 것이다.

6) 돈과 자본주의에 대한 인식

조선조 이래 유교의 사농공상이라는 신분사상에 따라 상업은 천민이 담당하는 직업으로 되어 있었는데, 작품에서도 상업은 여전히 천한 직업으로 치부되는 듯하다. 덕기처가 자신의 집을 방문한 필순에게 "반찬 장사치의 딸 같든 안 같든 병화라든가 하는 주인이 날마다 다녀가는데, 이 계집애가 왜 따로이 왔을꾸?"하는 장면에서 상업에 대한 경멸풍조를 엿볼 수 있다.

작품에서 덕기는 돈이란 무어냐? 돈은 어디서 나온 거냐? 하고 자문을 해보는 장면이 나온다. 또한 그는 필순의 부친이 아내나 딸을 자기의 돈에게 부탁한 것이지 돈 없는 덕기였다면 하필 덕기에게 부탁하였으랴 하는 생각을 할수록, 마치 돈을 시기하고 질투하듯이 반문을 하여보는 것이다. 당시는 자본주의 초기 단계로서 상업에 대한 이해도 적었고, 돈이라는 것이 자본주의의 수단이라는 관념이 정착되지 못한 시절인 듯하다.

7) 지역 유지들의 관변 유착

일제 강점기 하에서도 대지주를 비롯한 지역 유지들은 재력을 기반으로 관청의 관리들과 친밀한 관계를 유지하며 자신과 가문을 지킨 듯하다. 작품에서 조의관은 일본인 관리들과 친밀히 지내는 것으로 그려지고 있다. 덕기는 할아버지의 통역을 하는 등 관리들과 관계를 맺고 있다. 재산 상속과정에서 불거진 문제로 경찰의 수사를 받는 곤란한 사태가 발생하였을 때 그동안 교분을 토대로 일을 풀어나가는데 도움을 받는다.

특히 '기무라' 고등과장은 종로서 시대부터 덕기가 잘 아는 처지다. 조부가 정총대니 방면위원이니 하여 공직자인 관계도 있었고, 재산 있는 유력자라 하여 교제가 잦았을 때 덕기는 조부의 통역으로 가끔 만나던 사람이어서 조부의 사후 상속관련 사건에서 도움을 준 인물이다.

8) 대지주 집안의 생활수준

덕기는 당시의 조선 가정의 생활수준에 대하여 "부르주아란 우리가 무슨 부르주아란 말인가? 일본 정도로만 본대도 중산계급도 못 되는 셈"이라고 그의 친구 병화에게 말한다. 비록 조선의 대지주이지만 일본의 경제수준이 한참 못 미친다는 의미로 해석된다.

5. 맺는 글

이 작품은 1920-1930년대 서로 다른 가치관을 가진 가족 3대로서 조의관, 조상훈, 조덕기의 삶과 갈등을 통해 당대의 현실을 사실적으로 그려 낸 장편 소설이다. 제1대인 조의관은 봉건적인 전통 가치를 고수하며 재산형성과 가문을 중시하는 인물이고, 제2대인 조상훈은 외국 유학을 통해 선진적 개화 의식을 지녔지만 자신을 절제하지 못하고 타락한 인물로 그려진다. 제3대인 조덕기는 조부나 부친과는 다른 신세대이지만 자신의 주체감을 갖지 못하고 우유부단하나 나름대로 따뜻한 인간성을 가진 인물로 그려진다. 특히 작품에서는 1대 조의관과 2대 조상훈 간의 가치관의 대립과 그에 따른 갈등이 평행선을 달리나 3대 조덕기는 그러한 대립과 갈등을 해소 가능하다는 인식을 하며 처신을 함으로써 긍정적 시각을 드러낸다. 세 인물이 어떤 가치관을 지니고 있는지, 어떤 이유로 대립하고 갈등하는지를 파악하면 당시의 사회상을 오늘의 관점에서도 이해할 수 있다.

처자가 있는 조덕기가 필순이라는 처녀에게 관심을 가지며 갈등하는 모습에 대하여 작가는 다음과 같이 다독거리는 듯하다. "자네는 내가 왜 이처럼 필순양에게 열심이냐고 의심하는 모양이데마는 길 가는 손이 바위틈에 돋아난 가련한 꽃 한 송이를 꺾는 것은 욕심이요 죄일지 몰라도 아름다운 것을 아름답다고 느끼지 말라는 것도 안 될 일이요, 흙 한줌 북돋워주고 가기로 그것을 뒷날에 크거든 화초분을 가지고 와서 모종 내갈 더러운 이해타산으로만 보는 것은 사람의 자유라 하여도 너무나 몰풍취, 몰인정한 일이 아닌가?"

작품에 따르면 당시의 현실은 자본주의가 힘을 발휘해가는 시절이어서 인간관계에서 가장 큰 위력을 발휘하고 권력이 되는 것은 '돈'이라는 것이다. 현실적으로 돈으로 표상되는 자본주의적 가치에 구성원들이 환호하지만 사회주의에는 가난과 감시 및 어둠의 터널만이 있을 뿐이어서 서서히 벗어나고자 하는 기운이 돈다. 주인공 조덕기가 살아가고자 하는 현실적인 방식은 법대를 나와 법조인으로서 사회 변화에 도움을 주고 자신의 재산으로 사회 운동을 뒤에서 돕고 싶어 하여 사회주의 이념과 거리를 두는 것으로 해석된다. 결국 작품에서 '돈'을 인간사의 중심적 역할을 하는 요소로 보고 있었다는 것은 작가가 새로운 자본주의 시대의 본격적 도래를 인식하고 있음을 의미한다. 이는 작가가 서울의 중심지역에서 살았기 때문에 일찍부터 자본주의 본질을 이해할 수 있었던 것으로 평가된다.

Chapter 2

채만식의 소설「태평천하」에 나타난 1930년대의 사회상과 대지주 가족의 모습

1. 시작하는 글

작가 채만식은 1902년 전북 옥구에서 태어나, 중앙고보를 졸업하고 와세다대학부속 제일와세다 고등학원 문과에 진학하지만 집안 사정으로 학업을 중단하였다. 1924년 이광수의 추천을 받아 '세 길로'라는 소설로 등단하였으며, 이후 일제 강점기 하의 현실을 풍자적 수법으로 그린 '레디메이드 인생', '천하태평춘', '치숙' 등의 소설을 발표하였다.

작가는 현실에 대한 관심을 진보적 시각으로 표현한다는 점에서 카프와 창작 경향을 공유하는 듯하지만, 세상 사람들은 그를 유진오·이효석과 더불어 동반자 작가로 불렀다. 그러나 채만식의 작품들은 유진오·이효석의 작품과는 차이를 보여 관념적인 것보다는 현실적인 문제에서 출발하고 있다. 그는 일제가 끝나갈 무렵에는 대체로 신변 위주의 작품을 주로 썼으나, 시국에 협조하는 강연 참여 등 일제의 정책에 동조하며 '여인전기'와 같은 소설도 썼다. 해방 후에는 다시 작가 특유의 풍자적 소설인 '맹순사', '미스터 방', '논 이야기' 등을 발표하였으며, 또한 자신의 일제 강점기 활동을 반성 하는 '민족의 죄인'을 발표하였으며, 이어 우리나라의 근대 역사를 다룬 작품으로 '역사', '소년은 자란다' 등을 발표했다.

작품 '태평천하'는 '천하태평춘(天下太平春)'이라는 제목으로 「조광」지에 1938년 1월부터 9월까지 연재되었다. 전체 15장으로 구성 되어 각 장마다 제목이 있고 염상섭의 '삼대'와 더불어 1930년대를 대표하는 가족사 소설로 알려져 있다. 1930년대 일제 강점기 하의 현실을 '태평천하'라고 여기는 주인공 윤직원 영감의 독선적 행태를 중심으로 하여, 5대에 걸친 가족의 관계가 풍자적 스토리로 엮어지 고 있다. 만석의 대지주이자 고리대금업자인 윤직원의 그릇된 자본 주의 의식과 가족구성원들의 부정적 행태를 통하여 집안이 몰락해 가는 과정을 그리고 있다. 소설을 전개하는 화자(narrator)의 판소리 사설의 풍자적 문체를 통하여 21세기와는 다른 당시 일제 강점기 사회의 모습을 풍자적으로 그린 가족사적 소설이다. 이 글에서는 작품에 나타난 1930년대의 사회상과 대지주의 가족사를 분석해보고 자 한다.

2. 작품의 개요

작품에서 주인공 윤두섭은 시골 향교의 직책인 직원에 올라 윤 직원으로 불린다. 그는 명창 대회를 좋아하여 동기(童妓) 춘심이를 따라 명창 대회에 구경 가는 것으로 작품은 시작된다. 그는 귀가 길 에 타고 온 인력거 삯을 주지 않으려고 실랑이를 하다가 결국은 사 정없이 깎고서도 애먼 돈 5전을 더 썼다고 불평한다. 또한, 그는 버스를 타고서는 차장에게 도저히 거슬러 줄 수 없는 고액권을 내놓고 옥신각신하다가, 그의 의도대로 무임승차를 할 정도로 부정적인 인간상을 노정시킨다. 윤직원 영감은 일꾼들이나 하인은 상전을 섬기기만 하고 대가는 바라지 말아야 한다는 생각을 가지고 있다. 윤직원 영감은 인력거 삯을 깎고 나이 어린 기생을 데리고 다니면서 인색한 면을 드러낸다. 무엇보다도 비난받을 일은 소작인에게 땅을 대여하여 경작을 하게 한 후, 도지를 받는 것도 그의 대단한 자선사업이라고 주장하면서 소작인들에게 큰 은혜를 베풀고 있다고 자랑하는 것이다.

그의 집안은 별로 내세울게 없는 중인 신분인 것으로 소개된다. 작품에 의하면, 그의 집안은 구한말 시절 노름판을 떠돌던 아버지 윤용규가 출처가 불확실한 돈 이백 냥을 취득함으로써 기회를 잡은 것으로 보인다. 윤용규는 그 돈을 종자돈으로 착실하게 굴려서 큰 돈을 모아 마을의 부자로서 행세를 하게 되었다. 어느 날 어린 윤두섭은 부친 윤용규가 화적들의 습격을 받아 죽으면서도 재산을 지키려고 필사적으로 저항하는 것을 보면서 악착같이 돈을 아끼고 벌어들여야 한다는 것을 다짐한다. 그가 가문을 이끌고 서울로 온 뒤에는 고리대금업으로 많은 재산을 늘렸으며, 일제 강점기 하의 식민 통치가 불한당패들을 막아 주고 태평천하를 보장해 준다고 생각한다. 서울에 거주하는 대지주 만석꾼 윤직원 영감은 조선의 부패와 무법천지를 증오하며, 태평한 시절을 지켜주는 일본인들을 진심으로 고맙게 생각한다. 그는 양반 가문을 형성하기 위하여 족보에 금칠을 하여 그럴듯한 조상들을 등장시킨다. 그는 현실적으로 돈을 버는 데는 권력의 힘이 중요하다는 사실을 깨닫고, 민간의 기부행위에는 철저하게 외면을 하면서도 경찰서 무도장을 짓는데 아낌없이 기부도 하였다.

그는 권력을 형성하기 위하여 손자 종수와 종학이 군수와 경찰서장이 되기를 소원하여 그 길로 방향을 잡아 가문을 빛낼 것을 기대한다. 그러나 두 손자를 돌봐야 할 아들 창식과 종수와 종학 두 손자는 윤직원의 기대를 벗어나고 집안의 가족구성원 간 불화와 충돌은 이어진다. 아들 창식은 집안을 돌보지 않고 첩질과 노름(마작)으로 가산을 탕진하고 군수를 시키려던 손자 종수도 군수가 되기 위한 인간관계 관리에 쓴다는 명목으로 돈을 타내어 술과 오입으로 방탕한 생활을 하며 아무런 의식도 없이 할아버지의 재산을 갉아먹는다. 주인공 윤직원 영감은 첩질로 집에 들어오지 않는 창식의 처인 며느리와도 원만하지 않고, 양반집으로 시집간 딸마저 과부가 되어 데리고 산다. 손자 종수도 시골에 내려가 군청 직원을 하면서 첩질을 하는 바람에 그의 처도 윤영감은 데리고 산다. 또한 동경으로 유학 간 종학의 처도 데리고 살아 집안에 생과부들로 그득하다. 윤직원 영감은 아들 창식과 손자 종수에 실망을 하고 있는 처지에서 그나마 마지막으로 기대를 걸고 있던 자식은 동경의 한 사립대학에 다니는 손자 종학이다. 그는 작품 속에 직접 등장하지는 않지만 어려서부터 우수하여 명문학교를 졸업 후 유학을 간 것으로 소개되고 있다. 작품의 말미에 윤영감은 종학이 사회주의 사상 관계로 경시청에 체포되었다는 전보를 받고 망연자실하여, 이런 태평천하에 부잣집 자식이 그런 짓을 하다니 하는 절망감을 토로하는 장면에서는 그의 남은 믿음과 기대가 사라짐을 보여주는 듯하다.

3. 1930년대의 사회상

1) 상거래 양상

윤영감이 명창대회 관람을 마치고 인력거로 귀가를 하는 장면에서 요금 시비가 일어나는 장면이 소개되고 있다. 인력거 삯이 얼마인지를 묻는 윤영감의 질문에 인력거꾼은 담요로 팔짱 낀 허리를 굽실하면서 "그저 처분해줍사요!"라고 후히 생각해달란 뜻으로 말한다. 이 장면에서 주인공 윤영감의 구질구질하고 끈질긴 집념으로 살아온 그의 인성이 담긴 행태가 나타난다. 그가 인력거꾼을 상대로 밀당을 하는 과정에서 그의 졸부 근성이 드러난다. 인력거꾼은 결과적으로 일 환 한 장을 달라는 요구에 이어 최종적으로 50전을 요구하다가 결과적으로 25전을 받고 뒤돌아선다. 서비스거래에 대한 인식이 정립되지 못한 상황에서 벌어진 촌극이나 이러한 사례는 아직도 후진국 경제에서 흔히 일어나는 현상이다. 윤영감은 버스를 타고 요금을 안낼 요량으로 십 원짜리 지전을 내어 거스를 돈이 없는 차장으로부터 구박을 받으며 공차를 탄다. 명창대회 입장권을 오십 전을 내고 하등표를 달라고 해서 아래층 맨 앞자리의 맨 앞줄에 앉아 안내원이 이층으로 가라는 지시에 옥신각신 하다가 그대로 눌러 앉아서 관람을 한다. 작품에서는 "산전수전 다아 겪고 칼날 밑에서와 총부리 앞에서 목숨을 내걸어보기 수 없던 윤직원 영감입니다. 또 시속이 어떻다는 것이며, 그래 아무 데서도 함부로 잘못 호령깨나 하는 체하다가는 괜히 되잡혀서 망신을 하는 수가 있다는 것도 잘 알고 있습니다."로 윤영감을 표현하여 그의 줄타기 하는 행태를 설명해주는 듯하다. 그는 상노아이놈을 똑똑한 놈을 두지 않는데, 똑똑한 놈이면 으레껀 도적질을 한다고 생각하기 때문이라는 것이다. 그는 당시 웬만한 노인들은 대개 만질 줄은 아는 골패도 모르고 살아왔으며, 그런 잡기에 손을 대지 않은 것은, 소싯적에 남들이 노름꾼 윤용규 자식이라고 뒷손가락질 하는 데 절치부심을 한 소치라고 설명하고 있다.

2) 부의 형성과정과 신분세탁

윤직원 영감의 선친 윤용규는 본이 시골 토반(土班)도 못되고 아전질도 해먹지 못한 처지인 중인 신분에 속한 것으로 소개되고 있다. 그는 촌 노름방으로 어슬어슬 돌아다니며 세월을 보내는 바람에 아내가 바느질품을 팔아 집안을 꾸려갔다. 그러던 중 어느 해에 난데없이 출처가 모호한 돈 200냥이 생겨 윤용규는 논밭을 사고 고리대금업을 하며 재산을 불려갔다. 그는 무식하고 소박하나마 시대가 차차로 금권(金權)이 힘을 발휘해감을 막연히 인식하고 있었던 것으로 그려지고 있다. 즉, 자본주의의 도래를 막연히 인식하며 재산 증식에 몰두하였던 것으로 이해된다. 그러자 살림이 불 일 듯 늘어서 마침내 아들 윤두섭이 성인이 되어 삼천 석 집안을 넘겨 받게 되었다. 작품 속에서는 윤용규 부자의 부의 원천을 노름판 돈이라고 하기도 하고, 처가로부터 상속받은 것이라고도 하는 등 전언 형식으로 처리함으로써 다소 허무맹랑한 구성을 보이고 있다.

어쨌든 작품에서는 오늘의 윤직원의 재산 형성과정을 다음과 같이 소개하고 있다. 물론 그 과정에는 당시 욕심 사나운 수령한테 걸려서 토색질을 당하기도 하였으며, 화적의 총부리 앞에 목숨을 내걸고 서서 재물을 약탈당하기도 하였다. 그러다가 윤용규는 화적의 손에 비명의 죽음을 당하기도 한 처절한 고난을 겪은 결과이기도 하다.

"그는 어려서부터 취리에 눈이 밝았고, 약관에는 벌써 그의 선친을 도와가며 그 큰살림을 곧잘 휘어나갔습니다. 그리고 1903년부터는 고

스란히 물려받은 삼천 석거릴 가지고, 이래 30여 년 동안 착실히 가산을 늘려왔습니다. 그래서 지금으로부터 10여 년 전, 가권을 거느리고 서울로 이사를 해오던 그때의 집계를 보면 벼를 실 만 석을 받았고, 요즘 와서는 현금이 십만 원 가까이 은행에 예금되어 있었습니다."

윤직원은 자신이 부지런하고, 또 시운이 뻗쳐서 부자가 되었지, 소작인이며 돈 빌려 쓴 사람이며, 장릿벼 얻어다 먹은 사람들은 무슨 관계가 있느냐면서 큰소리치는 사람이다. 그는 이제 돈으로는 남부러울 게 없어도 문벌이 변변찮은 게 섭섭한 걸 느끼게 되었다. 그는 가문을 빛나게 할 필생의 사업으로 네 가지 방책을 추렸다. 첫째로 2,000원을 들여 족보에다가 도금을 했다. 그럼직한 일가들을 추려서 윤두섭의 제 몇 대 윤아무개는 무슨 정승이요, 제 몇 대 윤아무개는 판서요, 제 몇 대 아무는 효자요, 제 몇 대 아무 부인은 열녀요. 이렇게 그럴싸한 족보를 새로 꾸몄다. 둘째로 윤두섭이 벼슬을 한자리 하는 것이다. 시골의 향교 맨 우두머리인 직원은 그 골에서 학문과 덕망이 높은 선비가 촉망으로 뽑혀서 지내곤 했는데 당시에 이르러 향교의 재정이 어려워 다액납세자도 직원을 맡아 볼 수 있어서 윤두섭은 직원을 차지하게 되어 나름대로 벼슬을 가지게 되었다. 이후 윤직원 영감은 직원으로 지내면서 춘추 두 차례씩 향교에 올라가 성현께 절을 하는 양반으로 선비노릇을 착실히 하였다. 3년 동안 직원을 지내다가 서울로 이사를 오면서 그 직책을 내놓았으나 직원이라는 영광스러운 직함은 계속 달고 다녔다. 셋째로 양반 혼인이라는 좀 더 빛나는 사업을 추진하였다. 외아들은 이미 시골서 아전집과 혼인을 했던 터이고, 딸은 서울 어느 가난한 오막살이 양반집으로 시집을 보냈으나 일 년 만에 과부가 되어 친정살이를 하고 있으며, 맏손자 며느리는 충청도 가난한 양반집 딸이며 둘째손자 며느리는 서울 태생으로 조대비 집안이라고 한다. 이렇게 해서 버젓하게 양반 사돈을 세 집이나 두게 되었다. 넷째로 가장 필요한 일로서 집안에서 정말 권세 있고 실속 양반, 즉 군수 하나와 경찰서장 하나를 배출하자는 것이다. 손자가 둘이니 우선 군수와 경찰서장을 양성하자는 목표를 설정하고 있다. 그런 목표로서 첫째 손자 종수는 군청의 직원으로 들여보내 순차적으로 승진하여 군수에 이르게 하자는 것이며, 경찰서장을 목표로 하는 둘째손자인 종학은 동경 유학을 가서 공부를 하고 있다.

3) 금전대차거래의 현장

금전대차거래는 어느 시대의 경우나 사업의 성패를 좌우하는 중요한 거래이다. 화폐경제가 정착된 이후 모든 결제수단이 현금 등의 화폐로 이루어진다. 금전을 대여하는 전주는 만기금액과 만기일이 기입된 차용증서나 어음을 받게 마련이다. 물론 대여기간의 이자비용이 발생하는데 그 금액은 당사자 간에 합의로 결정되는 경우가 일반적이다. 물론 최고한도의 법정 이자율이 규정되어 있으나 지켜지지 않는 음성거래도 많다. 작품에서 윤직원 영감의 부의 원천은 만석꾼으로 알려진 대로 논밭에서 나오며 그 밖에 고리대금업으로 축적을 하고 있다. 그는 올챙이 석서방을 거간꾼으로 하여 높은 이자로 금전을 대여하여 막대한 재산증식을 하고 있다. 작품에서 석서방이 윤영감에게 7천원 대여를 소개하면서 1할을 선이자로 공제하는 방안을 제안하자 윤영감은 2할을 주장한다.

"…… 일 할만 해주세요. …… 7천 원짜리 30일 수형에 일 할이라두, 선변을 제하시니깐 6천 3백원 주시구서 한 달 만에 7백 원을 얹어서 7천 원으루 받으시니 그만 해두 그게 어딥니까? 아무리 급한 돈이래두 쓰는 사람이 생각하면 하늘이 내려 볼까 무섭잖겠어요? 그런 걸 글쎄 이 할이나 허자시니! …… 영감이 무가내루 이 할만 떼신다면, 아마 그 사람도 안 쓰기 십습니다. …… 그러니 자아 영감, 그러구저러구 하실 것 없이 일 할 오부만 하시지요."

윤영감은 석서방의 제안을 마지못해 하는 표정으로 수용한다. 그러나 그의 속내는 2할을 뗄 수 있으면 더할 나위 없고, 눈치 보아서 1할 5부로 해주어도 괜찮고 또 정 무엇하면 1할이라도 그리 해롭지 않다고 보는 것이다. 그는 은행의 예금장에서 녹이 슬고 있는 돈인 걸 두고 놀리느니보다야 이문이 아니냔 것이다. 성사된 대차 거래는 30일 동안 원금의 15%를 이자로 한다는 것인데, 연이자율로 보면 180%에 해당되어 엄청난 비용이다. 당시 흔히 거래되는 장리 쌀이나 장리 벼 거래는 연 50% 수준이 일반적이었다는 점을 생각한다면 악덕 고리대금업의 현장을 보여주는 것이다.

윤영감은 농사 보다는 고리대금업을 통하여 재산 증식을 한 것으로 설명되고 있다. 그는 대금업을 위하여 대복을 담당으로 하여 인근 상인에 대한 신용분석을 하여 책자로 만들어 활용하고 있어 대단히 체계적인 대금업을 하고 있다고 볼 수 있다. 즉, 대복은 종로 일대와 장안 배오개 등지와 그밖에 서울 장안의 장사치들을 뽑아 신용 정도를 조사해둔 일종의 블랙리스트를 가지고 있었다. 그리고 날마다 신문이며 흥신내보며 또는 소식 같은 걸 참고해가면서 그들의 신용의 변동에 관하여 계속 업데이트를 하였다. 따라서 그 한권의 문서책을 한 번 떠들어만 보면 어디서 무슨 장사를 하는 아무개는 얼마까지 돈을 주어도 좋다는 것을 휑하니 알 수가 있다는 것이다. 윤영감은 시골 사람, 그 중에서도 부랑자가 돈을 쓴다면 매도 계약까지 첨부한 부동산을 저당 잡고라야 돈을 주지만, 시내에서 장사하는 사람들한테는 대개 수형1)을 받고서 거래를 한다. 그는 수형의 효험과 위력을 잘 알고 있어 안심을 하고 있다

윤직원 영감은 이 편리하고도 만능인 수형장사를 해서 매달 2, 3만원을 융통을 시키고, 그 이문이 적어도 3, 4천원을 벌어서 할인율이 1할 이상 2할이 되는 셈이다. 고려 송도말년에는 쇠가 쇠를 먹었다고 하는데, 일제 강점기에도 그와 비슷한 현상이 나타나 쇠가 쇠를 낳고 있어서 그것은 돈이 돈을 번다는 것이다. 윤직원 영감은 당시 새로 발령된 폭리 단속을 무시하고 있다. 이미 10년 전부터 법이 금하는 고금리를 넘어서 해온 돈장사인데, 지금에 와서 새삼스럽게 폭리 단속을 무서워할 것도 없고 좀 까다롭게 되면 달리 이러쿵저러쿵 하는 수가 얼마든지 있다는 것이다.

윤영감이 재산증식을 하는 방법으로 채무자의 재산을 가차압 해놓고, 기한이 지난 뒤에 경매를 하게 되면, 바로 그것을 사가지고, 그것에서 다시 이문을 보는 것이다. 그런 일에는 지배인 겸 비서라고 할 수 있는 대복을 시켜 하는 것이다. 윤영감은 대복이를 믿고 월급이니 그런 것은 작정도 없이 네 용돈은 네가 알아서 쓰라고 내맡겼는데, 한 100만원 집어 쓸 수도 있다는 것이다. 그러나 대복은 매월 든다는 것이 일정한 것이어서 담배값, 이발삯, 목욕비, 피복대 및 통신비 정도만 쓰고 있어 수탁자로서 성실히 제 역할을 하고 있다고 볼 수 있다. 고향에서 그의 양친이 윤영감의 땅을 부쳐 먹고 지내면서 고생은 하지 않는 편이어서 그렇다는 것이다.

---

1) 수형(手形)은 어음, 손도장(지장), 증거문서(차용증서)를 의미하는 일본식 용어이다. 작품 속 설명에 의하면, 수형은 빚 진 사람에게는 무섭고 빚 준 사람에게는 편리하다는 것이다. 즉, 기한이 지나면 불문곡직하고 수형 액면에 쓰인 만큼 차압을 해서 집행 딱지를 붙여놓고는 경매를 한다는 것이다.

4) 부자의 인간적 모습과 사회주의 인식

부자인 윤영감의 인간적 모습이 드러나는 장면이 보여진다. 윤영감은 석서방에게 자신의 처지를 털어놓으며 담배 연기째 후루루 한숨을 내쉬면서, 어디라 없이 한눈을 팔며 자신의 처지를 중얼거리는 모습에서 인생의 허무를 보여준다.

> "…… 날더러 팔자 좋다구 그러지? …… 팔자가 존 게 다아 무엇잉가! 속모르구서 괜시리 허넌 소리지. …… 그저 날 같언 사람은 말이네. 그저 도독놈이 노적가리 짊어져 가까 버서 밤새두룩 짖구 댕기는 개, 개 신세여! 허릴없이 개 신세여! ……"

또한 윤직원 영감은 그의 처가 사망하여 염하는 장면(관속에 쌀 세 숟가락과 엽전 스푼을 넣는 모습)을 목격하고 부자인 자신의 미래를 생각하며 허무감에 빠져 들며, 그의 상념을 올챙이 석서방에게 털어 놓는다.

> "아, 내 손으로 만석을 받구, 수만 원을 주물그던 나두, 죽어만 지면 별수 읎이 쌀 세 숟가락허구 엽전 달랑 스 푼 얻어각구 저승으로 갈 테먼서 말이네. …… 글씨 그럴라면서 왜 내가 시방 이 재산을 지키느라구 이대두룩 악을 쓰구, 남안티 싫인심허구, 자식 손자놈덜안티 미움받구, 나 쓰구 싶은 대루 나 지내구 싶은 대루 못 지내구 이리넝고! 응? …… 원 내가 이게 무슨 놈의 청승이며, 무슨 놈의 지랄짓잉고 이런 생각이 가끔, 그 뒤버틈은 들더람 말이네 그려!"

석서방은 전부터 학교에 기부를 하라는 말을 하였는데, 윤영감은 그에 대한 답으로 "자네가 시방 또 은제치름 날더러 저 무엇이냐,

핵교 허넌 디다가 돈 기부하라구, 그런 권면 헐라구 그러잖녕가? 그런 소리거덜랑 이 사람아, 애여 말두 내지두 말소!"라고 소리를 질러 강한 부정적 태도를 보인다. 일제 강점기 하에서 학교를 세워 인재양성에 헌신하였던 부자들과는 다른 반응을 보여 졸부로서의 천한 모습을 보여주는 듯하다. 석서방은 "다아 학교라두 하나 만드시면 신문에두 추앙이 자자할 것이구, 또오 동상두 서구 할 테니깐, 영감님 송덕이 후세에 남을 게 아니겠다구요? 그래서 저두 머, 지낼 말루다가 한번 말씀을 비쳐본 거지요."라고 말하면서 변명을 하며 기분을 맞춘다.

윤영감은 석서방과의 조선을 둘러싼 열강들(청국, 일본, 러시아)과의 관계에 대한 시국담을 나누면서 당시 지식인 중심으로 관심을 가져가던 사회주의에 대한 자신의 생각을 밝힌다. 석서방이 "아라사루 말하면 아따 저 무엇이냐, 사회주의를 하는 종족이거든요"라고 말하자, 다음과 같이 길게 부자의 처지에서 단호하게 말한다.

"⋯⋯ 그놈의 나라으서넌 부자 사람의 것을 말끔 뺏어다가 멋이냐 농군놈덜허구 노동꾼놈덜허구 나눠주었다지? ⋯⋯ 알구 보닝개루 바루 부랑당 속이지 별것이 아니데그려? ⋯⋯ 옛날 죄선두 활빈당이라넝 게 있었너니. 그런디 그게 시체 그놈의 것 무엇이냐 사회주의허구 한속이더니. ⋯⋯ 그런디 활빈당이라께 별것 아니구. 그냥 부랑당이더니, 부랑당 ⋯⋯"

윤영감은 사회주의에 대하여 눈앞에 실지로 원수를 대하는 듯 마구 흥분하여 다음과 같이 통렬한 비판을 퍼붓는다. 부자의 입장에서 자기보호본능이 드러나기도 하며, 당시 기득권층의 노골적인 반발을 표출하는 듯하다.

"아 글씨, 누가 즈더러 부자루 못살래서 그리여? 누가 즈 것을 뺏었 길래 그리여? 어찌서 그놈덜이 그 지랄이여? …… 아, 사람 사람이 다아 제가끔 지가 타구난 복대루, 부자루두 살구, 가난허게두 살구, 그 러기루 다아 하눌이 마련헌 노릇이구, 타구난 팔잔디. …… 그래, 남 은 잘살구 즈덜은 못산다구, 생판 남의 것을 뺏어다가 즈덜 창사구(창 자)를 채러 들어. ……"

그러나 윤영감이 경찰서장으로 키운다면서 일본으로 유학 보낸 둘째 손자 종학이 사회주의 관련자로 구금되었다는 전보를 받게 되 어 작품의 방향이 해피엔딩을 피해가는 듯하다.

5) 부자 자손들의 행태

과거 재벌기업 오너 집안의 자제들이 방탕한 행태가 언론에 보 도되어 여론의 질타를 받곤 했다. 소위 칠공자니 뭐니 하며 냉소적 인 평가를 받기도 하여 반기업 정서 형성에 원인이 되기도 하였다. 물론 많은 재벌들은 오너 자녀들이 엄격한 교육을 받아 역량 있는 기업인으로 성장한 사례들을 보여주고 있다. 오늘날 초일류기업으 로 성장한 일부 재벌기업의 경우 창업자 자손이 뛰어난 경영능력으 로 이루어진 경우를 보이고 있어 경영학계를 비롯한 세계의 이목은 오너 경영자에 대한 평가가 새로워지고 있다. 특히 우리나라 경제 발전과정에서 오너 경영자의 역할을 재조명하는 분위기도 대단한 것으로 볼 수 있다.

그러면 일제 강점기하의 자본주의 태동의 초창기에 자본가 내지 부자들의 자녀 행태는 어떻게 나타나고 있는가? 염상섭의 「삼대」에 서도 그렇지만 채만식의 작품에서 부자집 자손들의 행태는 매우 부 정적으로 그려지고 있다. 작품에서는 윤영감의 아들 윤창식, 큰 손자 윤종수에 대하여 자세하게 다루고 있다. 어려서부터 공부를 잘한다는 작은 손자 종학에 대하여는 서울서 제일가는 고보를 거쳐 동경 유학 중이며, 후에 사회주의 운동을 하다가 일본 경찰에 체포되었다는 언급만 나오며 주로 맏 손자 종수에 대한 타락상을 상세하게 기술하고 있다.

먼저 아들 윤창식은 시골 살 때부터 첩장가를 들어 딴 살림을 했었고, 서울로 올라올 때도 그 첩을 데리고 와서 살림집을 마련하였다. 이어서 새 채비로 기생첩 하나를 더 얻어서 관철동에 살림을 차려 놓고 두 첩집을 오가며 지낸다. 본집에는 돈이나 쓸 일이 있든지, 부친 윤직원 영감이 두 번 세 번 불러야만 마지못해 오곤 하는데, 와도 사랑방에서 부친이나 만나보고 안에는 들르지도 않고 그대로 가버린다. 윤창식은 성미가 그의 부친과는 딴 판으로 마흔 여섯이 되는 지금까지도 남과 언성을 높혀 시비 한번인들 해본 적이 없다. 남이 아무리 함부로 대하더라도 그저 그런가 보다고 모른 체할 따름이지 마주 대고 궂은소리라도 하는 법이 없다. 가산이고 살림 같은 것은 전혀 남의 일같이 생각하고, 제집 살림살이를 할 줄도 모른다. 좋게 보자면 세상 물욕을 초탈한 사람이라 할 수 있다. 누구 어려운 친척이나 친구가 찾아와서 아쉬운 소리를 하면 차마 잡아떼지 못하고 있는 대로 털어준다. 그러다보니 남이 빚 얻어 쓰는데 보증 서주고는 나중에 대신 물어주는 경우가 비일비재하다는 것이다. 윤영감은 이래서는 안 되겠다고 그의 아들 윤주사를 준금치산자 선고를 시켜버렸다. 그렇지만 윤주사는 윤두섭이라는 부친의 도장을 새겨서 썼는데, 윤두섭의 아들 윤창식이가 찍은 도장이면 그것이 위조 도장인 줄 알고서도 차용증서를 받아주었다. 그가 신선이나 한량과 같은 생활을 하고 남의 청을 거절하지 못하는 구석이 있다는 소문을 듣고서 교육계의 명망 있는 유지가 어느 사학의 재단 지원을 요청하자, "학교가 없어서 공부를 못하기보다는 돈이 없어서 있는 학교도 못 다니는 사람이 많지 않습니까?"라고 엉뚱한 반문을 하여 그 유지는 요청을 거두어 들였다. 윤주사는 남의 사정을 들어주는 사람이면서도 공공사업이나 자선사업 같은 데는 돈을 쓰지 않는다. 기부에 대한 요청이 강하게 들어와 못 견딜 정도가 되면 부친 윤영감에게로 슬그머니 따돌려 보낼망정 기부 같은 것은 막무가내로 하지를 않는다. 그는 마작으로 소일을 하는 경우가 많은 부자집 아들에 불과하다.

다음으로 맏손자인 종수는 윤영감의 가문 빛내는 큰 사업의 제일선 용사 중 한 사람으로서 군수 운동을 하느라고 고향에 내려가 군 공무원을 한다. 종수는 당시 29세로 생김생김은 이 집안의 혈통인 만큼 헤멀끔하니 어디 한 군데 야무지게 맺힌 데가 없다. 열 입곱에 서울로 공부하러 올라와서 입학시험을 3번씩이나 낙제하여 진학을 접고, 그 동안 조금씩 익혀온 술먹기와 계집질에 몰입하고 말았다. 무엇보다도 윤영감이 바라던 군수가 장마의 개울물에 맹꽁이 떠내려가듯 사라져버리는 것이라는 생각이 들었다. 그러나 윤영감은 두루두루 남의 의견을 듣고 궁리도 해본 결과, 공부를 잘해서 고등관으로 군수가 되는 길은 틀렸으나 군 직원으로부터 시작하여 본관을 거쳐 서무주임으로 서무주임에서 군수로 밟아 올라가는 방법을 취하기로 하였다. 윤영감의 그런 생각이 가능했던 상황을 다음과 같이 서술하고 있다.

"고향의 군수와는 매우 임의로운 사이요. 또 도지사와도 자별히 가깝고 하니까, 종수를 군 고원으로 우선 앉혀놓고서 운동만 뒷줄로 잘하게 되면, 자아 본관이오, 네에 서무주임이요, 옛소 군수요, 이렇게 수울술 올라간다는 것입니다. 과연 고향의 군수는 윤직원 영감의 청대로 선뜻 고원 자리 하나를 종수에게 제공했을 뿐 아니라 뒷일도 보장을 했습니다."

그러나 종수는 자신이 군수가 되고 싶다기보다도 일일이 감독이 엄한 조부 윤영감의 밑에서 조심스럽게 노느니 고향으로 내려가서 마음 탁 놓고 지내는 것이 좋아 매월 200원씩 가용을 받기로 하고 월급 26원짜리 군 직원이 되었다. 이후 3년 동안 윤영감이 자기 손으로 쓴 운동비가 만 삼천 원, 종수가 운동비 명목으로 가져간 돈이 2만 원 정도 되었다. 이외에도 많은 금액을 가져다 썼는데, 특히 윤영감의 도장을 새겨가지고 토지를 잡히고 쓴 돈, 윤영감 명의로 수형 뒷보증 등으로 쓴 돈 등 도합 7만원이 윤영감의 재산에서 빠져나갔다. 결국 윤영감은 손자인 종수로부터 사기를 당한 셈이다. 그러나 막대한 재산낭비에도 불구하고 종수는 아직도 한낮 직원으로 있고 그 이상 더 올라가지도 못했다. 그는 15살이나 위인 병호를 매니저격으로 내세워 서울로 와 이러저러한 일을 꾸미며 술과 오입으로 세월을 보내고 있었다.

6) 지주와 소작인의 입장에 대한 인식

당시 부자 윤영감의 재산축적과 권력추구에 대한 인식을 보면 다음과 같다. 윤영감이 재산을 지키면서 또한 늘려나가고자 하여, 양반을 만들어 내고자 경찰서장과 군수 양성하고자 하는 것은 역사적으로 보면 진시황이 오랑캐를 막아 진나라를 보전하기 위해 만리장성을 쌓던 세계적인 토목사업과 다를 것 없다는 것이다. 따라서 자신과 같은 만석꾼이 가산을 더욱 늘려가면서 길이길이 지키고 양반을 만들어 가문을 빛내기 위해 보약을 먹고 보건 체조를 하며 가장으로서 이 영광을 누리고자 하는 것은 불사약을 찾으며 만리장성을 쌓아 국가의 주재자로서 영광을 무궁토록 누리고자 하던 진시황과 다를 바 없다는 것이다.

한편, 민간의 교육사업이나 임시의 빈민 또는 이재민의 구제사업을 벌이는 사람들이 찾아와 참여를 부탁하면 윤영감은 자신은 나름대로 수십 년간 해마다 수백 명을 구제하고 있으므로 구태여 그런 기부나 구제에는 참여를 안 하여도 죄의식을 느끼지 않는다고 말하며 되돌려 보낸다. 그들은 윤영감의 말에 탄복을 하면서 무슨 사업을 하시는지 사업내용에 대하여 묻자 다음과 같이 답변을 한다.

"내가 시방 한 만석가량 추수를 허우. 그리고 작인이 천 명 가까이 되지요. 그러닝개 천 명 가까운 작인덜한티다가 논을 주어서, 농사를 하여 먹구살게 허넝 게 구제허구넌 큰 구제 아니오?"

윤영감의 사고로는 지주가 소작인에게 토지를 소작으로 주는 것은 큰 선심이오, 따라서 그들을 구제하는 적선이라는 것이다. 그의 생각으로는 소작 경쟁이 언제나 심하여 논 한 자리를 두고서 여러 사람이 제각기 서로 얻어 부치려고 경쟁을 하기 때문에 선정이 되는 자에게는 윤영감 자신이 적선을 베푼 것이라는 주장이다. 그리고 그는 자신이 찬미하는 예를 들면, 경찰 행정 같은 분야의 사업에다가 자진하여 무도장 건축비를 기부하는 것 외에는 민간 측의 사업이나 구제에는 절대로 한 푼도 내놓지 않는 스타일이다.

7) 일제 강점기에 대한 인식

1930년대 일제 강점기는 자본주의가 싹트기 시작한 시기로 보이는데, 자본주의에 대한 비판에서 출발한 사회주의에 대한 평가가 부정적이어서 통치 차원에서 논의 자체도 금지되어 있었다. 더구나 만석꾼인 윤영감은 자수성가하였다고 자부하는 차원에서 사회주의를 맹비난하면서 지금이 태평천하인데 사회주의가 웬말이냐고 펄펄 뛴다. 특히 동경 유학을 떠난 기대주 종학이가 사상관계로 경시청에 잡혔다는 전보를 받고서 앉아 있는 땅이 수천 길 밑으로 꺼져 내려가는 듯 정신이 아찔함을 느꼈다. 작품에서는 종학이가 사회주의를 한다는 그 한 가지 사실이 진실로 옛날의 드세던 부랑당패가 백 길 천길로 침입하는 그것보다도 더 분하고 무서웠다고 기술하고 있다. 즉, 사회주의에 대한 윤영감의 알레르기 반응이 다음과 같이 드러나고 있다.

> "그놈이 그게 어디 당헌 것이라구 지가 사회주의를 히여? 부잣 놈의 자식이 무엇이 대껴서 부랑당패에 들어?…… 오죽이나 좋은 세상이여? 오죽이나. …… 화적때가 있너냐아? 부랑당 같은 수령들이 있더냐? …… 재산이 있대야 도적놈의 것이요. 목숨은 따리 목숨 같던 말세넌 다 지내가고오. …… 거리거리 순사요, 골목마다 공명헌 정사(政事), 오죽이나 좋은 세상이여. …… 남은 수십만 명 동병(動兵)을 하여서, 우리 조선놈 보호하여주니, 오죽이나 고마운 세상이여? 으응? …… 제 것 지니고 앉어서 편안허게 살 태평세상, 이걸 태평천하라구 하는 것이여, 태평천하! …… 그런디 이런 태평천하에 태어난 부잣놈의 자식이, 더군다나 왜지가 떵떵거리구 편안하게 살 것이지, 어째서 지가 세상 망쳐놀 부랑당패에 참섭을 헌단 말이여, 으응?"

윤영감의 푸념에서 시골에서 보낸 구한말의 부패와 무법천지 세상을 생각하며, 서울로 와서 안정된 생활을 하는 현실의 안온함을 소중하게 여기는 모습이 절절히 표출되고 있다. 일제가 혼란스럽던 조선의 치안과 국방을 책임져주는 것으로 인식하는 왜정시대의 기득권층의 일면을 보여주고 있다.

이 작품이 부정적 면을 내세운 풍자적 소설이라는 점을 생각하면, 개인의 안위를 위해 국가와 민족을 살피지 않는, 일제 당시의 친일파에 대한 비판이라고 할 수 있지 않을까? 이는 작품 속에서 윤직원이 "우리만 빼고 어서 망해라!"라고 이야기하는 걸 보면 소설의 전개상 수미일관하다는 것을 짐작할 수 있다. 당시 윤직원에게 일제는 자신의 재산과 권력을 지켜주는 보호막이라고 할 수 있다.

4. 맺는 글

이 작품은 1930년대 일제 강점기 하의 서울을 중심으로 양반 행세를 하는 윤직원 일가의 희로애락의 모습을 통하여 식민지 시대의 사회상을 보여주고 있다. 특히 대지주 일가의 삶의 모습을 비판적이고 풍자적으로 다루어 당시 서울의 경제와 사회 모습을 추측해 볼 수 있다. 즉, 일제 강점기 하의 억압에 의해 굴종과 궁핍화 현상이 만연하였던 현실을 '태평천하'라고 여기는 윤직원의 역사의식 부재와 부정적 면모를 반어적이고 풍자적인 수법으로 묘사하고 있다. 작품의 전반적 특징을 간단히 분석해보면 다음과 같다.

첫째, 윤직원 일가의 경제와 사회활동 과정에서 그들의 심사를 표현하는 방법이 아니면 말고 식으로 이어져 작품의 전개가 소극적이고 성의 없다는 인식을 가지게 한다. 즉, 윤영감이 말하는 태평천하가 당시의 현실 모습이 아니라, 반어적인 의미를 통해 독자들로 하여금 작가의 의도가 무엇인지 곰곰이 생각해보게 한다. 작가는 윤직원 영감 일가의 행태를 통하여 일제 강점기 하의 일부 지주들의 반민족적이고, 이기적인 친일 역사 인식을 은유적으로 들춰내는 것으로 볼 수 있다.

둘째, 화자가 마치 판소리의 소리꾼이나 무성영화의 변사와 같은 역할을 하고 있다. 화자가 구어체와 경어체를 구사하면서 해설자적 논평을 늘어놓기도 하여, 독자와 작가 간의 거리감을 좁히는 효과를 보인다. 또한 작중 인물들에 대한 풍자와 조롱을 통하여 흥미 있는 분위기를 조성하고 있다. 이러한 풍자적 기법은 판소리의 특유의 전통을 반영한 것으로 볼 수 있으며, 작가가 보다 현장감 넘치는 작품전개에 힘을 기울인 것으로 분석된다. 이주형이 '작품 해설'에서 지적했듯이 작가는 부정적 현상들이 난무하는 시대적 현실을 독자적인 문학적 기법과 비판의식으로 그려냈다고 평가할 수 있다.

 결론적으로 한 가족의 5대에 걸친 인간역정의 모습을 그린 작품으로서, 각 구성원들의 살아가는 모습을 풍자적으로 보여주면서 일제 강점기 하에서 경제와 사회 발전 모습을 그리고 있다.

<한맥문학 2021년 6월호>

Chapter 3

황석영의 장편소설 '철도원 삼대'를 통해 본 가족 3대의 노동운동

1. 시작하는 글

　작가 황석영은 1943년 만주 장춘에서 태어나 1947년 북한을 거쳐 서울 영등포로 이주하여 성장하였으며, 경복고등학교와 동국대학교를 다녔다. 그는 단편소설 '탑'이 조선일보 신춘문예에 당선되면서 본격적 문학 활동을 시작하였다. 그가 1970~80년대에 이룩한 문학적 성과는 대단한 것으로 평가받는다. 작가 황석영은 1974년에 첫 소설집 「객지」를 출간하여 대표적인 70년대 작가로 부상하였다. 이 소설집에는 중편 '객지'와 단편 '한씨 연대기', '삼포 가는 길' 등이 실렸는데, 오늘날 사실주의 문학의 대표적인 작품들로서 인정을 받고 있다. 그는 1980년 5월을 광주에 체류하면서 광주항쟁을 겪었으며, 이후 진보적 작가로서 여러 운동에 참여한 바 있다. 1989년에는 통일운동 차원에서 북한을 방문하고 김일성 주석과 수차례 면담했다. 이어서 「사람이 살고 있었네」라는 제목의 방북기를 발표하였으며, 독일과 미국을 유랑하다 1993년 귀국과 함께 체포·수감 되었고, 이후 국민의 정부에서 석방되었다.

작가는 1989년 베트남전쟁 참전 체험을 토대로 발표한 '무기의 그늘'로 만해문학상을 받았고, 2000년 사회주의 몰락 후 변혁을 추구한 자들의 삶을 그린 '오래된 정원'으로 단재상과 이산문학상을 수상하였으며, 2001년 황해도 신천대학살사건을 토대로 한 '손님'으로 대산문학상을 수상한 바 있다.

'철도원 삼대'가 나오자 많은 평자들이 "한반도 100년의 역사를 꿰뚫는 방대하고 강렬한 서사의 힘"이라는 평을 내놓고 있다. 즉, 이 작품은 철도원 가족 3대를 둘러싼 방대한 서사를 통해 일제강점기부터 해방 전후 그리고 21세기까지 이어지는 과정을 통해 철도업의 성장 및 노동운동의 역사를 사실적으로 그리고 있다. 특히 스토리 전개방식으로서 실존 인물과 역사적 자료를 가지고 민담을 섞어가면서 작가의 주관적 시각을 드러내기도 하는가 하면, 개항 이후 오늘에 이르는 대한민국 근현대사를 다큐멘터리 형식으로 탁월하게 재현해내고 있다. 작품에서는 이백만, 이일철, 이지산으로 이어지는 철도국 근로자 삼대와 21세기 민주화된 세상에서 고공농성을 하고 있는 이백만의 증손이자 공장 노동자인 이진오의 삶이 과거와 오늘을 왕래하며 펼쳐진다.

구한말 이래 일제강점기의 산업은 철도업과 전력, 방직업 등이 중심이 되었으나, 작품에서는 많은 인력을 고용하고 근대 산업사회를 대표하는 산업인 철도업의 노동자에 초점을 맞추고 있다. 작가는 한국 장편 소설 중 산업노동자가 전면에 등장하는 본격적인 장편소설이 없다고 해도 과언이 아니라는 점을 지적하며, "우리 문학사에서 빠진 산업 노동자를 전면에 내세워 그들의 근현대 100여년에 걸친 삶의 노정과 현재 한국 노동자들의 삶의 뿌리를 드러내보고자 하였다. 또한 이것은 이지러지고 뒤틀리고 하면서도 풍우의 세월을 견뎌온 한국문학이라는 탑의 한 부분에 돌 하나를 끼워 넣는 작업이 되기를 바랐다"고 말한다.

이 글에서는 철도원 가족 삼대의 삶의 궤적을 추적하면서 그들이 몸담고 일했던 철도업의 태동과 성장 관련 사실들을 짚어보며, 동시에 일제 강점기와 해방 이후 지하와 지상을 넘나들며 전개되었던 사회주의(공산주의) 운동과 노동운동을 점검해보기로 한다.

2. 작품의 개요 및 작중인물의 특징

이 소설은 이백만, 이일철, 이지산으로 이어지는 철도 노동자 가족 삼대와 회사의 부당노동행위에 항거하며 고공농성을 하고 있는 이백만의 증손이자 공장 노동자인 이진오의 투쟁 스토리를 주된 내용으로 한다. 아파트 16층 높이의 발전소 공장 굴뚝에 올라 고공농성 중인 해고노동자 이진오는 페트병 다섯 개에 죽은 사람들의 이름을 각각 붙여주고 그들에게 말을 걸며 굴뚝 위의 시간을 견딘다. 즉, 진오는 증조할머니 주안댁, 할머니 신금이, 어릴 적 동무 깍새, 금속노조 노동자 친구 진기, 크레인 농성을 버텨낸 노동자 영숙을 소환해내며 과거부터 지금까지 이어져 자신에게 이르는 동안 삶의 의미를 생각한다. 작품에서는 "증조할아버지 이백만에서 할아버지 이일철과 아버지 이지산을 통해 그에게 전해진 의미는 무엇이었을까. 그것은 아마도 삶은 지루하고 힘들지만 그래도 지속된다는 믿음일지도 모른다. 그렇게 오늘을 살아낸다."라고 인간의 역사성을 강조하고 있는 듯하다.

현재 고공농성을 하는 근로자 이진오의 증조할아버지 이백만의 형은 이천만, 동생은 이십만, 막내 여동생은 이막음이다. 작품에서 이천만은 거의 등장하지 않고 이십만은 소설의 후반에 잠깐 나오지만 이막음은 소설 중반까지 매우 비중 있는 역할을 한다. 이백만은 주안댁과 결혼을 했고 일제 산하 철도국에서 근무했다. 철도는 근대 산업화의 상징물이다. 당시 철도국에서 일한다는 것은 일제 식민지하의 협조자나 배반자로서 조선 사람 누군가로부터 손가락질을 받을지도 모를 일일 것이다. 그렇지만 조선 백성들은 살아남아야 했기 때문에 모두 독립투사가 될 수는 없었다. 이백만은 철도국에서 성실히 일한 공로로 자신의 아들인 이일철이 철도국 기관사가 되는 길을 닦아 놓은 결과가 되었다. 이백만은 한쇠를 낳고도 몇 해가 지나서야 영등포 철도공작창의 정식 직원이 되었다. 그러나 견습 딱지를 떼는 데 다섯 해나 걸린 셈이다. 일본인들은 공업중학교만 나와도 견습기사 자격을 주고 소학교만 나오고도 도제를 거쳐 삼년이면 기능공이 되었지만 조선인들에게는 절대로 책임 있는 자리를 맡기지 않았다.

이백만의 두 아들 이일철과 이이철 형제의 이야기는 일제강점기 젊은이들의 꿈과 좌절을 알려준다. 작품에서는 철도공작창 기술자로 일하는 "이백만이 아들을 낳자 기차를 생각하고 지은 이름이 한쇠였고 그다음 태어난 아들도 형의 이름을 따라서 두쇠로 지었다가 민적에 올리면서 일철이 이철이가 되었다."고 형제를 소개하고 있다. 큰 아들 일철은 아버지의 뒤를 이어 철도종사원양성소를 거쳐 당시 드물었던 조선인 기관수가 되어 이백만의 자랑이 되었으나, 작은 아들 이철은 철도공작창에 다니다 해고당한 뒤로 공장노동자를 전전하며 사회주의 운동가로 활동하다 투옥되는 등 고초를 겪는다. 당시는 일본, 중국 등에서도 사회주의 내지 공산주의 사상가들이 지하에서 활발한 활동을 하던 시절이었고 한반도 역시 의식 있는 젊은이들이 지하에서 사상활동을 하였으며 해방 후까지도 기세가 대단하였다. 작품에서 이철과 함께 사상활동을 하던 것으로 그려지는 이재유, 김형선, 미야케 등도 중요한 인물로 등장한다. 이철의 아지트 부부였다가 아들 장산을 낳게 된 아내 한여옥, 이철의 사상운동 연락책을 맡아 부지런히 활동한 박선옥 등의 인물은 이철의 사상운동의 심취 정도를 알려주는 역할을 한 것으로 보인다.

일제의 앞잡이 노릇을 하던 이일철의 친구 최달영은 많은 사상운동가들을 적발하여 체포 및 구금함으로써 악질 고등계 형사역할을 한다. 그는 해방 후 군정하의 경찰에 그대로 참여하여 당시 공산주의자들 탄압에 진력하여 고속 출세를 하나 마침내 불행한 일로 인생을 마감한다.

작품을 흥미 있게 이끌어 가는 돋보이는 역할을 하는 여성 인물들의 활약을 언급하지 않을 수 없다. 이백만의 아내 주안댁이 어린 두 아들을 남겨두고 세상을 뜨게 되자 백만의 누이동생 이막음이 이들 형제를 돌보게 되고, 주안댁은 홀연히 생시 모습으로 나타나 막음이 고모와 소통을 하며 두 형제의 안위를 지킨다. 작품에서는 이막음의 출연에 대하여 "방직공장에 취직하러 왔다가 혼자된 둘째 오빠를 위하여 아이들을 돌보고 살고 있었다."고 설명한다. 또한 이막음은 센 입담으로 "한쇠와 죽이 맞아서 주안댁에 대한 여러 가지 전설을 만들어"내곤 했다고 작품에서는 인물 특성을 설명하고 있다. 그리고 주안댁은 과묵하고 생활력이 강해 아들 형제에 대한 사랑이 극진하여 고모와 한쇠 부부에게 자주 혼령의 모습으로 나타났다. 이어서 작품에서는 일철의 아내 신금이에 대하여 "누구든지 처음 만나서 잠깐 바라보면 과거에 일어난 일과 앞으로 일어날 일을 족집게처럼 맞혀서 주위 사람들을 놀라게" 한다면서 '신통방통 신금이'란 말을 들었다. 신금이는 과거 시동생 이철과 함께 노동운동을 했던 신여성으로서의 지성을 갖추고 예지력도 뛰어나 집안에 닥친 고난을 현명하게 이겨내는데 탁월한 역할을 한다.

이일철은 동생 이철이 옥사하고, 해방이 됐지만 일본 앞잡이들이 그대로 경찰로 남는 어처구니없는 현실을 목격하고 갈등을 느낀다. 그는 동생의 이루지 못한 한을 풀기 위해 노동운동에 참여한다. 그는 좌파 운동가들을 도와 노동인민 운동의 거물이 되면서 더 이상 남한에 머물기가 위험해 마침내 월북한다. 일철의 아들 지산은 아버지의 뒤를 이어 철도원의 길을 걷고자 하나, 아버지가 월북을 한 후손은 기간산업에 들어갈 수 없는 현실에서 아버지를 만나러 북한으로 갔다. 거기서 아버지의 주선으로 단기 철도원 양성과정을 거치고 난 후, 6.25 전쟁이 나면서 전쟁에 참여하여 인민군과 함께 물자 수송을 위해 철도에 오르지만 부상으로 다리를 절단하고 포로 석방시 집으로 돌아와 윤복례와 결혼해 이진오를 낳았다. 이렇게 하여 철도원 삼대의 이야기는 마무리 되고 21세기 이진오의 노동운동으로 이어진다.

철도원 삼대라는 가족사를 가진 이진오는 해고노동자가 되어 높은 굴뚝에 올라가 400일 넘게 1인 고공시위를 벌인다. 회사측에 부당노동행위를 하지 말라고 주장하며, 일제 강점기 이이철과 박선옥 등의 공장 노동자들이 절규했던 사항들에 대하여 21세를 살아가는 이진오가 똑같은 주장을 하며 시위를 하고 있다는 점이 역사발전의 한계로 느껴진다. 철도원의 후손 진오는 고공시위를 하며 겪는 혼자만의 외로움과 싸우며, 물병에 써 놓은 어릴 적 동무이름과 주안댁, 신금이, 먼저 간 동지들과 대화하며 스스로 의지를 불태우고 독려하며, 회사측과의 협상을 통하여 타협을 이루면서 농성을 풀고 내려와 동료들의 환영을 받는다.

증조할아버지 이백만에서 할아버지 이일철과 아버지 이지산을 통해 이진오에게 전해진 것은 '삶은 지루하고 힘들지만 그래도 지속된다'는 믿음일 것으로 작가는 결론을 내린다.

작품에서는 일제하의 철도원 생활과 철도산업의 발전 현황 및 그 당시의 한국인들의 애환을 나름대로 사실적으로 묘사하고 있다. 또한 이철을 중심으로 한 사상운동을 하는 공장 근로자들을 비롯한 많은 인사들의 지하를 중심으로 학습조직을 만들어 전국적이고 국제적 연계를 통한 사회주의 운동을 하는 모습이 생생하게 보여진다. 다만 작품에서는 그들의 운동성향과 독립운동 및 노동운동을 동일시하는 듯한 모습이 보여 다소 생소하다.

3. 철도산업의 생성과 발전

1) 철도개설의 효과

구한말 이후 일제 강점기를 거치면서, 일본은 조선을 효율적으로 지배하고 산업생산물에 대한 수탈을 용이하게 하기 위해 한반도에 철도를 거점마다 개설하였고, 조선 노동자들의 노동력을 착취했다고 알려져 있다. 결과적으로 근대 산업의 기반인 철도가 전국적으로 구축되면서 한반도의 수송과 물류 사정은 획기적으로 개선되었다. 산업화가 미미했던 일제 강점기에 철도산업이 차지하는 비중은 절대적이었다고 보여진다.

철도의 개설로 역이 생기고 역주변은 도시화된다. 철도원 삼대의 1세대인 이백만은 강화에서 태어나 자랐으나 철도원이 되면서 영등포에서 정착하여, 후세들도 영등포에서 성장하면서 생업을 이어가게 되었다. 영등포가 도시로 발전한 것은 철도개설로 영등포역이 생기면서부터이다. 영등포는 경부선과 경인선이 만나는 지점이고 물자와 사람의 왕래가 빈번한 경성의 길목이 되었다. 작품에서 영등포의 도시화 태동과정을 다음과 같이 그리고 있다.

"영등포는 수십호 정도가 채소를 기르며 살던 가난한 농촌이었지만 10년 전부터 경부선 공사가 착수되면서 사람들이 사방에서 모여들기 시작했다. 철도공사에 종사하는 토목기술자 사무원 감독 인부가 일본에서 들어왔으며 그들을 따라서 상인 여관업자 요식업자 매춘부도 따라 들어왔다. 돈 쓰는 일본인들이 늘어나자 조선 사람들도 모여들었고, 막일꾼 행상 밥장수 술장수 채소장수가 되어 밥벌이를 시작했다. 영등포가 경인선과 경부선이 갈리는 지점이 되자 역 주변에 우체국 전보지사나 전화지소 같은 버젓한 신식 건물들이 들어섰다. 그리고 역전 광장 건너편에는 일본인 거주지역이 생겨났다. 이들 번화가를 지나서 영등포시장이 생겼고 네거리 사방으로 가게와 밥집이며 주막집이 봉놋방도 자리를 잡았다."

철도가 도시의 성장과 정체를 좌우하는 경우가 많았다. 예를 들면, 대전은 원래 조그만 도시였으나 경부선 철도의 주요한 역이 생기면서 급속히 발전하였다. 반면 역사적으로 도시로서 찬란한 역사를 가진 공주는 경부선이 비켜가면서 발전의 속도가 더딘 과정을 밟은 것으로 알려져 있다. 영등포역의 번창은 서울 남부의 대표적 부도심으로 발전하여 해방 후 1970년대 강남개발이 본격화될 때까지 산업지대로서 역할을 담당하게 되었다.

2) 철도개설 과정

우마차가 주요 운반수단이던 시절에 철도개설은 전통사회에 대단한 충격을 준 사건이었다. 더구나 철도개설에는 거대한 자본이 소요되기 때문에 민간부문에서 담당할 수가 없어 정부기관 주도가 불가피한 공사이다. 유럽에서 철도업은 민간부문에서 자본을 모으는 주식회사 형태로 출발하였으나 일본은 국영사업으로 시작하였다. 우리나라도 해방 후 정부가 철도청을 통하여 철도 운영을 직접 담당하였다. 구한말 당시 조선으로서는 철도개설이 엄두를 내기 어려울 정도의 사업이었으나 일본이 개입하면서 급격한 변화를 겪었다. 특히 경부철도를 놓는 과정에서 개화한지 얼마 안 되는 일본은 열악한 자본의 열세를 철도부지의 약탈로 만회해갔던 것으로 분석된다. 작품에서는 당시 혼란스런 상황을 다음과 같이 기술하고 있다.

> "갑자기 온 나라가 발칵 뒤집혔다. 철도 연변의 드넓은 논밭과 삼림과 마을이 갑자기 징발되었다. …… 일본의 철도회사는 철도 연변의 땅들 뿐만 아니라 역을 중심으로 한 광대한 지역을 철도의 부속 대지로 지정했다. 처음에는 거의 십분의 일 가격으로 보상을 해주는 척하다가 러시아와 전쟁을 일으키면서부터 노골적으로 군대가 직접 징발하기 시작했다. 경부철도주식회사의 기사들과 그 아래 청부를 준 일본의 토건회사들이 …… 일본군을 앞세우고 공사에 필요한 토지를 강제로 수용하기 시작했다. 이는 경의선 구역에서 더욱 심각하여 철로가 지나는 곳마다 땅을 빼앗긴 백성이 수만 명에 이르렀다. 철도부지의 수용은 거의 무상몰수나 마찬가지였다. 초창기에 몇 푼씩 눈가림으로 내주던 보상금마저도 지방 관아의 한국정부 관료나 아전들이 착복하였다. 백성들은 토지뿐만 아니라 집과 삼림, 조상의 무덤까지도 헐값에 빼앗겼다."

초기에는 경부철도주식회사와 계약을 맺은 한국의 토목건축회사들이 노동인력을 조달했다. 갑자기 불어 닥친 철도건설 바람을 타고 10여개의 토목건축회사가 설립되었으며, 이들 대개가 대한제국 정부의 고위직 벼슬아치들을 중역으로 내세웠다. 철도 건설공사에 필요한 노동인력 뿐만 아니라 목재 석재 석탄 등 노동도구에서부터 인부들의 일상에 필요한 연초 쌀 반찬 등에 이르기까지 공사장에서 요구되는 모든 물품을 공급했다. 일본 회사들은 처음에 한국 회사들과 동업하는 형태를 취했으나 러시아와 전쟁 중에 경부 경의 철도의 속성을 재촉하면서 기술과 경험이 부족한 한국 회사들을 제치고 대부분 지역의 공사를 주도하게 되었다. 한국측 토건회사들은 모두 몰락하고 노동자 관리 조직만이 일본 회사에 흡수되어 노동자를 모집하고 감독하는 역할만 담당하게 되었다. 초기의 공사에서는 그래도 먹고 살려고 자발적으로 참여한 인부들이 대부분이어서 충돌이 발생한댔자 저임금이 원인이었다. 그러나 공사가 중반기로 넘어가면서 인력조달이 강제동원으로 바뀌어 상황이 달라졌다.

경부 경의 철도가 지나는 연변의 고장들뿐 아니라 거기서 수백 리 떨어진 곳까지 찾아가 장정들을 인부로 데려갔다. 다리나 터널을 짓는 공사장 부근에선 백여 명에서 수천 명에 이르기까지 동원되었고 기한은 6개월 이상이 보통이었다. 조선인의 노력 동원에는 명절이나 제사를 가리지 않았으며 농번기라고 사정을 봐주지도 않았다. 수확기에 힘을 쓸만한 마을 장정들을 모두 데려가는 바람에 곳곳마다 폐농지가 발생하였다. 동원된 조선 양민들은 공사장마다 일본군 일개 소대의 감시 아래 밤낮으로 일했다고 한다.

철도가 개설되면서 강제로 땅을 빼앗기고 부역에 끌려나와 고생하고 가족이나 친척이 살해당한 조선 백성들은 전국 곳곳에서 열차 운행과 철도공사를 끈질기게 방해하기 시작했다. 당시 국권을 빼앗기고 나라가 망하여 일어나게 된 의병들도 철도를 주요 공격의 목표로 삼곤 했다.

영등포 정거장 부근에서 보부상으로 보이는 사람들이 선로에다 불을 달군 기와를 쌓아놔서 앞뒤 열차가 충돌하게 하기도 했다. 발각되면 모두 현장에서 즉결 포살되었다. 자갈을 쌓아 철로를 덮어버리기도 하고 화약도 묻었다. 밤중에 공사장 석재를 옮겨다 선로를 막아서 기관차가 탈선 전복하여 타고 가던 일본군 수십 명이 죽거나 다친 일도 벌어졌다. 철로변의 전신주를 쓰러뜨리고 전선을 절단하는 일도 자주 발생되었다. 일본은 전선과 철도 보호에 관한 군율을 발포했다. 그러므로 철도 건설에 조선 사람의 피와 눈물이 배여 있다고 할 수 있다.

3) 철도의 운영현황

당시 경인선 객차의 종점은 한강철교가 개통된 뒤에도 수년간 노량진이었다가 용산이 되었다. 그러나 경부선과 경인선의 접점이 영등포였으며 수십 군데의 공장이 들어서며 산업화물이 늘어났고 경부선의 지선으로 출발한 호남선까지 지나게 되니 영등포역은 자연스럽게 남경성역이 되었다. 영등포역은 화물창고가 수십 채로 늘어났으며 역구내의 철로도 여러 선으로 복잡하게 얽히게 되었다. 공장지대와 철도공작창으로 연결된 철로가 영등포 시내를 관통하게 된 지 오래되었다.

경인선은 인천이 항만인데다 산업화로 공장지대가 늘어나 경부선의 끝이었던 부산에 다음가는 주요 화물수송로였다. 특히 객차가 운행되지 않는 야간에는 밤새도록 화물차가 왕래했다.

결국은 철도의 개설이 산업화를 촉진시켜 인천과 부산 및 영등포 등 철로가 개설된 지역을 중심으로 산업화가 이루어진 것을 보면 산업화를 위한 물류수단으로서 철도산업의 중요성을 알 수 있다.

4) 철도산업의 발전

한반도에서 철도산업은 가장 중요한 기간산업으로서 발전을 거듭하였다. 특히 일제강점기 하에서 철도산업은 일본의 대륙진출을 위한 수단으로서 철도의 확장정책이 추진되었다. 작품에 소개된 철도의 확장 현황을 소개해 보기로 한다.

일본의 철도건설 방향은 한반도를 지나 대륙을 향하여 나가는 확장정책으로 발전하였다. 일본은 만주 전역에서 철도를 놓고 남만주철도회사를 설립하였으며, 일본인의 생명과 재산을 보호한다는 구실로 관동군의 만주 주둔을 합리화하였다.

조선총독부 철도국은 수송시설과 능력을 향사시키기 위해 역의 선로와 기관차의 개량에 힘을 기울였다. 경인선에는 경성에서 인천까지 40분에 주파하는 초특급열차가 투입되어 하루에 13회 왕복이 가능해졌다. 철도국은 증기기관차의 성능을 개량하여 10시간 이상 소요되던 경성-부산 간을 8시간으로 12시간 소요되던 경성-신의주 간을 8시간 54분으로 단축하려고 시험을 계속했고 마침내 달성했다. 중일전쟁이 발발하자 조선과 만주를 잇는 대륙철도의 궁극적 목표는 부산-안동 간을 16시간에, 그리고 동경-신경 간을 72시간에 주파하겠다는 것이었다. 중일전쟁이 터지면서 일본인 철도원들의 징집으로 일본인이 줄어들고 반수 이상이 조선인으로 바뀌었다.

일본의 철도당국이 이처럼 열차의 속력증가에 매진했던 것은 일본 조선 만주 중국의 시간적 거리를 최대한 좁힘으로써 조선과 중국 대륙을 일본에 강고하게 편입시키려는 목적이었다.

해방 후 남한 철도는 경부선, 경의선, 경원선, 함경선, 등의 대륙으로 향한 간선 이외에 지선은 사설철도회사가 건설 운영하였으나 선로의 규격은 표준에 맞추었다. 특이한 예로 탄광과 해안 운송 등에 협궤 철로가 있었지만 일부 지역에 지나지 않았다. 그러나 북한은 간선 외에 산악지대의 지선에서 협궤구간이 많았고 각각의 구간이 통일 연결되지 않는 선로가 많았다. 교통국은 철로의 개선과 기술 인력을 양성해서 시급하게 현장에 보충하는 일이 중요한 업무였다.

4. 사회주의 운동과 노조

작품에서는 일제강점기를 중심으로 한 철도원들의 업무를 통한 철도업의 태동 과정과 개설의미를 짚어보았으나, 그 이상으로 노동자들을 중심으로 한 사회주의 운동의 현황을 상세히 다루고 있다. 여기에서는 작품에 등장하는 이이철 등의 사회주의 운동가들의 활동 현황을 짚어 보기로 한다.

이이철은 영등포 공작창에서 일하던 중 사회주의 운동원의 학습에서 사회주의 활동가 안대길의, "만세나 부른다고 독립이 되지도 않으려니와 우리 같은 맨손의 노동자나 땅도 없는 농사꾼들은 자신은 물론이고 제 자식 손자 대에 이르기까지 이런 가난을 면할 길이 없다고 했다. 우리는 무겁게 겹친 바위에 깔린 개구리와 같다는 것이다. 일본과 자본에 이중으로 억눌려 있다고 했다."는 설명을 들으면서 사회주의 학습에 뛰어들기 시작했다.

또한 이철은 지하 학습에서 다음과 같은 설명을 듣기도 하며 사회주의 사상에 깊이 경도되어 간다.

"아라사에서는 십수년 전에 이미 백성들이 들고 일어나 황제를 몰아내고 인민의 정부를 세웠고, 만주에서는 수많은 조선인 애국자가 무기를 들고 일본과 싸우고 있으며, 조선도 일본에서 벗어나 새로운 나라를 세우기 위해서는 혁명을 해야 한다는 것이었다. 식민지 인민의 자유와 평등을 실현하려는 사회주의 사상이 들어와 지난 십수년간 농촌에서 소작쟁의가 전국적으로 천여 번 이상 벌어졌고 공장 광산 항만 부두에서도 노동자의 권익을 위한 싸움이 계속되고 있다고 한다. 이런 싸움은 우선 조직이 없으면 불가능하고 조직은 과거처럼 책깨나 읽은 지식인이 위에서 지시하여 이루어지는 게 아니라 일하는 노동자 스스로가 자기들을 개척해 나아가면서 동료들을 모아 그 중에 대표와 지도자를 만들어

내어 조직의 최고 단계인 당을 만들어야 한다는 것이었다."

이철은 한참 지난 뒤에 운동원들의 활동이 결국은 당을 건설하기 위한 노력임을 알게 된다. 이미 수년 전에 조선공산당이 창립되었으나 몇 달 만에 일제에 의해 검거되었고 뒤를 이은 사회주의자들의 재건운동이 계속되고 있었다. 산에 오르는 길이 여럿이듯 독립운동을 하는 것도 여러 갈래에서 사상과 정견의 차이가 있었지만 가장 치열하게 싸우는 쪽은 아무것도 가진 것이 없는 무산자를 배경으로 한 사회주의 계열이라고 이철은 들었다.

철도국 공작창에서 일하던 당시 사상운동모임에 참석하여 늦게 귀가한 이철에게 아버지 이맥만은 아들에게 걱정스럽게 다음과 같이 훈시한다.

"내 가만 보아 하니 니 작업장에 이놈 저놈 기웃거리고 너두 제 일터를 비울 때가 많더구나. 니 형은 이제 양성소를 졸업하며 어엿한 철도국 직원이 될 터인데, 너는 기술이라도 부지런히 연마해야 인부를 면하고 고원 조수라도 될게 아니냐? …… 나두 요즘 세상 돌아가는 소문은 다 들어서 알구 있다. 조선 전국에서 쟁의질하구 동맹파업하구 난리라는데, 그러면 우리나라가 독립할 거 같냐? 일본 놈들이 처먹은 이 나라를 만만하게 내줄 거 같냐구. 너희들 사회주의 놀음하는 걸 내가 모를 줄 알았어? 우리나라가 독립해야 한다는 걸 모르는 조선 사람이 어딨냐? 우선 이 세월을 견디구 살아남아야지."

그러자 이철은 "일본놈이든 조선 놈이든 그냥 목숨만 부지할 정도루 주는 대루 먹구 사는 종놈이 아니라 일한 만큼 대우를 받으며 살자는 거예요. 그런 사회가 오면 나라도 독립이 되겠지요."라고 아버지에게 대꾸하여 사회주의자의 이상을 드러내고 있다.

이철은 철도국 영등포 공작창에서 파업을 주도하다가 해고되어 다른 방직공장에 들어갔으며, 한 달쯤 후 독서회를 시작했다. 그곳에서 그는 그의 형수가 될 신금이를 만나게 된다. 그는 방직공장의 기본지도원이 되어 중앙과의 연락 속에서 산별노조를 중심으로 연대해야 할 것을 알게 되었으며 이미 금속 섬유 화학 출판 등으로 부서별 연대가 되고 있음을 알게 되었다. 이철은 제사 방직 견직 등의 공장마다 7-10여명의 적색노조준비위가 연결되고 있다는 것을 파악하였다. 당시 고무공장들이 전국에 걸쳐 도시마다 있었고 방직공장은 경성에 수십 곳이 있고 웬만한 대도시에도 서너 곳씩 있었다. 공원들 대부분은 부녀자와 미혼 여성들이었다. 이들은 자기 또래의 조선 처녀에 비하여 과감하게 자기 인생을 개척하는데 준비가 되어 있었으며 남자 직공들보다도 선진적이었다.

일철은 동생이 공작창을 나와 방직공장에 들어갔고 아버지로부터 사회주의자 활동을 한다는 말을 듣고 이철에게 다음과 같이 말한다. 동생의 사회주의 활동을 묵시적으로 인정하는 모습을 보여준다. 이미 이철은 적색노조의 영등포 연락책으로 활동하고 있었다.

"나는 이번에 학업이 끝나면 철도국 직원이 된다. 운전과니까 장차 기관사가 될 작정이다. 집안은 내가 맡을 테니 걱정하지 마라. 그 대신 네 바깥일은 밖에서 해결했으면 하는구나."

사회주의 운동에 대하여 이론가들은 "대중없는 당은 머릿속 관념일 뿐이다. 일제의 폭압이 심해질수록 좌편향이 되기 마련인데 그럴수록 우리는 침착해야 한다. 원칙을 지키되 너그러워야 하고 감출 것은 깊이 간직해야 한다. 근로대중의 생활과 동떨어진 어떤 말이나 행동도 경계해야 된다."고 주장한다. 이철은 이론가 이재유에게 독립운동과 계급운동은 다른지를 묻자, "우리는 두 개의 무거운 철쇄에 묶여 있다. 일제의 식민억압과 부르주아 사회체제이다. 근로대중의 투쟁을 불러일으키고 일제와 싸우는 과정에서 그 두 과제를 자연스럽게 해결해나갈 수 있다고 생각한다."고 답변한다.

당시 이철이 사회주의 활동을 한 영등포 지역은 각종 공장이 30여개나 밀집해 있으며 노동자도 2만 여명이고 자유노동자까지 합치면 수만 명에 가까운 산업지대였다. 노동자들은 토착 원주민이 드물고 거의가 전국 각지에서 일을 찾아온 사람들이었다. 그들은 주거 영속성이 드물었고 직장의 이동 또한 빈번하여 경찰의 추적이나 감시로부터 상대적으로 자유로운 이점이 있었다. 그러다보니 영등포는 서울에서 운동의 중심지이자 지하조직의 근거지였을 뿐만 아니라 활동가들에게 좋은 도피처가 되기도 하였다. 또한 철도를 따라 이어진 서해안의 가장 큰 항구 인천을 불과 한나절 안에 내왕할 수 있었고, 그곳 역시 부두 하역장과 공장이 밀집해 있어서 노동자가 수만 명이었다. 영등포는 사실 인천을 배후 기지로 두고 경성을 앞에 둔 전선이었다.

신금이가 취직했던 공장은 규모가 컸으며 일본 본사에서 기술진과 경영진이 파견된 대기업이어서 경성에서는 조건 매우 좋은 측에 속해 있었는데도 하루 작업시간이 보통 13시간이었고, 임금수준이 일본인의 절반에도 못 미친다는 점에서 노동착취가 이루어진다고 할 수 있다.

일제는 합방 초기부터 헌병과 경찰력을 늘려오면서 조선인 보조원 제도를 시행하였다. 3.1운동이 일어나고 5년 동안의 지원자는 2-3 대 1정도의 경쟁률을 보였으나 1920년대 중반에 10대 1을 넘고 1930년대에 들어서면서 모집인원이 증원되었는데도 20대 1이상의 경쟁률을 유지했다고 한다. 이들은 대개 밀정 역할을 하면서 조선인을 사찰하는 앞잡이 노릇을 하였다. 때로는 임시 정보원으로 쓰다가 특채되기도 하였으며 일제강점기 후반기로 갈수록 정식 채용자보다는 정보원 출신이 더 많아지게 되었다.

당시 사회주의 활동가들은 24시간 불문율이 있었는데, 체포된 자는 그가 알고 있는 다른 동지들의 도피를 위하여 고문을 받더라도 최소한 하루를 버텨야 한다는 것이다. 치안 당국도 그런 점을 알고 있어서 검거하자마자 최대한 많은 정보를 얻기 위하여 가혹한 고문을 하여 전향자로 만들거나 정신적인 불구를 만들어버렸다. 경찰의 단속이 심한 어려운 여건 하에서 적색노조원들은 조선공산당을 재건하기 위한 노력을 기울이고 있는 모습이 나타난다.

작품에서 사회주의자 이재유를 흠모한 일본인 경찰인 모리다는 이재유를 탈출시키는데 그는 이재유로부터 "일본은 천황제를 폐지하고 궁극적으로는 사회주의가 되어야만 완전한 인간 평등을 이룰 수 있다. 일본이 제국주의로 아시아를 침략하고 조선이 그 피해자가 된 것도 끝없이 팽창하지 않으면 자신을 유지할 수 없는 자본주의의 필연적인 결과"라는 사상을 교육받았다는 것이다.

체포 위기에 처한 이이철은 일철의 설득으로 최달영에게 전향서를 쓰고 경감된 형량을 받아 복역하면서 배우자의 출산을 도왔다. 이철이 투옥된 지 일 년이 되던 겨울에 이재유도 체포되었다. 당시 신문에는 "집요 흉악한 조선인 공산당 마침내 괴멸되었다."고 보도되었다. 그는 조선내 사회주의 독립운동의 마지막 불씨였던 셈이다. 이후 이철은 석방되었다. 이철은 보호관찰기간 중에 인천으로 들어가 사회주의 활동을 계속하는데 당시 운동가들은 전국적 기관지 발행을 통하여 지속적인 의식화가 이루어져야 한다는데 목표를 가지고 있었으며, 그 결과 "공산주의자"라는 지하 월간지를 발행하기 시작했다.

해방이 되자 일본 경찰에 근무하던 조선인들이 친일파라는 얼굴을 벗고 질서와 국가행정 유자를 명분으로 자리를 지키며 사회주의 운동가들을 탄압하기 시작하였으며 사회주의 운동가들은 당 재건을 서둘렀다. 그들은 경인지구의 당 재건책임자로 일철을 지목하고 수락을 촉구하였는데, 명분은 철도노동자는 산별노조 중에 가장 중심적인 역할을 해야 할 조직이기 때문이라는 것이다. 그는 영등포의 산별노조 지도부에 들어가면서 해방된 나라에서 이전처럼 살지는 않겠다고 작심을 하였으며 해방 전 옥사한 아우 이철이 꿈꾸던 세상을 이루는 쪽의 편이 되겠다는 생각이었다.

전국적으로 급속하게 이루어진 노동조합은 금속 철도 출판 노조 등이 가장 단결된 조직으로 전국 산별노조의 전위가 되었다. 이일철은 그의 과거 철도국 기관사 경력으로 영등포 철도공작창의 노조 지부장으로 당선되었다. 이후 이일철은 조선노동조합 전국평의회의 중앙위원이 되었고 영등포지역 전평 산별노조의 부지부장이 되었으며, 지부장은 이이철의 동지였던 안대길이 맡았다.

남한에서 활동이 어렵자 북한의 해주로 간 이일철은 박헌영을 만난 후 다른 간부로부터 그의 기관수 경력으로 보아 평양으로 가라는 지시를 받았다. 그는 임시인민위원회 산하의 운수부에 배치되어 철도종사원양성학교의 교장을 맡았다. 그는 무엇보다도 가족이 빈농출신으로 아버지가 식민지 산업화 초기부터 노동계급이었다는 것과 그의 아우가 투철한 항일혁명가였다는 성분 평가도 그에게 큰 도움이 되었다.

이일철의 아들 이지산은 철도운수학교에 편입학하기를 원했으나 수배 중인 전평 철도국 간부의 아들이라는 신원조회 때문에 입학이 거부되었다. 이지산은 북으로 아버지를 찾아가 철도 기관수가 되기를 원한다고 하여 6개월 단기속성 과정으로 기관수 교육을 받았다.

지산은 견습기간 동안 화물기관차에서 기관 조수로 일했고 견습을 마치고는 평양에서 원산까지의 화물열차 조수가 되었다. 6.25 전쟁이 터진 후 북한 기관사로 추풍령 부근 황간터널을 통과하면서 폭격을 맞아 부상을 입고, 미군의 야전치료소를 거쳐 후방으로 옮겨져 치료를 받은 후 포로 분류시 그의 영등포 집으로 돌아왔다.

5. 맺는 글

이 작품은 일제강점기부터 21세기 현재에 이르는 동안 철도원으로 근무한 3대와 후손 노동운동가 이전오의 4대에 걸친 가족사를 다루고 있다. 즉, 철도 공작창에서 평생 일했던 증조부 이백만, 일제강점기 철도 기관수였던 조부 이일철과 그의 아들 이지산 등 철도 노동자 3대의 행적과 오늘날 공장노동자로 공장 굴뚝에서 고공 농성을 하고 있는 이지산의 아들 이진오의 이야기를 역사적 사실과 함께 그리고 있다. 그리고 이일철의 동생 이이철을 중심으로 한 사회주의 운동사를 지루할 정도로 상세히 기술하고 있다. 이 작품의 특징을 작가의 공식적 설명을 토대로 분석해보기로 한다.

첫째, 작가는 '작가의 말'을 통해 우리 근현대문학에서 단편소설에 비해 훨씬 질과 양이 떨어지는 장편소설 부분을 언급하면서 특히 근대 산업노동자들의 삶을 반영한 소설이 드물다는 점을 지적했다. 따라서 이번 장편소설은 우리 문학사에서 빠진 산업노동자를 전면에 내세워 그들의 근현대 100여년에 걸친 삶의 노정을 거쳐 현재 한국 노동자들의 삶의 뿌리를 드러내보고자 한 노심초사의 흔적이라고 할 수 있을 것이다.

둘째, 작가 황석영은 도서출판 창비가 주최한 간담회에서 염상섭의 '삼대'가 식민지 부르주아 삼대를 통해서 근대를 조명해낸 소설이라면, 자신은 3.1 운동 이후부터 전쟁까지, 그 뒤를 이었다고 설명하고 있다. 그리고 간담회에서 소재를 철도 산업 노동자로 잡은 이유는 경공업인 양말 공장, 두부 공장 이런 것과는 좀 다르게, 철도, 강철 이런 것은 근대 산업사회를 상징하는 중공업이 산업의 핵심이며, 또한 근대 산업사회의 중심이 되는 노동자는 철도산업의 노동자라고 자신의 작품의도를 설명했다.

셋째, 작가는 자신의 후반기 문학이 무속, 설화, 민담 등을 차용하면서 전반기 리얼리즘 문학을 확장하는 작업이라고 정의하면서 "철도원 삼대는 민담 형식을 빌려서 쓴 작품"이라고 밝혔다. 철도원 삼대는 역사적 사건과 민담에 작가의 자유로운 상상력이 보태져 역사적 실존인물과 가상의 인물들이 작품을 이끌어 가고 있다. 아울러 이 소설을 창작하게 된 동기와 관련해서는 1989년 방북 당시 평양에서 만났던 서울 영등포를 고향으로 하는 노인과의 만남을 들었다. 그 당시 작가는 평양백화점을 방문했고 여성 총지배인과 인사를 나눈 뒤에 현장 안내를 맡은 부지배인을 만났다. 부지배인은 고향이 자신과 같은 서울 영등포라는 사실을 알고 다시 만나 술잔을 나누며 그의 과거 이야기를 들으며 감동했다고 한다. 작가 황석영은 철도 기관수로 일했던 그 노인이 그의 아들을 데리고 월북했으며, 아들이 전쟁이 터지자 단기속성 과정을 마치고 기관수가 되어 낙동강 전선에 나가서 돌아오지 못한 아픈 그 사람 과거를 듣게 됐고, 그 때부터 소설로 써야겠다고 생각하며 30년을 보냈다고 설명했다.

넷째, 이 작품의 제목이 '철도원 삼대'라면 철도업에 종사한 3대의 희로애락과 철도업의 발생과 성장 스토리가 주요한 흐름이어야 할 것이다. 그러나 작품을 관통하는 것은 일제강점기 하에서 이루어진 사회주의 운동과 해방 후의 사회주의 계열 노동운동의 역정이 아닌가 생각된다. 물론 일제강점기에 독립운동, 노동운동 및 사회주의 운동이 결합되어 구분이 안 될 경우도 많을 것이다. 그러나 작품에서는 사회주의 활동가들이 노동자들을 학습하여 당을 조직하는데 많은 부분을 할애한 듯하다. 해방정국에서 사회주의자들에 의한 철도노조의 활동 및 조직 등이 다루어지는 것이 작품의 일관성을 유지하는데 도움이 되지 않았을까? 또한 근현대사의 해석에서 '극우민족주의자 김구' 표현이라든지 '미국의 남한 단독정부 구성 책임' 언급 등 작가의 주관이 너무 강조된 부분이 있어 아쉬움이 남는다.

<서정문학 2020년(13호)>

Chapter 4

이범선의 소설 '오발탄'에 나타난 1950년대 사회상과 서민가정의 삶의 모습

1. 시작하는 글

 오발탄의 작가 이범선은 1920년 평안남도 안주군에서 태어나 1938년 진남포공립상공학교를 졸업하고 은행, 금융조합 등에서 일하였으며, 당시의 은행원 및 금융조합 사무원 생활을 통하여 경제활동과 기업에 대한 경험을 쌓은 것으로 볼 수 있다. 특히 계리사라는 직업은 당시로서는 잘 알려지지 않은 업종인 데도 불구하고 주인공을 계리사 사무실 서기로 설정한 것은 그의 금융업 관련 이력에서 기인한 것으로 볼 수 있다.[2] 영국의 소설가 Charles Dickens는 학교를 중퇴하고 공장의 수공업 노동자로 일하게 된 경험으로 가난한 공장노동자들의 삶과 고통을 작품 속에서 다루었으며, 또한 변호사

---

[2] 1954년대의 한국계리사회 창립 당시 회원 수는 36명에 불과하여 하나의 직업으로서 분류되기에는 적은 숫자인 것으로 판단된다.

사무실의 서기와 법정의 속기사로 근무한 경력으로 작품 속에서 법조계에 관한 지식을 바탕으로 현실감 있게 작품을 전개하고 있다. 이범선은 1946년 단신 월남 후 이듬해 부인 등 가족이 월남해 합류하였다. 1955년 「현대문학」지를 통하여 등단한 후 장편 15편과 단편소설 79편을 발표하였다. 오발탄은 1959년 발표된 이범선의 대표작으로서 그의 월남인으로서 체험적 삶을 토대로 작성된 것이므로 1950년대 후반의 월남인의 고단한 삶, 나아가 서울 주변부 시민의 고달픈 삶을 반영한 것으로 볼 수 있다.

　이 글에서는 6.25 전쟁 후 보다 민감한 감성을 가지고 한 시대를 경험한 이범선 작가의 소설을 통하여 1950년대의 한 서민가정이 살아온 당시의 경제와 사회 환경 및 가족관계를 바라보고자 하는데 초점을 두고자 한다.

2. 오발탄의 등장인물 및 장소적 배경

1) 등장인물의 특징

　계리사 사무실 서기로 직장생활을 하는 철호는 월남인으로서 어머니, 아내와 딸, 남동생 영호, 여동생 명숙과 해방촌에 살며, 종로에 있는 사무실로 출퇴근을 하고 있다. 급여는 가족의 세끼 식사와 출퇴근 비용도 충당하기 어려운 정도로 낮아 무기력한 가장에 머무르고 있다.

　철호 가족은 북에서 대지주로서 지내오다가 자유를 찾아 남한으로 이주해와 남한에는 기반이 없이 어렵게 사는 월남인이다. 이 때문에 실성한 어머니는 늘 모든 것이 익숙한 고향으로 가자고 무의식적으로 '가자'를 외친다. 아내는 대학을 나온 미인이지만 가난에 찌들려 병자와 같은 모습으로 어린 딸을 돌보며 만삭의 몸으로 살림을 맡고 있다. 남동생 영호는 고학으로 대학 3년을 다니고 군대를 다녀왔으나 직장도 잡지 못하고 친구들과 어울려 술과 현실에 대한 불만으로 시간을 보내고 있으며, 여동생 명숙은 미군을 상대로 한 접대부(양공주)를 하고 있다. 영호는 형의 고지식함에 대하여 큰 소리로 비난을 하고 양심을 조금 버리면 가난을 탈피할 수 있다고 주장하며 철호와 불편한 관계로 지내고 있다. 명숙은 양공주 생활로 역시 철호와 대화도 단절된 채 반목 속에서 살고 있다. 그러던 어느 날 영호가 은행에서 돈을 찾아가던 지프차를 강탈했다가 경찰에 검거되자, 철호는 경찰서로 달려가 영호를 만나 구속되는 것을 지켜보아야만 했다. 또한 철호는 양공주 노릇을 하다가 경찰 단속에 걸려 경찰서에 구금된 명숙을 데리고 와야 하는 모멸감을 겪기도 하였다. 철호는 우연히 퇴근길 전차 속에서 교통신호 대기 중 미군과 함께 미군차에 타고 있던 명숙의 장면을 보게 되었고, 주위에서 양공주를 경멸하는 소리를 들어야만 했으며, 이로 인하여 명숙과는 더욱 사이가 더욱 멀어지고 말았다. 어느 날 귀가 후 만삭이었던 아내가 난산으로 병원에 입원했다는 명숙의 말에 허겁지겁 하던 중 명숙이 내어주는 돈다발을 받으며, 명숙의 뒷모습을 통하여 그녀의 구멍 뚫린 양말을 보자, 철호는 명숙에 대한 어떤 깨끗함과 오빠로서의 애정을 느꼈다. 철호가 병원에 도착하니 아내는 난산 끝에 죽어 있었다. 철호는 절망감과 무의식 상태 하에서 병원을 나와 그 동안 앓고 있던 어금니를 치료를 받으러 치과로 가 어금니를 뽑았고, 또 다른 치과로 가서 다른 쪽의 어금니를 뽑았다. 입속으로 가득 고이는 피와 솜을 물고 그는 막연히 택시를 타고 어딘지도 모를 방향을 향하여 그의 어머니가 되뇌이듯 '가자'를 연발하였다. 택시 운전사는 오발탄과 같은 손님이라고 중얼거리자, 철호는 자신이 가장노릇도 못하는 조물주의 오발탄인지도 모른다고 생각하며 정신을 잃어가고 있었다.

오발탄은 과녁에서 벗어나 방향을 잃은 탄환을 의미한다. 철호 가족은 고향에서 공산정권의 등장으로 모든 것을 다 잃어 버렸고, 월남해서도 누구보다도 성실하게 양심껏 세상을 살려고 노력하지만 가난과 질곡에서 벗어나지 못하였다. 오발탄은 북한에서 버림받고 남한사회에서는 정착하지 못하며 소외된 삶을 살아가는 철호의 인생을 지칭한다고 할 수 있다. 결론적으로 철호 가족의 삶의 모습은 6.25 전쟁 이후 주변부로 밀려나 경제적 궁핍 속에서 인간다운 삶을 영위하지 못하는 소외된 사람들을 나타낸다고 할 수 있다.

2) 장소적 배경으로서 해방촌

전쟁 후 북쪽에서 내려온 많은 피난민들은 서울의 용산구에 있는 해방촌에 모여 살았다. 해방촌은 해방과 더불어 생겨난 마을이라는 의미를 가지며, 오발탄의 장소적 배경이 되고 있다.[3] 즉, 오발탄은 해방촌에 거주하던 월남인들의 생활상을 사실적으로 재현한 유일한 소설이다(변화영, 2009).

소설 오발탄에서 당시 해방촌의 모습이 다음과 같이 그려지고 있다.

> "산비탈을 도려내고 무질서하게 주워 붙인 판잣집들이었다. 철호는 골목으로 접어들었다. 레이션(미군의 군사용 휴대 식량) 갑을 뜯어 덮

---

3) 이범선은 해방촌을 전후의 객관적 현실 재현의 장소로 삼았다. 해방촌과 월남민의 관계적 특성을 주시함으로써 이범선은 남한사회의 구조적 모순을 구체적으로 재현 할 수 있었다(변화영, 2009). 이후 1970년대에 조세희가 발표한 소설 '난장이 쏘아 올린 작은 공'의 장소적 배경이 주변부인 공단을 중심으로 설정되어 과도한 노동에 시달리는 소외된 계층의 삶을 대상으로 하였다는 점에서 유사하다.

은 처마가 어깨를 스칠 만치 비좁은 골목이었다. 부엌에서들 아무데나 마구 버린 뜨물이 미끄러운 길에는 구공탄재가 군데군데 헌데 더뎅이 모양 깔렸다. 저만큼 골목 막다른 곳에, 누런 시멘트 부대 종이를 흰 실로 얼기설기 문살에 얽어맨 철호네 집 방문이 보였다. 철호는 때에 절어서 마치 가죽끈처럼 된 헝겊이 달린 문걸쇠를 잡아당겼다. 손가락이라도 드나 들 만치 엉성한 문이면서 찌걱찌걱 잡혀서 잘 열리지를 않았다."

"철호는 저녁만 먹으면 언제나 집 뒤 산등성이에 있는 바위에 두 무릎을 세워 안고 앉아서 하염없이 거리의 등불을 바라보며 밤 깁기를 기다리는 것이었다. 어느 거리쯤인지 잘 분간할 수 없는 저 밑에서, 술 광고 네온사인이 핑그르르 돌고 깜빡 꺼졌다가 또 번뜩 켜지고 하였다. …… 중략 …… 철호는 밤하늘을 한 번 쳐다 보았다. 지금까지 바라 보던 밤거리보다 더 화려하게 별들이 뿌려져 있었다. 철호는 그 많은 별들 가운데 북두칠성을 찾아보았다."

"…… 그래도 꽤 큰 지주로서 한 마을의 주인 격으로 제법 풍족하게 평생을 살아오던 철호의 어머니 눈에는 아무리 그녀가 세상을 모른다 해도, 산등성이를 악착스레 깎아 내고 거기에다 게딱지같은 판잣집들을 다닥다닥 붙여 놓은 이 해방촌이 이름 그대로 해방촌일수 없는 노릇이었다."

3. 오발탄에 나타난 1950년대의 경제현실과 회계전문직업의 모습

1) 1950년대의 경제현실 모습

1950년 6월 25일부터 3년간 한반도에서 발생한 6.25전쟁은 막대한 인명과 재산의 손실을 가져 왔다. 경제활동을 주도하던 수많은 기업이 멸실되었으며, 경제활동의 기반이 되는 생산시설이 심각하게 파괴되고 생산력이 급격하게 저하되어 서울을 비롯한 도시의 거리에는 실업자와 걸인, 고아와 장애인(상이군인), 창녀들이 넘쳐났다. 1952년말 서울의 인구 중 직업을 가진 인구가 약 22% 정도에 지나지 않았다는 통계는 당시 상황을 대변해 준다고 할 수 있을 것이다. 전쟁으로 발생한 절대적 빈곤은 사람들로 하여금 생활과 정신을 어둠과 절망 속으로 밀어 넣어 버리는 환경에서 기업이 탄생하기는 어려운 여건이었다. 1956년에 이르러서야 국내 상장 제1호를 기록한 경성방직(1919년 창립)의 역사를 떠올리면 기업현실은 매우 척박하여 시장경제가 이루어지고 있는지 의심이 들 정도였다.[4]

그러나 1950년대는 적산재산의 처분과 매입 등을 통하여 기업의 규모를 키워가는 경제성장의 기틀도 마련되어 갔다. 가난한 신흥국가로서 주로 수입대체산업이면서 생활필수품 업종 위주의 기업 창업이 활발하여 2012년 한국의 상위 30대 기업 중 53.3%가 1950년대 창립되었다고 한다(Forbes 잡지 온라인, 2012.11.10.). 또한 1953년 4월에 삼성물산이 제당업에 진출하여 제당공장을 설립하였으며, 1957년 이후 제일제당, 삼양사, 대한제분이 한국 제당소비의 92.5%를 차지하였다(이덕수, 1989). 미국의 잉여농산물 처리와 남한 식량난 해결을 위하여 제분산업이 발흥하였는데, 당시 대기업으로 성장한 기업은 동립산업, 대한제분 및 극동제분이었다.

당시는 대학을 다녔다는 것이 직업으로 연결되는 기회는 적었다. 오발탄에서 "…… 고학으로 대학 3학년까지 다니고 군대까지 다녀온 영호로서는 특별한 기술이 없어 직업을 잡지 못하는 것 ……"

---

[4] 1919년 경성방직으로 출발한 국내 1호 상장기업 경방은 국내 섬유산업을 이끈 1세대 기업이다. 일제강점기에 '우리 옷감은 우리 손으로'라는 이념 아래 순수 민족자본으로 창립되었다. 1950년대 고용인원 기준 주요 대기업 중 1-12위가 방직업에 속한다(공제욱, 1993).

으로 표현하여 기술이 중요한 취업기회를 제공하는 것으로 나타나고 있다.

전쟁 후 물자도 부족하고 돈도 없어 대부분의 시민들은 절약과 아껴 쓰는 정신은 철저하여 소비부족으로 기업생산력 증대에 어려움을 준 것으로 보인다. 철호의 딸은 삼촌이 사준 신발을 신고 싶어 하며 내일부터 신어도 되는지를 엄마에게 묻는 장면이 나오는데, 오발탄 표현에 의하면, 당시 아이들도 "뭐든가 좀 좋은 것은 아껴야 한다고만 들어오던 어린것은 또 한 번 이렇게 다짐하는 것"이라 하여 물자부족과 함께 수요능력의 부족으로 경제가 일어나기는 쉽지 않은 여건이었다.

이러한 경제현실 하에서 일반 대중들이 나들이라든지 휴가를 즐긴다는 것은 상상하기 어려운 일이었으나 일반 시민들의 호사스러운 즐거움으로서 화신백화점(1930년대에 종로에 설립되어 영업) 나들이인 것 같다.5) 오발탄에서 어둠속 같은 생활에서 5살된 철호의 딸이 철호에게 자랑하는 장면과 동생 영호가 절망감 속에서도 철호에게 말하는 다음과 같은 대화에서 알 수 있다.

"나아, 삼촌이 나이롱 치마 사준댔다. 그리고 구두도 사준댔다" "그러면 엄마하고 화신 구경 간다"
"형님, 어린 것 화신구경이나 한 번 시키세요. 제가 약속했었는데"

2) 1950년대 회계전문업의 모습

소설 오발탄에서 주인공 철호는 계리사 사무소에 서기로서 근무하고 있으나 가장으로서 역할을 담당할 수 있을 정도의 보수를 받

---

5) 마치 오늘날 서울 잠실 소재의 롯데월드 놀이 시설 등을 연상시킨다.

지 못하고 있다. 그는 점심도 굶으며 전차요금을 아끼기 위하여 해방촌에서 종로에 이르는 먼 길을 걸어서 출퇴근을 하고 있다. 빈한한 대우는 다음과 같은 동생 영호의 넋두리와 철호의 허기진 행동 모습에 대한 표현에서 나타나고 있다.

"취직이요? 형님처럼요? 전찻값도 안 되는 월급을 받고 남의 살림이나 계산해 주란 말이지요?"
"점심을 못 먹은 배는 오후 두시에서 세시 사이가 제일 견디기 힘들었다. 철호는 펜을 장부 위에 놓았다. 저쪽 구석에 돌아앉은 사환애를 바라보았다. 보리차라도 한 잔 더 마시고 싶었다."

당시 계리사 사무소는 나름대로 규모를 갖춘 것으로 보인다. 소설속에서 계리사 사무소의 과장, 서기, 사환 이외에 여럿이 근무하는 것으로 묘사되는 다음과 같은 장면들이 나오고 있다. 당시 인력이 남아도는 상황에서 저렴한 인건비로 충분히 직원을 고용하는 상황으로 짐작할 수도 있으나 현재의 시각에서 본다면 철호가 근무한 계리사 사무실이 과대 표현된 감이 있다.

"사환애가 책상 앞에 와 알렸다. 철호는 얼른 찻종을 책상 위에 내려놓았다. 그리고 과장 책상 앞으로 갔다. 수화기를 들었다."
"사무실 안의 사람들의 시선이 모두 철호에게로 쏠렸다."
"영문을 모르는 동료들이 서로 옆의 사람의 얼굴을 힐끗 쳐다보는 것이었다."

1954년 12월 11일 한국계리사회가 재무부장관의 설립인가를 받은 특수법인으로 발족하여 직업적 회계사 단체가 출범하였으나, 설립 당시 회원수 36명(이 중 17명은 전업하였음)에 불과하여 경제규모가 적고 계리사의 일감도 적어 계리사업의 전망이 좋지 않았던 것으로 알려져 있다(한국공인회계사회, 1992). 이들은 회계감사를 수행하여 감사보고서도 작성하였는데, 이 무렵의 회계감사는 주로 일본인 소유였던 적산회사에 대한 감사였다고 한다.

4. 오발탄에 나타난 1950년대의 사회 현실

오발탄의 등장인물인 영호와 철호는 세상을 살아가는 방식에 대하여 서로 다른 생각을 가지고 있다. 어떠한 상황 하에서도 양심대로 분수를 지키며 살아가야 한다고 믿는 철호와 달리 영호는 질곡 같은 현실을 벗어나기 위해서는 윤리나 양심, 법률과 같은 것은 다 벗어 던지는 용기가 필요하다고 역설한다. 다음과 같은 영호의 분노는 소외된 자의 과장된 고통이 묘사되어 있기는 하지만 철호와 같은 사람의 성실한 자세만으로는 설명할 수 없는 분단과 전쟁 이후의 한국 사회에서 발생하는 비리와 부조리에 대한 절규가 담겨져 있다.

> "…… 양심껏 살아가면서 잘 살 수도 있기는 있다. 그러나 극히 적다. 거기에 비겨서 시시한 것들을 벗어던지기만 하면 누구나 틀림없이 잘 살 수 있다."
> "사람이란 과연 어떻게 살아야 하는 것인지는 정말 모르겠어요. 그렇지만 이 물고 뜯고 하는 마당에서 살자면, 생명만이라도 유지하자면 어떻게 해야 할는지는 알 것 같애요. 허허"

영호의 절규는 피난민으로서 고통스러운 생활에 대한 것일 수도 있으나 당시의 한국 사회의 일반적 현상이기도 하다. 소위 금수저

론은 찾기가 쉽지 않고 흙수저론만 만연한 사회라고 볼 수 있을 것이다. 그러나 작가는 당시의 어두운 현실에서 인간적인 시선을 보여주기도 한다. 권총 강도를 하다가 경찰에 체포되어 있는 영호를 경찰서로 찾아간 철호에게 동생 영호는 다음과 같은 범행 실패 사실을 털어 놓고 있는 대화에서 극한 상황까지는 몰리지 않는 인간성을 보여주고 있다.

"형님, 미안합니다. 인정선(人情線)에서 걸렸어요. 법률선까지는 무난히 뛰어 넘었는데, 쏘아 버렸어야 하는 건데."

작가는 당시의 경제 현실에 대하여 다소 과잉 묘사를 하고 있는 듯한 느낌이 든다. 작품에서는 철호가 더 많은 돈을 벌지 못하는 것은 양심을 지키며 깨끗이 살려고 하기 때문이라고 표현하며, 남들처럼 탈법적인 방법으로 살 마음이 있다면 생활에 필요한 정도의 돈은 마련할 수 있는 것으로 표현하고 있다. 그러나 당시 전후의 사정이 어려운 경제환경이라 해도 돈 많이 버는 사람은 모두 탈법적인 방법을 동원했던 것으로 묘사한 것은 지나친 감이 있으며, 특히 회계전문업에 종사하는 사람이 탈법을 통하여 일시적으로 돈을 벌 수 있을 만큼 자본주의 시장경제가 체계를 잡지 못한 당시에 계리사 사무소 서기로서 부정을 통한 큰 돈벌이를 할 수 있는 기회가 있을 것으로는 보기 어렵다. 아쉽지만 소설속의 분노 분출을 뒷받침하는 당시 사회적으로 빈번히 발생했던 사건들을 약간이라도 사례로서 들었다면 독자들이 수긍하는데 도움이 될 것이다. 특히 회계부정으로 인한 비리사건 등을 가볍게라도 건드리고 나갔으면 더 실감있는 전개가 아닐까?

5. 오발탄에 나타난 양공주에 대한 사회적 인식

철호의 여동생 명숙은 생활고에 시달리다 못해 미군을 상대로 한 접대부 생활을 하고 있다. 어느 국가 어느 시대를 막론하고 강대국 군대가 주둔하면 그 지역에는 나름대로 지역경제가 형성되어 소상공인의 출현과 함께 고용창출이 이루어질 것이다. 부정적인 현상이지만 필연적으로 주둔한 군대 구성원들을 상대로 한 접대부가 출현하게 되는 것이 역사적 현실이다. 우리나라에도 6.25 전쟁 후 생활고를 이기지 못하는 상황에서 미군을 상대로 한 양공주라고 하는 접대부가 존재하였으며, 당시 그들에 대한 한국 사회의 경멸과 비난의 시선은 매우 강렬하게 나타나고 있다. 이러한 사례는 철호가 탄 전차가 신호등에 대기하던 중 차창 밖에 나타난 광경을 통하여 나타난다. 철호가 무심코 차창 밖을 내다보다가 미군 지프차 속의 인물들을 발견한 다음과 같은 장면에 나타나고 있다.

"핸들을 쥔 미군 바로 옆자리에 색안경을 쓴 한국 여자가 앉아 있었다. 그것이 바로 명숙이었던 것이다. 바로 철호의 턱밑에서였다. 역시 신호를 기다리는 그 지프차 속에서 미군이 한 손은 핸들을 걸치고 또 한 팔로는 명숙의 허리를 넌지시 끌어안는 것이었다. 미군이 명숙의 얼굴을 들여다보며 뭐라고 수작을 걸었다. 명숙은 다리를 걸치고 앉은 채 앞을 바라보는 자세 그대로 고개를 까딱거렸다. 그 미군 지프차 저편에 와 선 택시 조수가 명숙이와 미군을 쳐다보며 피시시 웃었다. 전차간에서도 마찬가지였다. 철호의 바로 옆에 나란히 서 있던 청년들이 쑥덕거렸다. '그래도 멋은 부렸네', '멋? 그래 색안경을 썼으니 말이지?', '장사치곤 고급이지, 미천 없이.' '저것도 시집을 갈까?' 철호는 손잡이를 놓았다. 그리고 가운데 문께로 가서 돌아서고 말았다."

양공주 노릇을 하는 명숙에 대한 철호의 마음은 전차 속에서 미군과 함께 지프차를 탄 명숙의 모습을 발견한 후 동생에 대한 참담함 그것이었다.

"…… 그것은 분명히 슬픈 감정만은 아니었다. 뭐라고 말할 수 없는 숯덩어리 같은 것이 꽉 목구멍을 치밀었다. 정신이 아뜩해지는 것 같았다. 하품을 하고 난 뒤처럼 콧속이 싸하니 쓰리면서 눈물이 징 솟아올랐다. 철호는 앞에 있는 커다란 유리를 꽉 머리로 받아 부수고 싶은 충동을 느끼며 어금니를 꽉 맞씹었다. 철호는 문짝에 어깨를 가져다 기대고 눈을 감아 버렸다. 그로부터 철호는 정말 한마디도 누이동생 명숙이와 말을 하지 않았다. 또 명숙이도 서로를 본체만체였다."

또한, 철호는 양공주 노릇이 불법이어서 경찰서에 들러 명숙을 데리고 와야 하는 참담한 마음을 맛보아야 하는 일도 겪었다. 다음의 지문에서 철호의 처참한 심사가 그려져 있다.

"철호는 전에도 몇 번 경찰서의 호출 받은 일이 있었다. 양공주 노릇을 하는 누이동생 명숙이가 걸려들면 그 신원보증을 해야 하는 철호였다. 그때마다 철호는 치안관 앞에서 낯을 못 들고 앉았다가 순경이 앞세우고 나온 명숙을 데리고 아무 말도 없이 경찰서 뒷문을 나서곤 하였다. 그럴 때면 철호는 울었다. 하나밖에 없는 누이동생이 정말 밉고 원망스러웠다. 철호는 명숙을 한 번 돌아다보는 일도 없이 전찻길을 따라 사무실로 걸었고, 또 명숙은 명숙이대로 적당한 곳에 마치 낯도 모르는 사람처럼 딴 길로 멀어져 가버리곤 하는 것이었다."

그러나 양공주 노릇을 기꺼이 하고자 하는 여성이 어디 있겠는가? 돈벌이 기회라고는 없는 전후의 가난한 생활에서 최악의 선택을 할 수 밖에 없는 명숙에 대하여 작가는 따듯하고 눈물겨운 가족애와 인간애를 다음과 같이 은연중에 보여주고 있다.

"아랫목의 어머니와 윗목의 오빠 영호 사이에 누운 명숙은 어둠 속에 가만히 손을 내어 밀었다. 어머니의 손을 더듬어 잡았다. 뼈 위에 겨우 가죽만이 씌워진 손이었다 그 어머니의 손에서는 체온이 느껴지는 것이 아니라 축축이 습기가 미끈거렸다. 명숙은 어머니 쪽을 향하여 돌아 누웠다. 한쪽 손을 마저 내밀어서 두 손으로 어머니의 송장 같은 손을 감싸 쥐었다. 기어이 명숙은 흐느끼기 시작하였다. 명숙은 어머니의 손을 끌어다 자기의 입에 틀어막았다. 숨을 죽여가며 참는 명숙의 울음은 한숨으로 바뀌며 어머니의 손가락을 입 안에서 잘근잘근 씹어 보는 것이었다."

양공주 노릇을 하는 명숙의 가족애는 난산으로 병원에 입원한 아내를 찾아가는 오빠 철호에게 선뜻 거액을 내놓는 모습에서 절정을 이루고 있다. 평소 자신을 못마땅하게 생각하며 눈도 마주치지 않으려는 오빠였지만 명숙은 위기의 상황에서 침착한 가족애를 발휘하고 있다. 철호도 떳떳하지 못한 방법으로 벌어 구멍 난 양말을 신으면서도 돈을 선뜻 내놓는 명숙의 모습에서 두 남매간의 따뜻한 혈육의 정을 느꼈다.

"문밖으로 한 발을 내디디는 철호를 향하여 명숙은 '돈을 가지고 가야지 뭐.' 철호는 다시 문안으로 들어섰다. 우두커니 발부리를 내려다보고 서 있었다. 명숙이 일어섰다. 그리고 아랫방으로 내려갔다. 벽에 걸어 놓았던 핸드백을 벗겼다. 이어 백 환짜리 한 다발이 철호 앞 방바닥에 던져졌다. 명숙은 다시 돌아서서 백을 챙기고 있었다. 철호는 명숙의 뒷모습을 물끄러미 바라보고 있었다. 철호의 눈이 명숙의 발뒤축에 머물렀다. 나일론 양말이 계란만치 구멍이 뚫렸다. 철호는 명숙의 그 구멍 뚫린 양말 뒤축에서 어떤 깨끗함을 느끼고 있었다. 오래간만에, 참으로 오래간만에 철호는 명숙에 대한 오빠로서의 애정을 느꼈다."

위의 장면을 다시 생각해본다면, 사무원처럼 차려입고 색안경을 쓰고 다니며 멋을 부리는 명숙이지만 그녀 역시 구멍 난 양말을 그대로 신을 정도로 가난을 견디며 힘들게 노력하고 있던 것으로 이해된다. 철호가 구멍 난 명숙의 양말에서 깨끗함을 느낀 것은 구멍 난 양말의 신을 정도로 절약하며 모아 두었던 돈을 올케를 위해 선뜻 내놓은 동생의 착하고 따뜻한 마음에 감동하였기 때문이리라.

독자들은 양공주 명숙의 모습을 통하여 1950년대의 가난과 질곡의 생활이 피하기 어려운 상황이었으며, 이를 대처해가는 다양한 구성원(가족, 시민)을 통하여 당시의 시대상을 감지할 수 있다.[6] 그러나 오늘날 글로벌화된 관점에서 보면 양공주라는 여성들이 외국인과 교제하고 생활을 한다는 것이 당시에는 약소국 국민의 자존심 상하게 하는 일이었다는 점을 고려한다 하더라도 그 시절에 지나치게 매도당한 감도 있다. 당시 우리나라 외화벌이 수단으로 원양어선과 양공주 역할이 컸다는 주장도 있다. 미국 워싱턴주 ○○○시를 비롯한 일부 도시에는 많은 한국 교포들이 살고 있는데. 이들 중 많은 사람들이 한국에서 근무한 미군부대 종사자들과 결혼하여 이주해와 정착한 것으로 알려져 있다. 이들은 나름대로 고국을 생각하며 미국 시민으로서 보람 있는 생활을 하고 있다.

작품 전체에 은은히 흐르는 따뜻한 가족애와 인간애는 이후 가난을 이겨내고자 하는 가족간의 협동심으로 승화되고 산업화의 초

---

6) 1970년대 작가 조선작은 그의 소설 '영자의 전성시대'에서 소위 창녀라고 불리던 집단을 하나의 직업군으로 묘사하고 있다.

석이 되었으며, 나아가 국가적 의지와 정책으로 이어졌다고 할 수 있다. 차원이 다르지만 가난의 퇴치와 형제, 자매의 성공을 위한 1960-1980년대의 여공들의 분투, 중동 파견 근로자들의 악전고투의 작업, 서독 파견 광부와 간호사들의 눈물겨운 희생적 취업은 차원 높은 뜨거운 가족애의 발로가 아닐까 생각된다.

6. 맺는 글

이 글의 목적은 소설 오발탄을 통하여 1950년대의 경제와 사회 환경을 살펴보고, 당시의 관점에서 양공주 노릇에 대한 논란, 소외된 월남민들의 생활상을 통해본 해방촌과 가난, 가족애 등을 살펴보는 것이다.

여기에서는 먼저 이 글에서 다루었던 이슈들에 대한 요점을 보면 다음과 같다.

첫째, 1950년대 서울은 경제활동인구에 비하여 너무도 취업인구 비율이 낮아 대부분의 시민들이 가난에서 벗어나기 어려웠으며, 기업의 양적 및 질적 수준도 미미하여 사회를 뒷받침하지 못하였다. 그런 중에도 적산재산의 불하로 특혜 시비가 있는 가운데 기업이 규모를 키워 갔으며, 방직업, 제당업, 제분업 등의 생활필수품 위주의 업종을 중심으로 창업이 이루어지고 대기업으로 성장하였다.

둘째, 작가 이범선이 상업학교를 다녔고 이어 금융업에 종사한 경력이 있어 주인공을 회계전문업체(계리사 사무실)의 근무자로 설정하였다. 당시 계리사 수는 적었지만 계리사 사무실을 묘사한 장면을 통하여 계리사업은 나름대로 체계와 규모를 갖춘 것으로 볼 수 있으나 업무의 다양성이 적었고, 수입은 크지 않은 것으로 보인다.

셋째, 작품을 통하여 작가는 가난과 질곡 속에서도 인간애와 가족애를 잃지 않는 장면을 많이 보여주고 있다. 현대에 이르러 반목과 질시, 가족관계의 파탄 등 수 많은 사건을 통하여 각박한 사회적 현실이 나타나고 있다. 철호의 가장으로서의 고통스러운 짐, 고향을 향한 어머니의 실성, 영호의 어설픈 권총 강도짓, 명숙의 가족애에 입각한 양공주 생활 등은 오늘을 사는 우리에게 부족하고 어려웠지만 가족 간의 정을 느끼게 하는 과거 시절을 돌아보게 한다.

다음으로 이 작품 속에서 나타나는 비판점을 제시하면 다음과 같다.

첫째, 어머니가 떠나온 고향을 향하여 '가자'를 외치는 것은 남한에서의 어떤 점에 낙담하여 그런 것이며, 그렇게 실성지경에 이르렀는가? 영호의 당시 사회의 부정과 부조리에 대한 원망과 분노는 무엇에 근거를 두고 어떤 사회를 향한 것인가? 철호의 좌절감과 오발탄 의식은 가난 이외에 분식회계사건과 같은 부정과 부조리로부터 연유한 것인가? 등에 대한 작가의 구체적 지적이나 사건에 대한 예시 장면도 없이 막연히 사회 부정과 불신으로 양심과 법을 지킨 사람은 성공할 수 없고, 인간선과 법률선을 벗어난 자들이 모두 사회의 자원을 독차지한 것으로 소설을 전개하는 것은 구성상 완벽하지가 않다. 가령 어떤 부류의 사람들이 어떤 부정을 한다든지, 또는 신문기사를 소개한다든지 하는 장면의 도입이 필요하다. 어느 사회나 시대를 막론하고 불평과 불만, 부정과 부조리는 있게 마련이어서 이에 대한 비교나 언급이 소설 언저리에라도 있었으면 좋았을 것이다.

둘째, 위와 같은 비판점에 대한 동조적인 해답을 일부라도 주는 주장을 들어보면 다음과 같다. 김병익이 1950년대 소설이 안고 있는 한계성으로 지적한 다음의 내용을 음미할 필요가 있다. "당대의 사건을 경악과 비명으로 받아들이며 현실에 대한 저주와 비탄의 신음을 내며 패배주의와 운명의 굴욕감에 젖어 관념으로 피신하거나 안이한 허무주의로 발산한다."

　구인환은 전후문학의 특징으로서 "작품 속에 투영된 인간의 모습은 전쟁의 후유증들, 이를 테면 허무와 퇴폐와 자조의 사회현상이나 부정과 비리와 위선, 그리고 기회주의적 풍조가 만연한 현실 속에서 살아가는 실의와 좌절의 군상들을 다루고 있음으로써 한국현대소설의 지평을 확대 심화시켰다는 평가를 받고 있다."고 오히려 긍정적으로 주장하고 있다.

　이 글의 전개에서 지적될 수 있는 한계점과 향후 방향을 제시하면 다음과 같다. 즉, 문학은 당대의 경제, 사회 및 기업환경을 반영한다는 전제 하에서 소설을 통한 그 시대의 경제사회의 현실, 기업가와 기업의 활동상 및 인간의 삶 등을 살펴보는 것이 이 글이 추구하는 목적이지만 여기에서 소개된 오발탄에서는 1950년대의 경제사회 관련 내용 및 기업가와 기업의 활동 내용이 충분히 언급되지 않아, 동 시대의 특징을 분석적으로 검토할 수 없는 한계점이 존재한다. 향후 1950년대의 경제사회의 현실과 기업가와 중산층 도약 가족의 성공담 등이 충분히 묘사된 작품을 추가적으로 선정하여 분석하는 것이 요청된다.

<한맥문학 2017년 12월>

Chapter 5

김원일의 중편소설 '손풍금'에 나타난 분단 하의 가족관계

1. 시작하는 글

작가 김원일은 1942년 경상남도 김해에서 3남 1녀 중 장남으로 출생하였으며, 1950년 6.25전쟁 중에 아버지가 월북하였다. 그는 대구농림고교를 거쳐 1962년 서라벌예술대학 문예창작과를 졸업했다. 이어서 1963년 영남대학교 국문학과 3년에 편입하여 1968년 졸업하였고, 1984년 단국대학교 대학원 국문학과를 졸업하였다. 1966년 〈대구매일신문〉 신춘문예에 소설 '1961·알제리아'가 당선되고, 1967년 「현대문학」에 장편 '어둠의 축제'가 당선되어 등단하였다. 그의 작품세계는 초기의 실존적 경향의 소설로부터 일제강점기의 역사를 다루기까지 폭넓은 변화를 보였음에도 불구하고, 6.25전쟁으로 인한 민족분단의 비극을 집중적으로 조명한 대표적인 분단작가로 불린다. 작가의 어린 시절과 6.25전쟁으로 인한 분단을 주제로 한 대표 작품으로 '어둠의 혼'(1973), '노을'(1977), '연'(1979), '미망'(1982)

등이 있는데, 특히 '어둠의 혼'은 당시 평론계의 관심을 모았던 것으로 알려져 있으며, 장편 '노을'에서는 6.25전쟁의 비극에서 벗어나지 못한 역사적 현실을 본격적으로 다루었다. 이밖에 작가의 명성을 높이는데 기여한 작품으로 '오늘 부는 바람'(1975), '도요새에 관한 명상'(1979), '마음의 감옥'(1990) 등을 들 수 있다. 그의 수상 경력을 보면 다음과 같다. 1974년 '바라암'과 '잠시 눕는 풀'로 현대문학상, 1978년 '노을'로 한국소설문학상과 대한민국문학상 대통령상, 1979년 '도요새에 관한 명상'으로 한국창작문학상, 1984년 '환멸을 찾아서'로 동인문학상, 1990년 '마음의 감옥'으로 이상문학상, 1992년 '늘 푸른 소나무'로 우경예술문화상, 1998년 '아우라지로 가는 길'로 한무숙문학상, 1999년 기독교문화대상, 2002년 '손풍금'으로 황순원문학상을 수상하였다. 한편, 장편 '마당 깊은 집'과 '겨울골짜기'는 1996년 각각 프랑스어와 일본어로 번역 출간되었다.

김원일의 중편소설 '손풍금'은 사회주의자였던 작은할아버지의 생애를 추적하여 석사논문을 작성하고자 하는 손자와 할아버지를 화자로 내세워 분단하의 가족 관계를 그린 작품이다. 즉, 6.25전쟁 때 북한에서 남하한 할아버지는 남한 자본주의 하에서 나름대로 성공을 이루었다. 그러나 작은할아버지는 사회주의자로 북한에 남았으며, 후에 남파간첩으로 내려와 형의 집에서 은신하다가 발각되어 20여 년간 수감되어 있다가 생을 마감한다. 작은할아버지는 끝까지 비전향장기수를 고집하여 그의 가족들에게 고통과 한만을 남겼다. 세월이 흘러 남한에서의 환경이 변화하여 주인공인 손자(경식)는 사회과학도로서 분단으로 고통을 겪은 자신의 가족사를 추적한다.

이 글에서는 가족을 내세워 분단으로 인한 아픔을 기억과 회고의 형상화 방식으로 전개된 작품을 분석한다. 즉, 이러한 작품의 성향을 반영하여 가족을 매개한 분단 기억의 형상화 과정과 그 과정

속에 드리워져 있는 다양한 기억의 삽입 및 증언 청취 형식을 종합한 가족사 문제에 대해 살펴보기로 한다.

2. 작품의 개요 및 특징

석사논문을 작성하는 나(경식)는 남파 간첩으로 체포되어 21년을 복역하고 작고한 작은할아버지의 생애를 논문의 주제로 삼으면서, 작품은 시작된다. 경식은 작은할아버지에 대한 추적에 들어가 우선 할아버지에게 과거사를 묻기 시작한다. 손자인 나는 구체적 답변을 거부하는 할아버지로부터 적극적 반응을 이끌어내기 위해 손풍금을 배우려고 노력하는 한편, 다른 가족에게서도 작은할아버지의 행적에 관한 증언을 듣고 기록한다. 나의 끈질긴 노력과 함께, 대외적으로 냉전시대가 지나고 대내적으로 정치상황도 개선되어 작은할아버지의 고뇌에 찬 일생을 밝혀내는데 어려움이 없었다. 작품에서는 각 장별로 화자를 바꾸어가면서 스토리를 전개하며, 분단으로 인한 가족 간의 아픔을 그려내고 있다.

1) 논문 작성자인 경식의 증언 청취를 통한 추적

나(경식)는 처음부터 작은할아버지의 좌익활동, 남파간첩 및 장기 양심수 등으로 점철된 생애와 그분이 겪었던 냉전시대를 대상으로 석사 논문을 쓰겠다고 작정한 것은 아니었다. 그분은 이념이 만들어 낸 분단 현실에 희생양으로서 사회과학도의 관심을 끌 만한 인생을 살았으며, 거기다가 다른 사람도 아닌 할아버지의 친동생인 바로 우리 가족의 일원이며 집안 어른이었다. 논문 부제로 붙인 '분단 시대 어느 사회주의자의 생애'에 합당한, 고난으로 가득 찬 그분 생애는 누구든 관심을 가져볼 만한 가치가 있었다. '국민의 정부'가

들어서고 남북 화해 물꼬가 햇볕 정책이란 이름으로 트이자 북한에 대해 정치적 부담감 없이 논의를 해도 좋을 정도로 시대가 달라졌다. 그러자 작은할아버지는 괴물과 같은 가면을 벗고 지하로부터 지상의 가족 앞에 그 모습을 드러냈다.

명절이나 집안 경조사로 가족이 모이는 날이면 그분에 대한 일화가 이제 쉬쉬하지 않고 어른들 입에 자연스럽게 가족 구성원으로서 오르내리게 되었다. 작년 할머니 기일 때였다. 큰댁 식구, 고모네 식구에, 우리 식구가 할아버지 댁에 모이니 어린 조카들까지 합쳐 스물에 이르렀다. 1·4 후퇴 때 월남한 조부모 대 아래 50년 사이 후손이 그만큼 가지를 쳤던 것이다. 그날도 추모 예배 끝에 작은할아버지에 관한 일화가 어른들 입에서 오르내렸다. 큰집 준식 형이 할아버지에게 이제 시대가 변했으니 올해부터 우리 집안 쪽에서라도 작은할아버지 기일을 찾아 줘서, 오늘처럼 가족이 모여 추모 예배를 보면 어떠냐고 건의하였다. 그러나 큰아버지는 말도 안 되는 소리라며, 그 분이 집안을 쑥대밭으로 만들었는데. 무슨 소리냐며, 당신 맏아들인 준식 형을 삿대질하며 꾸짖었다. 큰아버지의 대로는 작은할아버지에 대한 가족들의 피해의식과 함께 그 시절 겪었던 상황에 대한 두려움의 토로인 것으로 보인다. 반면에 준식 형은 젊은 세대로서 당시 남북대화시도라는 정치상황의 흐름을 반영한 진보적 입장을 내세운 것이다.

2) 논문 작성자 경식의 할아버지의 회고

할아버지의 분단의 아픔에 대한 회고는 1950년 12월 초순으로 거슬러 올라간다. 그 당시 제비 떼같이 창공에 뜬 폭격기 편대가 몰아치는 눈보라를 뚫고 엄청난 양의 폭탄을 퍼붓고 있었다. 폭탄이 떨어지는 지점마다 불티가 하늘로 치솟았다. 나는 고향 땅에 남겨

둔 부모님과 처자식 걱정이 태산 같았다. 전쟁이 나도 나는 인민군에 소집되지 않았고, 개천역 저탄장 작업소에서 일했는데, 일제 때 유경험자라 개천광산 석탄 채굴 노동자로 작업터를 바꾸었다. 열댓 살짜리까지 전선으로 빠지고 40대 장정이 대부분을 차지한 광산 노동자들은 전쟁 와중에도 전선에서 쓸 석탄 채굴에 여념이 없었다. 전황이 기울어 평양을 남쪽에 내줬다는 소식이 광산까지 전해지기가 10월 초, 탄광이 폐쇄되어 읍내 집으로 돌아오자 아니나 다를까, 뒤이어 국군과 연합군이 읍내를 점령했다. 사람 목숨이 파리 목숨처럼 한순간에 사라지던 험한 시절이라 청년노동자동맹 분소 부부장이었던 나로서는 우선 살아남자면 우익 지푸라기라도 붙잡아야 할 처지였다.

　중공군 참전 소식이 들리고 마침 개천읍에 주둔해 있던 국군 부대 병기창이 철수를 서두르며 노무자를 징발하기에 나는 거기에 자원했다. 부대로 찾아온 어머니가 내게, 너들 식구만이라도 남으로 내려가 몸을 피하라고 아내에게 이르겠다 했는데, 아내와 젖먹이 딸린 자식 넷이 읍내에 남아 있는지 피난길에 나섰는지 알 수 없었다. 그러니 배가 앞산만 한 광수 아내와 우리 양주는 여기 남을래. 광수가 살아서 집 찾아 돌아올 날까지 대장간을 지켜야 한다던 어머니의 마지막 말이 줄곧 귓바퀴에서 맴돌았다. 나는 개털모자를 눌러썼는데 트럭이 속력을 내자 몰아치는 눈바람에 안면이 내 살 같지 않았고 무명으로 감싼 발톱은 집게로 뽑듯 아렸다. 그해 겨울, 결국 발가락 두 개가 동상으로 떨어져 나갔다. 생각만 해도 끔찍한 시절이었다. 이제 늙고 할 일 없으니 자나 깨나 그 시절 생각이 난다. 손자 녀석까지 광수에 대하여 알려달라고 남의 심사를 박박 긁으니 초조함과 불안이 온몸을 옥죄어 온다. 나는 의자 등받이에 몸을 붙이고 일렁이는 불꽃을 보며, 폐지더미에 불이 나 온 집안이 고초를 겪게 된 시절의 광경이 눈앞에 드라마 장면처럼 떠오른다. "여보, 봉창 밖이 왜 저렇게 환해요? 불이 난 게 아니에요?" 갑자기 죽은 아내 목소리가 들린다. 중손골로 찾아온 맏이 녀석과 한바탕 난리를 치르고 난 뒤 화가 가라앉지 않아 곽가 불러 술이나 한잔 하려 아내에게 술상을 차리라고 말한 뒤라, 나는 깜짝 놀라 뒷 봉창을 보았다. 봉창이 훤했다. 나는 방문을 열고 뛰어나갔다. 변소 뒤 군용 천막으로 덮어 둔 폐지더미에서 불길이 일고 있었다. 덩이덩이 쌓아 둔 폐지더미가 바람을 타고 불길에 휩싸였다. "여보, 어떡해요. 작은 서방님이 ……." 뒤쫓아 나온 아내가 울먹였다. 폐지는 다 타버리더라도 광수부터 살려야 했다. 나는 정신없이 불길 속으로 뛰어들어 광수를 업고 병원으로 뛰었다. 불이 난 위급한 상황에서 남파간첩이라는 현실적 상황을 뒤로 한 채, 동생을 구해야 한다는 일념으로 불길에 뛰어든 상황은 이념보다는 피를 나눈 형제애가 먼저였음을 보여주는 사건이다.

3) 논문 작성자 경식의 아버지의 기억

경식의 아버지의 가족사에 대한 기억은 다음과 같이 요약되고 있다. 먼저 가족사의 아픔이 시작된 사건인 폐지더미에 불이 붙은 실화(失火)에 대한 기억을 보자. 아버지는 불길에 뛰어들어 연기에 질식해 정신을 잃은 작은아버지를 서둘러 등에 업구 수지면 소재 민간 병원으로 십리 길을 뛰었다. 물론 병원에 입원한다면 작은아버지 신분이 탄로 날 텐데, 아버지는 미처 거기까지는 생각하지 못하고, 우선 작은아버지를 살려야 한다는 일념으로 마음부터 앞섰다고 볼 수 있다. 다급한 마음이었기 때문에, 의사가 만약 작은아버지의 신원을 밝히라고 한다면 폐지 집하장에서 일하는 일꾼이라고 둘러대려 했을 것이라고 경식의 아버지는 추정했다.

정신을 잃었던 작은아버지는 하루 만에 깨어났으나 숨길만 붙었을 뿐, 호스로 음식물을 공급해야 할 만큼 목구멍이 화기로 손상되어 얼굴과 손발은 온통 붕대에 감겨 있었으니 병원에서 쉽게 퇴원할 수가 없었다. 다음날, 집으로 소방관과 경찰이 들이닥쳐 화재 원인을 조사하면서 인명 피해와 재산 피해를 파악하던 중 일꾼 하나가, 주인어른이 불더미에서 사람을 구해 내서 등에 업고 병원으로 내달렸다는 말을 하여, 결과적으로 작은아버지가 병원에 입원한 사실이 당국에 들통나버렸다. 한숨 돌린 다음에 아버지가 저간의 사정을 파악하고 안절부절 했으나 이미 당국에서 조사에 들어간 다음이었다. 작은아버지의 당시 위조된 도민증이 발각된 것이다. 그때는 박정희 정권이 등장한 집권 초기이고 반공의식이 철저한지라, 남파간첩에 대한 경계태세가 대단히 살벌했던 시절이었다. 예를 들면, 전국 깡패 소탕령이 내려져 잡아들이는 즉시 국토개발 사업장으로 보내지는가 하면, 호구 조사도 철저했던 시절이었으니 된 통으로 걸린 것이다. 남파간첩인 작은아버지는 병원에서 가까운 수원 경찰서를 거쳐 정보부로 옮겨 가며 신문받는 동안 아버지도 혹독한 고문을 받았다. 아버지는 간첩을 신고하지 않았다는 불고지죄로 옥고를 치러야 했다.

3. 분단과 가족관계

1) 장기 양심수와 가족

나(경식)는 석사 논문 주제로서 작은할아버지(박광수)인 한 남파간첩의 일생을 추적하여 한국현대사를 조명하려고 한다. 그렇다고 박광수란 분은 역사적으로 평가를 받는 인물도 아닐뿐더러 발굴이 필요할 정도로 현대사에 족적을 남긴 인물도 아니다. 그는 내가 태어나기 전인 1960년대 초 우리 집안에 평지풍파를 일으켜 고통을 안겨준 장본인이기도 하다. 당시만 해도 사상범을 둔 집안은 연좌제의 불이익을 감수해야만 했기 때문에 관련 증거를 남기지 않으려 하고 그의 존재 자체에 대하여 거론도 하지 않으려는 분위기여서 그에 대한 관련 자료를 입수하는 것이 지난한 일이었다. 유일한 방법은 그의 형인 할아버지의 증언이나 자료 제공뿐이었다. 여간해서 입을 열려고 하지 않는 할아버지 환심을 사기 위해 손풍금을 배워 연주를 해 보이는 것이었다. 작품에서는 그러한 경식의 의중을 다음과 같이 서술하고 있다.

"내가 손풍금을 배우기로 마음먹기는 악기를 다루는 데 소질이 있다거나 그럴싸한 취미 한 가지쯤 익혀두려는 한가로운 생각에서 출발한 건 아니다. 좋게 말해 할아버지의 환심을 사기 위해서였다. 의도적으로 말한다면, 과거의 기억 중 어느 부분만은 철저히 입을 봉해버린 할아버지 회상을 내 손풍금 연주를 통해 재생시켜보려는 데서부터 시작되었다. …… 석사 논문을 완성하자면 할아버지의 보다 구체적인 회고담이 필요하기 때문이다."

남파간첩이었던 작은할아버지에 대한 자료 입수나 증언 청취가 어려웠던 이유를 작품에서는 다음과 같이 당시 냉전시대의 세상 분위기를 묘사하고 있다.

"작은할아버지는 생전의 모습을 사진으로 남기지 않았다. 가족사진 어디에도 당신 모습은 끼여 있지 않았다. 장본인도 자기 얼굴을 사진으로 남기고 싶지 않았을 테고, 할아버지 역시 아우의 온전치 못한 모습을 무슨 증거 삼아 남겨두고 싶지는 않았을 것이다. 그러나 내가 소년기를 보낼 동안 집안 어른들은 은밀한 자리에서 낮은 목소리로 혀를 차며 그분 생전 일화를 소곤거렸기에 나는 우리 집안에 그런 무서운 분이 계셨다는 정도의 궁금증으로, 꿈에라도 나타날까봐 두려움에 떨었던 기억은 남아 있다."

나는 작은할아버지에 대한 자료입수를 아버지에게 상의하자, 아버지는 그 말에 달아, "작은아버지에 관해서라면 어쨌든 아버지가 입을 열어야지" 하곤 말문을 닫았다. 그러나 할아버지는 작은할아버지에 관해 입을 열 분이 아니었다. 내가 작은할아버지에 관해 뭘 물었을 때, 할아버지가 숨결도 거칠게 짜증내어 다음과 같이 말을 뱉었다. "난 몰라. 모른대두. 그 녀석이 쓰레기 속에 묻혀 살던 형을 왜 찾아와 평지풍파를 일으켰는지 ……."

집안에 사상범이 있는 경우 당시 가족들이 가졌던 위축된 심사가 내가 대학원 진학을 결정하자 드러나고 있다. 즉, 나는 대학재학 중 군복무를 마치고, 졸업하던 해 신문사와 방송국에 이력서를 냈으나 낙방하자 나는 '업자'란 주위의 눈총이나 면하려 장래에 대한 별 기대 없이 대학원에 진학했는데, 작품에서는 아버지의 기분을 다음과 같이 표현하고 있다. 아버지가 대견해하며 했던 말이 내게는 쑥스러웠다. 아버지는 자식 대에서 대학교수 하나쯤은 기대하는 눈치였음을 보여주고 있다.

"삼팔따라지 집안이라 먹고 사는 데만 급급해 우리 대와 밑 대는 대체로 장사치가 됐는데 네가 유일하게 대학원에 입학했구나."

1990년대 들어서면서 세상이 변화하기 시작했다. 즉, 1993년 출범한 '문민정부'에서 북한 장기수에 대한 조건 없는 송환이 이루어지고, 1998년 '국민의 정부'가 들어서면서 햇볕정책 하에서 남북교

류협력이 이루어지자 북한에 대해 자유롭게 말해도 좋을 정도로 시대가 변하였다. 그러자 작은할아버지는 지하에서 나와 가족 앞에 그 모습을 드러냈으며, 또한 명절 등으로 가족이 모이는 날이면 그분에 대한 일화가 이제 쉬쉬하지 않고 가족들 입에 자연스럽게 오르내리게 되었다. 특히 작년 할머니 기일 때 온 가족이 모인 가운데, 큰집 준식 형이 다음과 같은 말을 꺼내어 젊은 세대로서 진보적 입장을 취하고 있다.

"할아버지, 이제 새 천년 이십일세기가 시작됐는데 올해부터 우리 집안 쪽에서라도 작은할아버지 기일을 찾아줘야 되잖겠어요? 그날 모여 추모 예배를 보면 어때요?"

그러나 준식 형의 아버지는 사상범이 가족이라는 이유로 고초를 겪은 세대로서 강력히 반대하며, 다음과 같이 격한 감정을 드러내 보수주의적 입장을 취한다. 이념을 둘러싼 계층간 갈등 양상을 보여준다.

"지금 너 뭐랬니? 대학 때 속깨나 썩이더니 아직도 삐딱한 생각을 청산 못했군. 뭐라구, 작은아버지 제사? 말이나 되는 소리니? 그 양반 제사를 우리가 왜 지내? 그 양반이 집안을 쑥대밭으로 만들었는데 아버지도 그럴 맘 없겠지만, 난 반대야. 무슨 낯짝 있다구 우리 집 제삿밥 얻어먹어? 그 양반 망령인들 기독교식 제삿밥 먹으려 들갔어?"

할아버지의 다락방에서 발견한 작은할아버지의 메모장 등에는 사적인 기록도 있는데, 사적인 기록은 북에 두고 온 자녀들에게 남긴 심중의 말 몇 마디뿐이었다. 유언삼아 기록해둔 것으로 추측되는데, 비전향 장기수로서 분류될 수 있을 만큼 당시로서는 그 선언이 단호하고 비장했던 것으로 평가된다.

"나는 시시각각 닥쳐오는 죽음에 의연하게 대치하려 노력한다. 돌이켜보건대 북남조선시대에 평탄치 않은 생애를 살아왔으나 내가 걸어온 길을 두고 후회하지 않았다. 감방에서도 하루 몇 차례씩 남조선 해방전쟁 전후 혁명 전사로서 젊었던 한 시절, 무지개 같았던 나날과 손풍금 타던 즐거움을 되새겼기에 그 긴 날들을 평상심으로 이겨낼 수 있었다. 너희들은 마르크스-레닌주의자로서 초심에서 흔들림 없었던 아버지로 나를 기억하라."

위 글에서 보듯이 작은할아버지는 마치 안중근 의사의 최후 진술처럼 목전에 둔 죽음을 의연하게 받아들였으며, 스물한 해를 독거 감방에서 보냈으나 무지개 같았던 젊었던 시절의 즐거움을 되새길 수 있었고 양심수로서 일관했기에 살아온 삶을 후회하지 않는다고 썼다. 그는 자식들에게는 자상한 아비 노릇은 제대로 못했을망정 민족 해방 전사로서 영광스럽게 생을 마친 아버지로 당신을 기억해달라는 유언이었다. 냉전시절의 이념이 갈라놓은 분단의 아픔이 현실적으로 드러난 쓸쓸한 장면이다.

할아버지의 다락방에서 발견된 그의 낙서장에는 고단한 노동의 나날, 검소와 검약으로 일관한 생활담, 만난 사람과의 대화, 갈 수 없는 고향 땅을 그리는 소박한 염원을 담고 있었다. 그중 1983년 어느 여름날 기록으로 다음과 같은 동생인 작은할아버지 관련 대목이 가장 주목할 만 하였다.

"정군의 눈동자가 한껏 열렸다. 천장 한 점에 고정된 부릅뜬 눈빛이 평소와 달리 날카로워 섬뜩했다. …… 갑자기 사지가 뻣뻣해지더니 온몸이 경련으로 떨다 축 늘어졌다. 정군은 내 품에서 그렇게 숨을 거두었다. 나보다 더 늙어버린 정군을 안고 나는 오랜만에 통곡했다. 정군을 살려보려고 안 찾아다닌 병원과 한약국이 없고, 민간요법도 시도했건만 …… 정군의 부릅뜬 눈을 감겨주며, 저 세상에 가서는 네가 원했던 나라에서 행복하게 살라. …… 참으려 해도 묵은 슬픔까지 합쳐 설움이 북받치는데, 문득 정군이 마지막 했던 말이 무엇이더라는 데 생각이 미쳤다. "꿈에도 고향으로 돌아갈 생각은 마세요. 거긴 지옥이에요." 아니다. 그 말은 어제 저녁, 꺼져가는 쉰 목소리로 뱉은 말이다. …… 자네 말처럼 난 한시도 젊었던 한 때, 한 울타리 아래 우리 가족이 함께 살았던 그 시절을 잊은 적이 없어. 그 시절엔 흉터 없던 네 자랑스런 얼굴에 미소가 떠나지 않았지. 그 시절이 있었기에 나는 쓰레기 더미 속에. 주님, 꿈에도 그리던 가족을 상봉 못하고 한 많게 숨을 거둔 불쌍한 우리 정군을 부디 천당으로 인도하소서."

위 글에서 정군은 할아버지 품에서 숨을 거둔 분명 그해 별세한 작은할아버지였다. 할아버지는 자신이 쓰는 기록장을 누가 볼까 두려워 아우 박광수 이름을 정가로 개명시켰고, 정가 성은 남한에 내려온 작은할아버지의 가짜 신분증에 새겨져 있던 성씨였다. 할아버지가 박가를 정가로 성을 바꾸었듯, 작은할아버지의 입을 빌려 고향은 지옥이니 돌아갈 생각을 말라고 써 남의 시선을 많이 의식한 것으로 보인다. 위 메모에서 특히 형제간의 눈물겨운 이별 장면을 그것도 상호 다른 세상을 살아온 처지를 눈물을 매개로 하여 보게 된다. 또한 장기수의 회한어린 가족에 대한 그리움을 표출하고 있어, 독자들로 하여금 분단으로 인한 가족관계의 파괴를 안타까운 시선으로 바라보게 한다.

2) 분단, 남하 및 가족 경제

할아버지는 남한으로 내려온 뒤 칠순이 넘도록 낮 종일 폐지 더미에 묻혀 살며 가족을 부양했다. 그의 굵은 손은 어두운 시절의 하층 근로자의 생애를 상징하는 듯하다. 평생을 잡동사니 폐지 더미와 함께 먼지 속에 살아온 탓인지 노년에 들어 할아버지는 기관지가 좋지 않았다. 그럭저럭 팔순 연세를 바라보게 되었다. 누구나 인정하지만, 할아버지는 정신력·의지력·고집이 남다른 분이셨다. 그런 인생을 살아오면서 20명의 후손을 두었으며, 자식들뿐만 아니라 사돈 집안까지 챙겨 중산층의 가정경제를 일궜다. 또한 고모의 주장대로 이북 출신들은 죽자사자 제 가족 챙기는 것을 중요시 했는데, 할아버지의 경우도 외롭다 보니 예나 지금이나 그렇게 식구 모으길 좋아하시는 듯했다. 자식들도 할아버지의 삶을 긍정적으로 평가하는데, 어느 날 아버지가 경식에게 다음과 같이 할아버지의 가족애 및 자식에 대한 책임감 등을 설명해 주는 장면에서 남한으로 온 월남인의 생애가 드러난다.

"아버지야말로 우리 집안에 중시조로 추앙받아 마땅한 분이시지. 맨주먹으로 월남해 오늘의 우리 집안을 일으키신 분이잖냐. 남으로 내래와 아버지는 넝마중이로 출발했구. 형님도 어릴 적엔 일요일이면 아버지 따라 다니며 그 일을 했지. 나는 막대 끝에 바늘을 박아 거리에 버려진 담배꽁초를 찍고 다녔구. 장초라도 발견하면 웬 떡이냐 싶었지. 허구한 날 쓰레기 더미 속에 묻혀 사는 게 싫어 나이들자 나는 중손골을 떠나 살 궁리만 했지. 그러나 고졸 출신에 직장 같은 직장이 걸려야지. 하는 수 없이 형님과 함께 아버지 일을 도왔어. 결혼하자 아버지께 분가 말을 꺼냈다가, 이남 내래와 막내와 네 어미 먼저 죽구 남은 가족 이래야 넷인데 희옥이가 떨어져 나갔으니 너들 형제라도 아비를 지켜야지 분가가 말이나 되는 소리냐며 호통쳐 결단을 못 내렸어. 내 손으로 너네 자식들 대학 공부까지 다 시킬 테니 내 밑에 눌러 있으라잖아. 네 어민 살림 따로 나자구 자나깨나 바가지를 긁어댔지."

할머니 기일에 큰댁 식구, 고모님네 식구에, 우리 식구가 할아버지 댁에 모이니 어린 조카들까지 합쳐 스물에 이르렀다. 1·4 후퇴 때 월남한 조부모님 아래 오십 년 사이 후손이 그만큼 가지를 쳤던 것이다. 할아버지는 가족을 부양하기 위해 근면 성실하게 일하면서 자신의 근검과 절약 정신을 다음과 같이 실천하며 돈 모으는데 집중하였음을 후손들에게 전하고 있다.

"집안의 혼례식 외는 양복 입어본 적 없이 단벌 작업복으로, 그나마 해져 걸레로도 쓸 수 없을 때까지 십수년 씩이나 입었다. 며늘애에게 특별한 날이 아니면 밥과 국 외 반찬도 세 가지 이상 상에 올리지 못하게 했다. 외식도 하지 않았고 술집에서 술을 먹어본 적도 없었다. 돈이면 처녀 불알도 살 수 있는 남한 땅에 왔으니 악착같이 돈 모아, 언젠가 가게 된다면 고향을 위해 쓰겠다는 희망 하나만을 간직했다."

넝마주이에서 시작한 할아버지의 쓰레기 뒤지기는 청계천 육가의 폐지 수집장으로 발전했고, 청계천 복개 공사가 시작된 1959년엔 판교 아래 수지면 중손골 뒤쪽 밭을 매입해 집하장으로 늘려 이사했다. 할아버지는 무일푼으로 월남하여 경제적으로 성공한 것으로 자평한다. 다음과 같은 그의 고백을 통하여 경제적 성공의 성과를 가늠해 볼 수 있다.

"······ 90년대 초, 한창 성업할 땐 폐지 운반용 트럭 세대가 서울 시내 중간 집하장을 돌며 쉼없이 폐지를 날랐고, 지게차 두 대, 집게차가 이를 처리했다. 분류와 묶음이 끝난 폐지를 제지 공장으로 나르는 트럭도 두 대 있었다. 일꾼을 열이나 부렸으니, 향우회원들 말처럼 넝마주이 출신치고는 크게 성공한 셈이었다. 70년대 중반부터 나는 버는 대로 나무 궤짝에 돈을 모아 두었다 매년 주위의 땅을 야금야금 사모았으니, 지금은 아파트촌이 된 땅 일부가 내 소유였다."

할아버지는 땅을 팔고 서울 아파트로 오셔서 편안하게 사시라는 큰아버지의 권유에 대하여 단호하게 거절하며, 향후 재산관리에 대한 입장을 다음과 같이 밝히고 있어, 건전한 부의 축적에 대한 자부심을 내비치고 있다.

"아비가 빈 몸으로 남한 땅에 내려와 넝마주이 끝에 성취한 보람이 이 땅인데, 이 땅을 팔다니. 여기서 처와 광수가 죽지 않았냐. 내 눈감기 전엔 이 땅 한 평두 절대 안 팔아. 손자놈들까지 먹이구, 재워주구 공부시켰으니 네놈한테 한 푼두 물려줄 게 없어. 유산 물려주면 돈 잃고 자식까지 망친다는 말두 못 들었어?

작품의 말미에서 할아버지는 지나온 날들을 회고하며 알거지로 남한 내려와 이쯤 자손을 퍼뜨렸고 그들이 다 제 앞가림하며 살아가니 내 삶은 성공한 축에 끼일만 하다고 자부심을 피력한다. 이어서 어머니를 떠올리며 "오마니, 여기 제식구들 봐요. 이만함 이남 내래와 성공했잖소?"라고 중얼거린다.

4. 맺는 글

이 글에서는 화자인 손자(경식)의 추적을 통한 비전향장기수 작은할아버지와 가족 간의 관계 의식, 그리고 남하하여 자수성가한 할아버지의 성공담과 가족애를 살펴보았다. 이제 작품에 대한 분석 및 평가를 내놓고 토론을 유도해 본다.

첫째, 이 작품에서는 장별로 손자 경식과 할아버지 박도수가 교차되면서 화자로 나선다. 또한 다양한 가족구성원들의 진술이 증언과 회고담 방식으로 제시됨으로써 과거의 기억에 대한 다중 진술이 구현되고 있다. 손자 경식의 질문과 추적, 가족들의 침묵과 진술을 통해 과거에 대한 정보가 축적되는 과정에서 가족의 과거사가 드러난다. 구체적으로 보면, 논문 작성자인 경식이 추적하고자 하는 가족의 과거사는 그의 아버지의 진술을 통해 그 일면이 드러나고 있다. 그리고 경식의 할아버지의 내면적 서술인 다락방 메모장은 가족의 과거와 관련된 정보를 가족 외부의 독자에게 전달하는 기능을 한다. 경식의 아버지가 어린 시절의 가족사에 대한 추측을 통해 사건을 전달하는 과정에서 아버지의 진술과 할아버지의 기억이나 기록 간에 상충되는 부분이 발견되고 있다. 이는 이념문제를 덮어두고 가족의 생존을 걱정하는 할아버지의 증언은 이념의 피해자인 아버지의 진술과는 차이가 있을 것으로 분석된다.

둘째, 이 작품의 주목할 특징은 분단으로 발생한 고통을 소설화하는 방식 중 다른 여타 작품에서도 나타나듯이 기억의 활용 방식에 있다는 점이다. 작가는 주로 다양한 인물의 기억이나 회상 행위를 통해 당시 겪었던 일들을 현재로 끌어내 다시 돋보기를 들이대고 보듯이 관찰하여 당시는 물론 현재 시점의 여러 상황들에 대한 연결고리를 찾고자 한 것으로 분석된다. 이런 까닭으로 작가 김원일은 개인사적 경험을 한국사회 전체의 상처로 확대시키고 역사적 차원의 보편성을 갖추고자 시도하는 작가로 평가 받는다.

셋째, 이 작품은 분단의 비극을 가족애의 관점에서 추적해본 소설이다. 작가는 한 가족사에 그늘로 자리한 이념적 비극 문제 대하여, 월남 후 중산층으로 성장하여 북한을 원천적으로 부정하는 형 박도수와 이미 퇴색해버린 사회주의자 박광수로 나누어 구구한 배경을 서술하면서 대조적으로 스토리를 전개한다. 그러나 세월이 흐르면서 형제는 각자에 대한 편견을 씻고 어린 시절 단란했던 모습을 그리움으로 회고한다. 즉, 형은 북한 시절을 "광수와 나의 청춘은 해방과 전쟁 사이 우리 가족이 한 울타리 안에 살았던 한 시절이었고, 그 한때는 분명 한여름날 소나기 끝에 보게 되는 오색찬란한 무지개, 그렇게 영롱한 시간대였다."고 기억한다. 이념의 벽을 뒤로 한 채 가족애에 바탕을 둔 동생과 형의 관계를 잔잔히 바라보는 작가의 따뜻한 시선이 인간적으로 다가온다.

넷째, 이성희(2007)는 박광수가 한반도에서 극소수에 해당하는 분단의 피해자지만, 그의 사상의 자유라는 기본권 이슈를 분단 극복의 우선순위에 두어야 한다고 주장하고 있다. 그러한 맥락 하에서 작가는 '손풍금'을 통해 비전향장기수인 박광수를 더 이상 악령적 존재가 아니라 한 사람의 평범한 인간으로 평가받아야 한다는 의지를 표명한 것이라고 해석할 수 있다. 물론 세월이 흘러 소련과 동구권의 몰락은 이념 문제가 더 이상 인간의 삶을 억압할 수는 없다는 시대적 당위성을 반영한 해석일 것이다.

다섯째, 작가는 분단으로 남과 북에 각각 미국과 소련이 진주하여 자유진영과 공산진영이 들어선 과정을 상세히 기록하고 있으며, 사회과학도 경식의 입장에서 해방공간에 대한 연구물들을 점검하는 수고도 보여주고 있다. 나름대로 중립적으로 소개하고 있으며, 각종 통계수치를 열거하여 객관적 서술을 보여주려 노력하지만 사회과학 논문아 아닌 한 불필요한 논란을 불러일으킬 수 있다. 3장에서 서술되는 경식의 논문 완성과정의 일부를 보여주는 것은 작품 전개상 너무 멀리 나간 느낌이다. 작가는 작품의 충실화에 진력하는 것이 타당한 것으로 판단된다. 차라리 남파간첩 박광수가 형의 사업장 폐지더미에 숨어 살다가 수감생활을 하였다는 것에 그치지 말고, 그의 조그만 움직임이라도 가족관계와 어떤 인간적 연결고리를 시사하는지 추적해보는 노력도 필요하다. 즉, 분단하의 가족관계에 대한 그의 마음의 한 조각을 드러내 보이는 장면의 연출이 필요하지 않았을까 하는 아쉬움과 기대도 조금은 가져본다.

<한맥문학 2020년 1월>

Chapter 6

최일남의 소설 '흐르는 북'에 나타난 1980년대 가족의 세대 간 갈등과 사회 모습

1. 시작하는 글

작가 최일남은 1932년 12월 29일 전라북도 전주시에서 태어나, 전주사범학교를 졸업하였다. 그는 교사 임용을 포기하고 다시 진학하여 서울대학교 국문학과에 이어 고려대학교 대학원 국문학과 석사과정을 다녔다. 그는 반세기가 넘는 세월 동안 활동해온 대한민국 대표적인 언론인이자 소설가로 알려져 있다. 작가는 해방 전후와 1950년대의 격동기를 살아온 변두리 인물들 및 산업화 과정의 중산층 진입 인물들에 대한 생생한 모습을 그려내는 세태 소설가로 평가된다.

최일남은 1953년 잡지 「문예」에 단편 '쑥 이야기', 그리고 1956년 「현대문학」에 단편 '파양'이 추천되어 문단에 데뷔하여 작품 활동을 시작하였으나 1962년부터 약 10여 년간 언론계에 종사하면서 사실상 작품 활동을 중단한 상태였다. 그는 1970년대 이후 작품 활동을 본격적으로 재개하여 산업화 시대를 살아가는 인물들의 성공담과 애환을 소재로 한 작품들을 발표하였다. 1970년대 이후 활발한 작품 활동 결과, 소설집 「서울 사람들」(1975), 「타령」(1977), 「흔들리는 성」(1977) 「춘자의 사계」(1979), 「홰치는 소리」(1981), 「누님의 겨울」(1984), 「틈입자」(1987), 「히틀러나 진달래」(1991), 「아주 느린 시간」(2000), 「석류」(2004) 등과 장편소설 「거룩한 응달」(1982), 「그리고 흔들리는 배」(1984), 「하얀 손」(1994), 「시작은 아름답다」(1996), 「덧없어라 그 들녘」(1996), 「만년필과 파피루스」(1997) 등을 출간했다.

작가는 1975년 월탄문학상을, 1979년 한국소설문학상을, 1981년 한국창작문학상을, 1986년 이상문학상을, 1994년 인촌상을, 2001년 은관문화훈장을 수상했다.

작품 '흐르는 북'은 1986년 「문학사상」에 발표된 작품으로서 제10회 이상문학상 수상작이다. 1980년대의 성공한 중산층 가정을 배경으로 하여, '북'에 대한 열정으로 평생을 살아온 할아버지, 그런 할아버지를 원망하는 고위관리 아들, 그리고 두 세대를 동시에 이해하고자 하는 손자의 모습을 통해 가족 세대 간의 갈등 양상과 사회상을 사실적으로 그리고 있는 작품이다.

이 글에서는 최일남의 단편소설 '흐르는 북'에 나타난 1980년대의 북이라는 악기를 매개로 한 가족 세대 간 갈등 양상들을 살펴보고 전통 예술이 시위문화의 한 프로그램으로 다루어지던 당시 사회의 모습을 살펴보기로 한다.

2. 작품의 개요

이 작품은 산업화 과정이 진전되었으나 정치적으로는 엄혹한 시절인 1980년대 서울의 중산층 집안의 3대에 걸친 세대 간 갈등을 그리고 있다. 구체적으로 세대 간의 갈등을 '북'이라는 전통 예술 악기를 통해서 작품화하고 있으며, 또한 '북'을 통해 세대 간의 갈등이 해소의 실마리를 찾을 수 있다는 가능성을 제시하기도 한다. 등장인물을 보면, 먼저 민 노인으로서 그는 평생을 북을 치며 살아온 예술인으로서 과거에 북을 위해서 가정을 버리고 고향을 떠나기도 하였다. 현재는 연로하여 북을 치고 싶은 마음을 접어두고 아들에게 얹혀살고 있는 인물이다. 이어 민대찬은 민 노인의 아들로 어린 시절 아버지가 북을 치러 집을 떠나, 자신을 버렸다고 생각하는 인물로서 명예와 체면을 중요시하며 민 노인이 북을 치는 행위를 싫어한다. 다음으로 민성규는 민 노인의 손자(대학생)로서. 할아버지에 대한 아버지의 감정도 이해하고, 할아버지의 삶에서 긍정적인 가치도 찾을 줄 아는 인물이다. 그는 할아버지의 광대적 삶을 이해하려 하고, 할아버지와 아버지의 갈등을 완화하여 화해시키려 노력하는 진보적인 성향으로 대학 전통예술 동아리 활동을 하다가 시위 참여로 잡혀간다. 추가적으로 민대찬의 부인인 송여사는 민대찬과 비슷한 생각을 가지고 있으며, 시아버지에 대해 냉정하고 무시하는 태도를 보인다. 민수경은 당돌하지만 할아버지 민 노인과 친밀한 손녀다. 그러나 할아버지의 삶을 진정으로 이해하지는 못하는 인물이다.

본래 예술적 기질을 지닌 민 노인은 처자식과 가정을 버리고 북을 치며 떠돌며 살다가 그의 아버지가 남긴 재산을 모두 탕진하였고 늙어 아내도 없이 혼자가 되서야, 고학하여 고급관리가 된 아들의 집에 몸을 의탁하고 있다. 민 노인의 아들은 아버지가 북에 미쳐 떠돌아서 자신과 어머니가 고생하며 살았다고 생각하여 아버지가 북을 치는 것에 예민하게 거부 반응을 보인다. 그러던 어느 날 아들의 집에 친구들이 집에 모여 친목모임을 하던 중, 그들 중 일부가 민 노인에게 북을 치라고 강권하게 되자, 민 노인은 등 떠밀린 분위기 하에서 오랜만에 북채를 잡게 된다.

모임이 파한 후 친구들이 돌아가자, 민 노인을 향해 아들은 아버지가 북을 쳐 자신의 체면이 손상되었다고 강하게 항의를 한다. 자신의 사회적 체면도 있고, 아버지가 가정을 버리고 떠돌이로 산 원인이 북 때문이라고 생각하여 마음에 한으로 남은 것이다. 민대찬에게는 민 노인의 북은 아버지의 방탕한 인생을 상징하고, 그것에 대하여 자신과 어머니는 물론 그의 아내 물론 며느리까지도 혐오의 대상으로 생각하며 살았는데, 민 노인이 다시 북채를 잡아 악몽같던 일들이 소환된 것이다.

아들 친구 모임으로 곤욕을 치른 후, 민 노인은 집에 손님이 오기로 한 날이면 서둘러 외출을 한다. 며느리 역시 집을 비우시기를 은근히 원하여 용돈을 쥐어준다. 어느 날 민 노인은 외출하여 손자인 성규를 만나는데, 그로부터 학교 동아리에서 하는 탈춤 공연에 민 노인이 북장단을 맞춰 줄 것을 요청받는다. 성규는 민 노인의 예술적 기질과 삶을 이해해 주고 있는 입장이다. 민 노인은 아들 내외를 의식하여 처음에는 거절하지만 거듭되는 손자의 부탁을 받아들이고, 성규의 대학 동아리에서 아들 내외 몰래 북치는 연습을 한다. 마침내 공연 당일에 민 노인은 많은 관중 앞에서 그의 간직하고 있었던 고수의 실력을 마음껏 발휘한다. 마치 신들린 사람처럼 잃었던 예술혼을 유감없이 발휘한 것이다. 그러나 이 일이 이웃을 통하여 며느리에게 알려지고 결국 아들과 며느리로부터 민 노인은 싫은 소리를 듣게 되고, 퇴근해 귀가한 아들은 성규를 심하게 나무란다.

아버지로부터 꾸지람을 듣는 자리에서 성규는 할아버지가 광대 기질에 철저하여 가족을 버린 것은 비난받아야 할 일이지만, 그의 예술적 기질과 삶은 예술의 이름으로 용서받을 수 있다며 옹호한다. 이 과정에서 성규는 아버지에게 뺨을 맞게 되지만, 자신의 생각을 굽히지 않고 할아버지의 삶에 대한 생각이 아버지와는 다르다는 것을 주장한다.

부자 간의 언쟁이 있은 지 일주일쯤 후에 민 노인의 며느리는 성규의 친구로부터 성규가 데모를 하다가 잡혀갔다는 전화를 받고 남편과 함께 일을 수습하러 나간다. 다급하게 나가는 며느리가 민 노인에게 노골적인 반감 표정을 보이는 듯하다고 민 노인은 짐작한다. 아들 내외가 밤늦도록 오지 않자, 손녀 수경과 함께 집에 남게 된 민 노인은 아들이 먹다 남은 양주를 홀짝홀짝 마시며, 성규가 자신의 역마살을 닮은 것 같다는 생각을 하며, 북채를 잡고 북을 두드린다. 특히 민 노인은 손자의 데모가 북을 친 자신과 관련이 있다고 생각하며 북을 친다. 민 노인은 자신과 북을 치는 행위로 인해 성규가 잡혀갔다고 생각하는 것이다. 작가는 자유로운 예술을 추구했던 민 노인과 기성세대에 대한 반발로 시위를 한 민성규를 같은 맥락에서 바라보는 듯하다.

3. '북'을 둘러싼 가족의 세대 간 갈등 양상

작품에서는 민 노인, 아들 민대찬, 손자 민성규 등 가족 3대가 등장하여 세대 간의 갈등관계를 노출한다. 민 노인은 북을 치는 데서 행복과 희열을 느끼는 전통 예술인으로, 젊은 시절 북에 빠져 가족을 돌보지 않고 떠돌이 생활을 한 행적으로 인하여 늙어서 아들의 구박을 받으며 얹혀살고 있다. 아들인 민대찬은 민 노인의 아들로, 가족을 돌보지 않은 민 노인을 원망하는 마음을 가슴에 담고 있으며, 자신의 지위와 체면 때문에 민 노인이 북을 치는 것을 싫어한다.[7] 민성규는 민 노인의 손자로, 민 노인에 대한 아버지의 감정도 이해하고, 민 노인의 예술가로서의 삶도 이해하는 젊은 세대다.

1) 민 노인과 아들 민대찬의 갈등

민 노인이 젊은 시절 가정보다 예술을 우선시했기 때문에 아들인 민대찬은 어린 시절 아버지의 사랑을 받지 못 하고 자라났다. 민대찬은 성장 후에도 아버지가 북을 치며 보낸 한 평생이 허랑 방탕한 세월이었다고 생각하며, 자신의 세속적인 입신에 중요한 흠으로 작용하고 있다고 믿는다. 고향을 등지고 북을 치면서 세상을 떠돈 민 노인, 그러면서도 북을 놓지 않는 그와 아들의 단절은 오래 지속되었다. 아들 민대찬은 다음과 같이 아버지에게 항변하곤 하였다.

> "할아버지께서 남겨 주신 재산을 아버지 말씀대로 예술을 한답시고 다 날린 것도 따지지 않겠습니다. 다만 아버지는 우리와 함께 있었으면 됐던 겁니다. …… 아버지가 우리 가족의 면전에서는 북장이가 아니라는 사실을 알아주셨으면 하는 겁니다. 그냥 아버지로 남아있으면 됩니다. 아버지는 끝끝내 제 앞에 현신하지 말아야 옳았습니다. 아버지 왜 돌아 오셨습니까, 제가 어머니와 양키 담배를 골라낸 꿀꿀이죽으로 주린 배를 채우고 있을 때 아버지는 어디서 무얼 하셨습니까. 모리배들의 술자리에서 북 쳐주고 받은 돈으로 기생 무릎을 베고 있었습니까. 시골의 3류 극장에서 소리꾼들의 장단을 맞추고 있었습니까? 어머니가 콩

---

7) 민대찬은 자신의 친구들이 모임자리에서 민 노인의 북소리를 꼭 듣고 싶어서 청한 것이 아니라 그 북을 통해 자기의 면목이나 위치를 빈정대기 위해서 그러는 것이라고 주장한다. 또한 민대찬은 그의 친구들도 민 노인이 어린 시절 북을 치기 위해 가정을 돌보지 않았다는 사실을 알고 있다고 생각한다. 그래서 그의 친구들은 민 노인이 북을 연주하면 아들인 민대찬의 체면이 떨어진다고 생각해 민 노인에게 북을 연주하게 한다는 것이다. 체면을 중시하는 성향의 민대찬에게 아버지의 북치는 모습은 자신의 자존심을 상하게 하는 행위라는 것이다.

나물을 길러 번 돈으로 그리고 제가 신문배달을 해서 얻은 돈으로 겨우 겨우 학교를 다니고 있을 때 아버지는 어디서 무얼 하시고 계셨습니까?"

아들의 지속되는 푸념과 듣기 거북한 감정을 접하는 민 노인은 감당하기 힘든, 모락모락 피어오르는 분노와 허망함을 가까스로 다스리며 '내가 죄인이여'를 되뇐 끝에 '저 북을 없애 버리면 될 거 아냐' 라며 전혀 마음에도 없는 소리를 했다. 아들에게 아버지 민 노인의 북은 고통의 상징이었던 것이다. 이런 부자 간 갈등 양상은 성규가 데모로 잡혀가면서 극도의 한계점에 도달한다.

2) 민 노인과 손자 민성규의 소통

작품에서는 민 노인과 민성규의 세대 간 이해의 폭을 긍정적으로 보고 있다. 아들과의 갈등으로 민 노인은 북을 치지 않는다. 그러나 그의 손자 민성규는 할아버지의 예술적 재능을 감추고 사장시키는 것을 안타까워한다. 그러던 중에 민성규는 학교 동아리인 탈춤반의 공연에 민 노인을 참여시켜 북을 치도록 한다. 민 노인은 처음에 아들과 며느리 등 가족들의 비난을 의식하여 거절하지만, 민성규의 거듭된 독려와 작전으로 민 노인은 연습에서부터 최종 공연 당일까지 열정을 쏟아 북을 열심히 쳤다. 민 노인은 젊은이들과 함께 북을 치면서 예술인으로서의 감정에 흠뻑 젖어든 것이다. 이처럼 민성규는 민 노인에게 있어서 자신을 이해하고 긍정해주는 인물이어서 세대 간 갈등을 풀어갈 수 있는 소통의 인물이다. 작품에서는 성규가 탈춤동아리 축제에 할아버지를 초청하며 "제 딴에는 모처럼 할아버지께서 신바람 내실 기회를 드리자는 의미도 있습니다."라는 성규의 할아버지에 대한 애정 표현도 담고 있어 훈훈한 가족 간의 정감을 느끼게 한다.

성규는 민 노인을 탈춤 축제에 참여를 요청하면서 주저하는 할아버지에게 다음과 같이 말한다. 예술인 할아버지를 적극적으로 이해하는 성향을 보여준다.

"사람마다 할 일이 있고, 할아버지의 일은 북을 치는 겁니다. 저는 할아버지의 표정인 북이 울릴 자리를 찾지 못하고, 방안에서 곰팡이가 슬어가는 걸 볼 때마다 안타깝기 짝이 없다구요. 아시겠어요?"

성규의 세대 간의 갈등에서 할아버지에 대한 옹호는 다음과 같이 계속된다. 그는 아버지에게 할아버지와의 소통을 통하여 이해하게 된 할아버지의 처지를 다음과 같이 설명한다.

"북으로 상징되는 할아버지의 삶을 놓고 아버지와 제가 감정적으로 갈라서는 것 비극의 차원에서 파악할 것이 아니라고 봅니다. 할아버지가 자신의 광대 기질에 철저하여 가족을 버린 건 비난받아야 할 일이나, 예술의 이름으로 용서받을 수 있습니다. …… 할아버지에게서 북을 뺏는 건 할아버지의 한을 배가시키고, 생의 마지막 의지를 짓밟는 것에 다름이 아니라는 생각만을 갖고 있습니다."

3) 민대찬과 민성규의 갈등

민대찬과 민성규는 민 노인의 북에 대한 인식의 차이로 갈등을 빚고 있다. 민대찬은 민 노인의 북을 혐오하는데 비하여 민성규는 북을 전통예술의 관점을 가지고 있는데서 갈등이 발생한다. 갈등의 시작은 민성규가 민 노인을 대학의 축제에 참여시켜 북을 치도록 길을 트면서부터다.

성규의 탈춤 동아리 공연 축제가 끝나고 이웃에 의하여 민 노인이 대학 축제에서 북을 쳤다는 사실이 아들과 며느리의 귀에 들어간다. 그들은 민 노인이 적극적으로 나서서 북을 치지 않았을 것으로 생각하여 아들 민성규에게 "할아버지는 기꺼이 응하지 않았을 게다. 네가 유혹했어."라고 추궁한다. 민대찬은 아들에게 북 때문에 자신과 민 노인 간에 벌어졌던 일들을 상기시키며 꾸지람을 하지만, 민성규는 아버지와는 다른 생각을 가지고 있다고 주장한다. 자신은 평생 북을 치며 살아온 할아버지의 예술적 재능을 그대로 없던 일로 하는 것은 아까운 일이라고 생각한다. 또한 할아버지에게도 북을 치고 싶어 하는 본능적 열정을 확인할 수 있었다고 말한다. 그리고 아버지의 입장도 이해하지만 자신에게는 강요하지 않았으면 하는 생각을 하며 "오히려 전 세대끼리의 갈등이 다음 세대에서 쾌적한 만남으로 이어진다면, 그건 환영할만한 일이고, 그게 또 역사의 의미 아니겠습니까?"라고 자신의 입장을 밝힌다. 그러나 아버지 민대찬은 "할아버지가 나름대로 예술을 완성했냐? 건방 그만 떨고 어서 가서 잠이나 자, 다시 그런 짓을 했다간 이 정도로 끝나지 않을 줄 알아"라며 경고를 한다.

성규는 아버지와 할아버지의 갈등이 자신과는 무관하며, 전 세대끼리의 갈등이 다음 세대에서 쾌적한 만남으로 이어진다면 환영할만한 일이고 역사의 의미가 아니냐며, 아버지를 이해하면서도 할아버지의 예술혼을 이해한다고 말하여 세대 간 갈등의 해소 가능성을 제기한다.

4. 1980년대의 전통예술과 데모

1) 민 노인과 북

민 노인에게 북은 오로지 자신에게 인생의 전부인 것 같고, 북에

만 집중하여 살아가는 삶을 꿈꾼 것 같다. 자연히 처자식을 돌보지 않고 떠돌이 인생이 될 수밖에 없었다. 그러나 아들에게 북은 그런 민 노인에게로부터 가족을 버리고 고향을 떠돌아다니게 한 상처만 준 증오의 대상이다. 손자 성규에게 북은 삶의 방식을 결정하는 것이기 보다는 단지 전통적으로 내려오는 예술의 수단으로 인식하고 있다.

민 노인의 북에 대한 자부심과 열정이 작품에서 영화의 화면처럼 펼쳐진다. 그는 손자 성규가 탈춤동아리에 들어간 것도 알고 보면 민 노인의 영향으로 돌리는 며느리의 미움에 시달렸지만 그래도 자신의 몸에 밴 끼를 버리기가 힘들었던 것으로 설명되고 있다. 성규가 "다음 주 토요일 오후, 우리 써클 아이들이 봉산 탈춤 발표회를 갖기고 했는데 할아버지께서 북장단을 맞추어 주셨으면 하구요."라고 제안하자, 그는 번짓 수가 다르다고 거절했지만 손자의 청을 거절하지 못한 장면에서 북에 대한 그의 끼는 시들지 않았음을 알려준다. 이후 민 노인은 성규의 제안을 받아들이며 그들과 연습을 하게 되는데, 하루 연습만으로는 실력이 부쳐 안 되겠다며 며칠 더 나올 것을 자청했고 손자의 친구들은 환영의 박수를 쳤다. 드디어 공연일이 되자, 민 노인의 북은 요긴한 대목에서 둥둥 울렸다. 째지는 소리를 내는 꽹과리며 장구에 파묻혀 제 값을 하지는 못해도 민 노인에게는 전혀 신경 쓸 일이 아니었다. 과거에도 그러하였듯이, 공연 전에 마신 술기운도 가세하여 탈바가지들의 손끝과 발목에 한 치의 오차도 없이 그의 북소리를 턱 턱 꽂혔다. 그새 입에서는 얼씨구, 소리도 적시에 흘러 나왔다. 민 노인으로서는 오랜만에 느끼는 인생의 맛이요, 북에 취한 시간이었다.

2) 전통예술과 데모

1980년대는 대학가에서 데모가 거의 일상화 되었다고 해도 과언이 아니다. 운동권학생들은 데모에 결집력과 참여유인을 제고하기 위해 탈춤이나 풍물놀이 등 전통예술을 동원하였다. 전통예술이 활발해진 것도 당연히 1980년대부터라고 할 수 있을 것이다. 작품에서도 대학의 탈춤동아리가 등장하고 공연 현장에 많은 학생들이 참여하고 있다. 당연히 공안 당국에서는 전통예술에 열성인 학생들을 데모와 관련 있는 성향으로 분석하던 시절이었다. 그러다보니 성규도 탈춤동아리 참여자로서 데모와 관련이 될 수 있는 부류의 학생으로 눈길을 끌 수 있었던 것으로 판단된다.

민 노인이 성규의 학교 축제에 가서 북을 친 것이 아들 부부에게 정작 눈총을 받게 것은 공연 후 1주일쯤 후였다. 성규가 데모하다 잡혀갔다는 얘기였다. 며느리 송여사는 곧바로 남편에게 전화를 걸었고 만날 장소를 약속하고는 허둥지둥 밖으로 나갔다. 아들 내외는 밤늦도록 돌아오지 않았다. 전화도 걸려 오지 않았다.

민 노인은 손녀 수경이를 시켜 아들이 먹다 남은 양주를 찾아 들고 안주도 없이 조금씩 홀짝거렸다. 손녀가 말했다. "할아버지 이 북으로 팝송 반주를 하면 안 될까요?"하고 말이다. 그는 북을 껴안고 몇 번 딱딱 쳤다. 그러면서 말했다. "수경아 늬 오래비가 붙들려 간 게 나나 이 북과도 관계가 있겠지" 그러자 수경이가 대답했다. "무슨 상관이 있겠어요, 아니에요, 그보다 궁금한 게 있어요, 오빠와 저와는 네 살 터울이거든요, 그런데 오빠는 할아버지의 북소리에 푹 빠져 있고 솔직히 저는 잡음으로만 들려요, 그 차이는 무엇일까요?" 그러자 그는 대답했다. "아무래도 그녀석이 내 역마살을 닮은 것 같아, 역마살과 데모는 어떻게 다를까?" 그러자 수경은 "할아버지, 지금 무슨 말씀을 하고 계세요. 제 말은 들은 둥 만 둥 하구요"

민 노인은 손녀의 재잘거림을 한 옆으로 제쳐놓으며, 데모로 잡혀 간 성규에 대한 불편한 마음으로 눈을 지그시 감고 더 크게 북을 두드렸다.

5. 맺는 글

작품 '흐르는 북'은 1986년 「문학사상」에 발표된 단편소설로서 이상문학상을 수상한 작품이다. 1980년대 서울의 중산층 가정을 배경으로 세대 간 갈등과 사회 모습을 그리고 있다. 특히 '북'이라는 전통악기를 소재로 삼대가 함께 사는 가족 간 갈등의 본질을 탐구하고 전통예술이 데모와 연계되는 과정을 전개하고 있다.

작품에서 1세대인 민 노인은 가정생활보다는 '북'이라는 전통악기로 평생을 보낸 예술인으로서 전통 세계의 가치관에 충실한 성향인 반면에, 2세대인 민대찬은 아버지의 가정 생계를 돌보지 않는 무책임한 태도를 혐오하면서 세속적인 출세와 인간관계를 추구하는 인물로서 그려진다. 이들 두 세대 간의 갈등 구조 사이에 3세대인 성규가 자리하면서 세대 간의 조화를 추구한다. 결국 이 작품은 '할아버지-아버지-손자'로 이어지는 세대 간의 가치 논쟁을 통해 산업화 과정 하에서 경제적 축적을 이루게 된 시점의 한국 현대사의 한 흐름을 영화처럼 보여주고 있다.

작품의 특징을 분석하면 다음과 같다.

첫째, 1980년대의 사회 현실은 엄혹한 정치체제 하에서 민주주의가 제대로 자리를 잡지 못하여 대학생들은 데모를 통해 사회의 문제를 제기하는 상황이고, 기성세대를 중심으로는 가문이나 뿌리를 따지는 풍토가 만연해 있는 형국이었다. 그래서 예술가나 장인들의 삶은 그 가치를 인정받지 못하고 있었다. 그런 환경에서도 북을 놓지 않았던 민 노인의 삶의 역정은 자유분방하지만 현실 세계에서는 뒤처진 듯한 예술인의 모습을 보여준다. 당시 전통예술은 대학가를 비롯한 사회변혁 계층에서 사회운동의 도구로 발굴되면서 재조명되는 계기가 된 것으로 보인다. 반면에 사회변화에 소극적인 스탠스를 취하는 아들 민대찬은 아버지의 방랑으로 인한 가난으로부터 벗어나 사회적 지위를 얻기 위해 노력하여 성공한 자수성가형 인물로서 전통예술에 대한 거부반응을 가지고 있다. 손자 민성규는 현실에 대한 적극적 관심으로 전통예술의 가치를 인정하여 탈춤 동아리에서 활동하면서 예술인 할아버지의 삶에 대한 적극적인 관심을 보인다.

둘째, 작품에서 민 노인은 데모로 붙잡혀 간 성규 때문에 아들 내외가 돌아오지 않는 밤에, 착잡한 마음을 달래며 술을 마신다. 그러면서 북을 치는 민 노인의 모습은 복잡하고 미묘한 심리를 반영하는 것이다. 성규의 데모로 인한 집안의 상심이 자신의 북으로 인한 것은 아닐까 하는 안타까움과 초조함, 자책감 등의 심리를 노출하고 있다. 민 노인은 데모로 잡혀간 성규가 자신의 역마살을 닮았다고 말한다. 당시의 데모는 기존의 정치와 사회체제에 순응하지 않는 것이며, 역마살은 기존의 가장의 역할을 따르지 않는 삶이다. 그러다보니 민 노인과 성규는 기존의 정해져 있는 정치와 사회적 틀 안에서 살아가는 것이 아니라 자신의 삶을 개척해 나간다는 점에서 성규의 데모와 자신의 역마살은 공통점이 있을 것으로 그려지고 있다.

셋째, 작품에서 '북'이 흐른다는 것은 북소리가 흐른다는 것을 의미한다. 즉, 흐른다는 것은 북소리가 그치지 않고 이어진다는 것으로서, 민 노인과 그의 아들 민대찬 간의 갈등 속에서도 북소리가 이어진다는 것이다. 결국 제목 '흐르는 북'은 세대 간의 갈등의 원인이 되는 북이 후속 세대를 거쳐 지속적으로 계승됨으로써 갈등이 극복될 것임을 시사해 주는 것으로 볼 수 있다. 또한 소설의 결말 부분에서, 세대 간의 화해의 가능성만이 언급되고 있을 뿐 그 결론은 제시되어 있지 않다. 이는 작품에서 문제 해결의 결론을 단정적으로 보여 주는 것이 아니라 문제 제기에 그치면서 독자들에게 후속 과제로 넘긴 것으로 볼 수 있다.

<한맥문학 2023년 4월>

Chapter 7

조남주의 장편소설 '82년생 김지영'에 나타난 남성우선의 가족관계 현실

1. 시작하는 글

작가 조남주는 1978년 서울에서 태어나 이화여자대학교 사회학과를 졸업한 후, 〈PD수첩〉, 〈불만제로〉, 〈생방송 오늘아침〉 등 TV 방송 프로그램 작가로 10여 년간 종사하며, 현실감각을 가다듬었다. 2011년 장편소설 '귀를 기울이면'으로 문학동네 소설상을 받으면서 소설가로 등단하였다. 이후 2016년 장편소설 '고마네치를 위하여'로 황산벌청년문학상을 수상한데 이어, 2017년 장편소설 '82년생 김지영'으로 오늘의 작가상을 수상했다. 특히 '82년생 김지영'은 현재 세계 각국으로 번역되어 출간되면서 해외에서도 주목을 받고 있다.[8]

---

[8] 한국에서 100만부 이상 판매된 소설 '82년생 김지영'의 일본어판 서적이 페미니즘 소설이나 한국 소설로서는 이례적으로 일본 베스트 셀러 1위에 오르는 등 선풍적인 인기를 끌고 있다.(http://www.fnnews.com/news/2019 02192012303538)

2018년 발표된 작품으로는 소설집 '그녀 이름은'이 있다.

　1980년대는 성감별과 여아 낙태가 공공연하던 시기이다. 딸을 낙태하면서까지 아들을 낳기를 소원하던 시절, 경제는 발전하고 제도는 개선되었지만 여성차별적 요소들은 큰 진전을 보이지 못하였다. 그래서 당시 세대의 여성들조차도 부지불식간에 남녀 불평등을 당연한 것으로 인식하며 지내온 것으로 보인다. 더구나 1980년대 초반 출생 여성의 경우 청소년기에 IMF 외환위기를 겪어 취업과 진로설정에 있어 많은 애로를 경험하였고, 엄마가 되는 시기인 2012년에 무상보육제도가 실시되면서 역할에 있어서 밀려나는 취급을 받게 된다. 점진적으로 제도적인 불평등이 사라진 시대가 찾아오지만, 일상 속에 보이지 않게 스며있는 여성에 대한 제약과 차별, 비하와 혐오는 여전하다는 주장들이 지배적이었다.

　작가는 '82년생 김지영'을 통하여 평범한 서민들의 일상적 애환을 사실적이고 객관성 있는 스토리로 형상화하여 대단한 공감을 불러 일으켰다.9) 특히 작가 조남주는 작품을 통하여 주인공 김지영의 자술형식과 고백 중심으로 스토리를 전개하면서, 자술과 고백을 뒷받침하는 각종 통계자료와 기사들을 각주 형식으로 인용함으로써 소설이 허구가 아님을 강조하고 있다. 즉, 르포문학 형식으로 작품 전개를 이끌어 현실감을 극대화하고 있는데, 이를 통하여 남성 중심의 사회구조 하에서 문제의식을 키우면서 바꾸어 보려는 30대 한국 여성들의 의식세계와 보편적인 삶의 전모를 보여 주고 있는 듯하다.

　이 글에서는 분석 대상 작품인 '82년생 김지영'에 나타나고 있는, 남성 우선적 관습과 사회 분위기에 따라 여성에게 가해진 보이지

---

9) 작가의 설명에 의하면 '지영'이라는 이름은 1980년대 초반 여자 어린아이에게 가장 많이 붙여진 이름으로 알려져 있다.

않는 차별이나 불이익 사례를 점검한다. 즉, 작품 속 1982년생 여성 김지영의 일대기를 좇으며 한국 가족제도 하의 사회에서 여성들의 삶의 현장을 드러내 분석하여 새로운 인식전환의 계기로 삼고자 한다.

2. 작품 개요 및 문제 제기

작품에서는 관습적이고 보이지 않는 여성 불평등 실상을 1982-2016년 중에 발생한 팩트(fact)의 열거방식으로 전개하고 있다. 소설의 진행기간인 1999년에 남녀차별을 금지하는 법안이 제정되고 이후 여성부가 출범함으로써 성평등을 위한 제도적 장치가 마련된 것으로 대부분의 위정자들은 흐뭇해하던 시기이다. 이 작품에서는 제도적 차별이 사라진 시대에 보이지 않는 방식으로 존재하는 음성적이고 내면화된 성차별적 요인들이 존재하며, 이러한 인습적 요인들이 현실을 지배하는 방식을 보여 준다.

작품은 남편 정대현과 사이에 지원이란 딸을 두고 있는 서른네 살 김지영 씨가 어느 날 갑자기 이상 증세를 보인다는 장면으로 시작된다. 명절에 시댁 식구들이 모여 있는 자리에서 친정 엄마로 빙의해, "사돈어른, 그 집만 가족인가요? 저희도 가족이에요. 저희 집 삼 남매도 명절 아니면 다 같이 얼굴 볼 시간이 없어요. 요즘 젊은 애들 사는 게 다 그렇죠. 그 댁 따님이 집에 오면, 저희 딸은 저희 집으로 보내 주셔야죠."라고 말을 뱉어 내면서 여성 불평등을 지적한다. 이를 이상하게 여긴 남편이 김지영 씨의 정신 상담을 주선하고, 김지영 씨는 안 그래도 요즘 기분이 가라앉고 매사에 의욕이 없어 육아우울증인가 싶었다며 고마워했다. 서두에서 시작된 김지영 씨의 정신 상담진료 장면은 김지영 씨의 일대기로 이어지면서 중단되고, 작품 말미에서 정기적으로 의사를 찾아가 자신의 삶을 이야기하는 장면으로 계속된다.

먼저, 작품의 주인공 김지영 씨의 가족 구성원을 보자. 그녀는 부모님의 세 명의 자녀 중 두 번째로서 위로 언니와 아래로는 남동생이 있다. 부모님을 소개하면, 공무원인 아버지는 가부장적 관습에 젖어 있는 전형적 한국의 가장이며, 전업주부인 어머니는 부업으로 미용일을 하면서 생활을 개척하기도 하고 남편의 명퇴 후 죽집을 개척해 사업적으로 성공하는 진보적 여성상을 가지고 있다. 그리고 전통을 고수하며 손자인 남동생만을 애지중지하는 할머니가 함께 살며 한국의 전통적 여성상을 보여주고 있다.

가족구성원 중 특별히 김지영 씨 어머니인 오미숙 여사를 눈여겨 볼 필요가 있다. 그녀는 경제발전 과정에서 산업현장을 열심히 누벼서 가족과 함께 중산층 진입이라는 열매를 쟁취한 자본주의 시대의 여성이다. 어려서는 오빠들에 밀려 초등학교 졸업만 하고, 어느 정도 성장하자마자 공장에 취직하여 그 잘난 남성들인 두 오빠의 학비를 벌었다. 그 시절 많은 여공들이 열악한 산업체 환경 하에서 가족을 위해 희생적으로 일했던 점은 널리 알려진 일이며 우리나라 경제발전의 한 몫을 해냈다. 김지영 씨 어머니도 그 시절의 여공생활을 하며, 산업체 부설 고등학교도 마치고, 오빠들의 성공을 위해 열심히 뒷바라지 했었다. 어머니의 분투 덕분에 오빠들은 공부에 매진해 한 명은 의사가 되었고, 또 다른 한 명은 경찰서장까지 올라갈 수 있었다. 어머니는 처음에는 성공한 오빠들이 자랑스러웠지만 차츰 사이가 멀어져만 갔다. 이러한 사정은 매우 흔하게 발견되는 인간관계의 어두운 면이다. 어머니의 감정을 더듬어 볼 수 있는 장면이 작품에서 나타난다. 김지영 씨의 언니 김은영 씨가 학비가 싼 교육대학에 진학하려는 계획을 밝히자, 가족과 오빠들을 위해 자신의 꿈을 포기한 경험이 있는 어머니는 그 마음을 누구보다 잘 알았다. 어머니의 생각은 "충분히 각오하고 스스로 선택하지 않은 희생에 대한 후회와 원망은 깊고 길었고, 결국 그 응어리가 가족관계를 망쳤다."는 것이어서 김은영 씨의 결정을 만류했으나 그녀는 교대에 진학하여 초등학교 교사가 되었다.

김지영 씨는 가정을 떠나 성불평등의 인습을 경험하게 된다. 초등학교 때, 자신을 괴롭히는 남자 짝꿍이 수업시간 중 자신의 실내화를 교단까지 밀어내 억울한 누명을 쓸 뻔 했는데 누군가의 작지만 강한 목소리가 그녀의 누명을 벗겨주었다. 선생님은 짝꿍을 바꿔달라는 김지영씨에게 그 남자애가 그녀를 좋아해서 그런 거라고 말해준다. 김지영 씨가 성장하여 고등학교에 재학할 당시 늦은 시간에 학원 특강을 듣고 귀가하던 중 같은 학원을 수강하던 남학생에게 스토킹을 당하자, 버스에서 우연히 만난 의인과도 같은 용감한 여자의 도움으로 위기를 벗어나기도 한다. 김지영 씨의 문자를 받고 달려 나온 아버지에게 여자애가 몸가짐을 단정히 하라는 둥 크게 혼이 났다. 대학생이 되어서는 남학생으로부터 과거 사귀던 남학생이 있다는 점 때문에 씹다버린 껌이라는 험담을 들어야 했다. 어려운 취업 관문을 뚫고 들어간 회사에서도 여성 불평등은 계속된다. 사무실에서는 여자 직원이 커피를 도맡아 타야하고, 원하지 않는 회식자리에 불려가서 여자이니까 당연히 분위기를 맞추기 위해 그래야한다는 듯이 남성 상사의 옆자리에 앉아야 하며, 상사를 비롯한 남자들의 음담패설 수준의 언어적 성희롱을 그대로 앉아서 들어야했다. 회사의 선배 여성 팀장은 '여자 같지 않다'는 소리를 듣기 위해 회식 자리에 끝까지 남았고 야근과 출장을 늘 자원해야 했다고 토로하곤 했다.

김지영 씨는 직장생활을 하며, 사귀던 정대현 씨와 결혼하고 아이를 낳은 후 직장을 그만두었다. 그녀의 살아온 과정을 살펴보면,

그 시절 그 나이 또래 여성의 평범하고 소박한 인생살이로 보인다. 그러나 작가는 김지영 씨의 삶을 통하여 일상적으로 나타날 수 있는 여성불평등 요인들을 드러내보면서, 그러한 과정을 감내하고 겪어야 했던 여성들의 심적 부담이 정신병원을 찾게 한 것으로 그리고 있다. 작품에서는 어머니인 오미숙 씨의 경우 더욱 심하게 여성불평등을 겪었고, 딸인 정지원 씨는 다소나마 개선된 미래를 마주하게 될 것이라는 것을 추가로 말하려는 듯하다.

3. 작품 속의 남성우선주의 모습

1) 김지영 씨의 경험

작품 속에서 김지영 씨는 딸이란 이유로 태어나기 전부터 여성불평등의 쓴 맛을 보며 성장하였다. 그녀가 뱃속에 있을 때, 또 딸이면 어떻게 할 것이냐는 어머니의 물음에 아버지는 "말이 씨가 된다며 재수 없는 소리 하지 말라"고 윽박질렀다. 당시 정부에서 가족계획이라는 이름으로 산아제한 정책을 시행할 때였는데, 의학적 이유의 임신중절수술의 합법화된 게 이미 10년 전이었고, 딸이라는 게 의학적 이유라도 되는 것처럼 성 감별과 여아 낙태가 공공연한 시절이었음을 작품에서는 씁쓸하게 지적하고 있다.

김지영 씨가 학교에 들어간 이후 남성우선주의 인습을 곳곳에서 느끼며 성장한다. 남자 짝꿍의 괴롭힘에 대한 불공평한 선생님의 대처 방식 불만, 급식 먹는 순서에서 남학생 먼저 관례에 대한 개선 요구 관철을 통한 성취감 등을 겪으며 초등학교를 다녔다. 중학교에 입학하자, 남학생은 교내에서 면티를 입고 운동화 착용이 허용된 반면, 이와는 달리 여학생은 치마에 스타킹을 착용하고 구두만 신을 것을 규정하였다. 이를 항의하자 선도부 교사는 남학생들이 시도 때도 없이 운동을 하기 때문이라고 답변했다. 이에 여자애들이라고 싫어서 안 하는 것이 아니라 치마에 스타킹, 구두 착용으로 불편해서 못하는 것이라고 항의하였으나 돌아온 것은 오리걸음으로 운동장을 도는 괘씸죄 부과였다. 학칙이 바뀌지 않았지만 어느 순간부터 선도부교사들은 여학생들의 면티와 운동화를 모르는 척하여 여성불평등의 조그만 개선이 이루어졌다.

김지영 씨가 고등학교에 진학하면서 생활반경이 넓어지고 변태도 심해져 다음과 같은 남성혐오 현상도 나타나고 있다.

> "버스에서 지하철에서 엉덩이나 가슴께를 스치는 미심쩍은 손들이 적지 않았다. 대놓고 허벅지나 등에 몸을 딱 붙이고 부비대는 미친놈들도 있었다. 괜히 어깨에 손을 올리거나, 목덜미를 쓸어내리거나, 늘어진 셔츠 목둘레와 벌어진 남방 단추 사이를 흘끔거리는 학원 오빠, 교회 오빠, 과외 오빠들에게 진저리를 치면서도 아이들은 그저 자리를 피하기만 할 뿐 소리 한번 지르지 못했다."

작품에서는 아르바이트를 하는 김지영 씨 친구들의 상황은 매우 심각한 것으로 소개하여, 옷차림이나 근무태도를 핑계로, 알바비를 담보로 접근해오는 업주들, 돈을 내면서 상품과 함께 어린 여자를 희롱할 권리도 샀다고 착각하는 손님들이 부지기수였다고 고발하고 있다.

김지영 씨는 무난하게 서울 소재 대학 인문학부에 입학하여 남자 친구도 사귀며 대학생활에 몰입하면서 동아리 활동을 하게 되는데, 동아리에서 남성우월주의 현장을 목격하게 된다. 회장도, 부회장도, 총무도 다 남자들이 했고, 여대와의 조인트 행사를 하면서 여학생은 그냥 동아리에 있어 주는 것만으로 힘이 된다며 여학생들의 적극적 활동을 제지하였다. 김지영 씨는 정확히 10학번 차이 나는 여자 후배가 회장이 되었다는 소식을 전해 들어 10년이면 강산도 변한다며 세상의 변화를 말하고 있다. 그녀는 4학년이 되어 취업설명회에 참여하면서 선배와의 만남 자리는 빠지지 않았으나 여자 선배는 만나보지 못해 여성의 취업은 지난한 것임을 절감한다. 학과나 교수를 통해서 비공식 취업의뢰가 들어오면 추천을 받는 학생은 모두 남자라는 사실을 알게 되었다. 그런 이유가 학과장의 답변, "여자가 너무 똑똑하면 회사에서도 부담스러워 해. 지금도 봐. 학생이 얼마나 부담스러운 줄 알아?"은 충격적이었다. 김지영 씨는 취업추천에는 남학생들만 선발됐고, 계속되는 취업 실패에 누구보다 속상한데, 아버지로부터 "넌 그냥 얌전히 있다 시집이나 가"라는 이야기를 들었다.

김지영 씨는 대학 졸업 후 홍보대행사에 입사하였는데, 4명의 팀장 중 유일한 여자 팀장인 김은실 팀장에 대한 다음과 같은 얘기를 들었다. 결혼한 여성이 일과 가정을 동시에 영위한다는 것에 대한 남성우선주의 관점의 뒷말이었다.

> "…… 친정어머니와 함께 살며 육아와 가사는 완전히 어머니께 맡기고 본인은 일만한다. …… 누군가는 뜬금없게도 남편을 칭찬했다. …… 장모를 모시고 사는 걸 보면 만난 적은 없지만 김은실 팀장의 남편은 좋은 사람일 거라고 했다."

김지영 씨는 김은실 팀장이 이끄는 기획팀에 합류하지 못한 이유를 회사대표의 다음과 같은 설명을 통하여 알게 되어 깊은 생각에 젖어든다. 과연 결혼한 여성의 행로는 어떻게 열어야 하는가?

"업무 강도와 특성상 일과 결혼 생활, 특히 육아를 병행하기 힘들다. …… 그래서 여직원들을 오래갈 동료로 여기지 않는다. 그렇다고 사원 복지에 힘쓸 계획은 없다. 못 버틸 직원이 버틸 수 있는 여건을 만드는 것보다, 버틸 직원을 더 키우는 것이 효율적이다."

김지영 씨는 회사생활을 하며, 정대현 씨와 결혼을 하여 만족한 생활을 한다. 어느 날 시아버지의 생신에 부산에서 시댁 친척이 모인 가운데 식사를 하며 이런 저런 덕담이 오간다. 어른들은 기다리는 '좋은 소식'이 없느냐 물으며, 당연히 그 원인은 남편이 아닌 김지영 씨의 문제로 몰아간다. 이후 김지영 씨가 임신을 하고, 임신한 아이가 딸이라고 말하자, 친정어머니는 다음에 아들 낳으면 된다고 했고, 시어머니는 괜찮다고 했다. 그러나 그녀는 그 말들이 조금도 괜찮지 않았다. 그녀는 지하철에서 종종 임산부로서 자리를 양보받기도 했는데, 어떤 경우에는 앞에 서 있는 것만으로 불편하고 불쾌한 기색을 보이는 사람들을 마주칠 때는 솔직히 속상한 마음이 들기도 했다. 어느 날인가는 자리에 앉아있던 사람이 짜증스러운 얼굴로 자리를 박차고 일어서며, "배불러 까지 지하철 타고 돈 벌러 다니는 사람이 애는 어쩌자고 낳아?"라고 들으라는 듯 말했다.

김지영 씨 부부는 육아를 위해 한 사람이 직장을 그만두기로 결정을 하여, 김지영 씨는 그만두기로 하였다. 그러다보니 부부가 공동으로 담당해야 할 살림과 육아는 자연히 그녀의 일이 되었고, 정대현 씨는 그저 틈틈이 육아와 가사를 돕는 수준에 그쳤다. 그러던 중 딸 지원이를 어린이집에서 데리고 나와 싸구려 커피를 마시면서 잠깐 쉬려고 했다. 그 때 점심을 마친 한 무리의 남성들이 지나가며, "남편이 벌어다 주는 돈으로 커피나 마시면서 돌아다니는 맘충"이란 말을 던졌으며, 김지영 씨는 이를 충격적으로 받아들일 수밖에 없었다. 아! 한국의 사회에서는 단지 여자라는 이유로 이런 차별과 언어폭력에 시달려야 하는가? 이런 일련의 여성 불평등적 사건들이 이어지자 너무 힘들었던 김지영 씨는 결국 정신적 이상 증상을 일으켰으며, 마침내는 정신과 진료를 받았다.

2) 친정어머니 오미숙 씨의 경험

김지영 씨의 어머니 오미숙 씨는 한 세대 전에 그야말로 압도적 남성우선주의 사회를 치열하게 산 여성이다. 어머니는 초등학교를 마치고 집안일과 농사일을 돕다가 15세에 서울로 올라와 두 살 많은 이모가 다니던 청계천 방직공장에서 일했다. 그녀들이 열악한 공장 환경 하에서 일하며 받은 저임금으로 오빠나 남동생들의 학비를 충당했다. 아들이 집안을 일으켜야 한다고, 그게 가족 모두의 성공과 행복이라고 생각하던 시절이었다. 어머니는 오빠들이 성실하고, 반듯하고, 공부를 잘 하는 게 뿌듯하고 보람 있었다고 회고한다. 오빠들이 성공하여 집안을 일으키고 가족을 부양한다는 것이 책임감 있는 아들의 임무라고 칭찬받았다. 그제야 어머니와 이모는 가족의 울타리 안에서는 자신들에게 기회가 오지 않으리라는 사실을 깨닫고, 뒤늦게 산업체 부설 학교에 다니며, 중학교 졸업 및 고졸 검정고시로 고졸학력을 갖게 되었다.

어머니와 딸 김지영 씨 간에 과거 시절의 대화가 소개되고 있는데, "나도 선생님 되고 싶었는데"라는 엄마의 말에 "엄마는 그냥 엄마만 되는 줄 알았던" 김지영 씨는 왠지 말도 안 되는 소리 같아 웃어버렸다는 장면이다. 그런데 왜 선생님이 되지 않았느냐는 딸의 질문에 대해 다음과 같이 설명하는 장면에서 어머니 세대 여성의 인식과 처지를 나타낸다. 어머니는 자신의 인생을, 김지영 씨의 엄마가 된 일을, 후회하고 있는 듯하였다.

"돈 벌어서 오빠들 학교 보내야 했으니까. 다 그랬어. 그때 여자들은 다 그러고 살았어. …… 지금은, 돈 벌어서 너희들 학교 보내야 하니까. 다 그래. 요즘 애 엄마들은 다 이러고 살아."

김지영 씨의 어머니는 17년간 시어머니를 모시고 살았다. 그 시절 시집살이라 할 수도 있으나 시어머니의 가사도움이 없이 주부의 역할을 씩씩하게 수행하였다. 작품에서는 시어머니의 행태를 다음과 같이 묘사하고 있어 그 시절 며느리라는 여성의 위상을 웅변해 준다.

"할머니는 어머니가 미용 일을 하러 나간 동안 잠깐씩 막내를 봐주셨을 뿐 삼 남매를 먹이고 씻기고, 재우는 등의 돌봄 노동은 전혀 하지 않으셨다. 다른 집안일도 거의 안 하셨다. 어머니가 차린 밥을 드시고, 어머니가 빨아 놓은 옷을 입고, 어머니가 청소한 방에서 주무셨다. 아무도 어머니에게 좋은 사람이라고 하지 않았다."

3) 남성우선주의의 변화

우리 사회의 뿌리 깊은 남성우선주의는 여러 분야에서 도전을 받고 있는 것도 사실이다. 양성평등을 실현하기 위한 제도적 개선에 이어, 세대를 거듭하면서 의식의 변화로 여성들에 대한 차별적 요소들이 사라지고 있다. 정대현 씨와 김지영 씨의 대화에서 나타나는 다음과 같은 인식의 변화 정도를 찾아볼 수도 있다.

"세상이 참 많이 바뀌었다. 하지만 그 안의 소소한 규칙이나 약속이나 습관들은 크게 바뀌지 않았다. 김지영 씨는 혼인신고를 하면 마음가짐이 달라진다는 정대현 씨의 말을 다시 한번 곱씹었다. 법이나 제도가 가치관을 바꾸는 것일까, 가치관이 법과 제도를 견인하는 것일까."

작품에서는 남성우선주의 사회에서 여성들의 자구책을 제시하고 있는데, 김은실 팀장이 신입사원 김지영 씨에게 하는 다음과 같은 충고를 통하여 나타난다.

"그동안 신입 사원을 받을 때마다 느낀 건데, 여자 막내들은 누가 부탁하지도 않았는데 귀찮고 자잘한 일들을 다하더라고. 남자들은 안 그래요. 아무리 막내고 신입 사원이라도 시키지 않는 한 할 생각도 안 해. 근데 왜 여자들은 알아서 하는 사람이 되었을까."

김은실 팀장은 관리직급이 된 후로 가장 먼저 불필요한 회식이나 야유회, 워크숍 등의 행사를 없앴고, 남녀 불문 출산휴가와 육아휴직도 보장했다. 회사 창립이래 최초로 1년의 육아휴직을 마치고 돌아온 후배의 책상에 꽃다발을 놓으며 감동을 느꼈다고 술회하며, 여성의 자주적 행동을 요구했다.

한편 고루한 남성우선주의 관습은 매우 뿌리가 깊다. 작품에서 보여주는 변화하기 어려운 남성들의 의식을 다음과 같이 소개하고 있다. 먼저 김지영 씨가 육아 중 손목이 좋지 않아 정형외과를 찾아 진료를 받으며 애 보고, 빨래하고, 청소하고 하여 손목을 안 쓸 수가 없다고 하소연 하자 할아버지 의사는 피식 웃으며, "예전에는 방망이 두드려서 빨고, 불 때서 삶고, 쭈그려서 쓸고 닦고 다했어. 이제 빨래는 세탁기가 다하고, 청소는 청소기가 다하지 않나? 요즘 여자들은 뭐가 힘들다는 건지"라는 변하기 어려운 심성의 일단을 드러낸다. 여성들이 육체적으로 편해진 것은 사실이기는 하지만 독립적 인간의 관점에서 보아야 할 일이라는 것을 간과하고 있다. 다음으로 남성우선주의 문제성을 대표적으로 보여주는 작중 인물 정신과 의사를 지적할 수 있다. 김지영 씨를 상담하면서도 정작 육아 때문에 퇴직하는 비서격인 여자 직원에게는 전혀 공감하지 못한 채, 다음에는 미혼 여자를 들이겠다는 말을 하여 여성의 일로만 간주하는 듯한 의식을 드러낸다. 한국 남자들의 독선적 우선주의를 사실적으로 형상화하고 있는 것으로 해석된다.

과학기술이 발전하면서 일단의 주방 가전제품들이 생산되어 가사노동의 강도를 저감시켜 주었고, 생활 방식 자체도 외식문화의 정착 등으로 많이 변화하였다. 그러한 진전으로 여성이기 때문에 겪는 차별이나 아픔은, 많이 개선되었어도 아직도 양성평등 수준은 가야 할 길이 멀다는 것을 작가는 지적하고 있지 않나 생각된다.

4. 맺는 글

작품에서는 1982년생 여성 김지영의 일대기를 좇으며, 한국의 남성우선주의 가족제도 하에서 치열하게 살아가는 여성들의 삶을 그려냈다. 즉, 작가는 1982년생 김지영 씨 세대들의 인생 굽이마다 존재하는 성차별적 요소를 절절하게 묘사하여 제도적 개선이 이루어진 시대에서도 보이지 않는 차별들이 존재한다는 사실을 드러내 보이고 있다. 어떤 평자는 조용한 고백과 뜨거운 고발로 완성된 새로운 페미니즘 소설이자 수많은 사람들의 경험과 자료로 이루어진 '목소리 소설'이라고 언급한 바 있다. 들리는 바에 의하면, 한 국회의원이 이 책을 국회의원 전원에게 돌렸다고 하며, 대한민국 군대와 남자 고등학교에도 한 권씩 나눠주고 싶다고 한 바도 있다. 이 작품에 대한 특징을 구체적으로 언급하면 다음과 같다.

첫째, 작가는 이 소설을 쓰면서 가장 주력한 점에 대하여 "가장

마음을 많이 쓴 인물은 김지영 씨의 엄마, 오미숙 씨입니다. 오미숙 씨는 여자라서 교육의 기회조차 얻지 못하고 자랐지만, 당당하고 건강하게 자신의 삶을 꾸려나갈 줄 압니다. 할 말은 하고, 딸들에게는 다른 삶을 주려 애씁니다. 비슷한 맥락에서 여성들의 연대를 말하고 싶었습니다. 남성에게 위협받는 여성들이 서로를 돕고, 여자 선배는 여자 후배들의 권리와 복지를 위해 애쓰고, 엄마는 딸들을 믿고 응원해줍니다. 저는 여자의 적은 여자라는 말을 믿지 않습니다. 지금 여성들의 삶이 이만큼이라도 온 것은 여성들의 연대와 노력 덕분이었습니다"고 설명한다. 작가는 여성에 대한 제도적 차별이 만연한 환경 하에서도 나름대로 최선을 다한 삶을 살고, 가정에서부터 여성의 위상확인을 위해 실천적 여성상을 정립한 오미숙 씨를 내세우고 싶어 하는 듯하다.

둘째, 작품에서는 화자(narrator)로서 남성을 주로 내세우고 있으며, 작품의 전개 형식도 기존의 문학작품 형식과는 차이가 나는 르포르타주 문학이나 보고서의 성격을 나타내고 있다. 보고서 형태의 작품 형식은 객관성과 개연성을 장점으로 내세움으로써 종전의 스토리 전개방식과 다른 몰입적인 독자반응을 일으킬 수 있다. 이 작품에서는 보고서 형식이 아닌 소설에서도 각주와 근거 문헌을 활용하여 객관화된 현실의 묘사가 가능하다는 것을 보여주고 있다. 즉, 이 작품에서는 드라이하고 감정의 이입이 없는 서술이 이어지고, 이 서술을 뒷받침하는 근거 문헌이나 자료로서 각주가 첨부되는 형식은 기존의 작품에서는 별로 시도되지 않은 객관적 작품 전개 형식이라고 할 수 있다.

셋째, 작품에서 김지영 씨는 분노와 피해의식으로부터 자신을 보호하기 위해 빙의(憑依)적으로 말하기를 선택하는 것으로 전개되는데, 한강의 소설 '채식주의자'에서 주인공이 채식을 하게 된 이유를 설명하면서 꿈속이라는 환상세계를 거론하는 것과 흐름을 같이 한다고 할 수 있다. 환상성이라는 비정상적인 전개방식을 통해 여성불평등과 사회인습을 타파하고자 하는 의지를 표명하는 것으로 볼 수 있다. 이는 개인이 아닌 여성 연대의 의지 표명이며, 여성 공동체의 현안을 제기하는 것으로 볼 수도 있다. 하지만 이러한 환상성에 근거한 표현은 현실적이지 못하여 이 작품의 특징에서 벗어나는 다소 엉뚱한 서술 방식이다. 이 소설은 보편성과 일상성을 추구하며 독자에게 현실성을 불러일으키는 것을 목표로 하기 때문에 환상세계에서 말하는 결말은 독자를 어리둥절하게 만든다.

넷째, 신샛별(2017)은 정치적 소재를 다루는 소설은 많지만 마침내 정치를 해내는 소설은 드물다고 주장하면서, 이 소설로부터 시작된 한국사회의 어떤 각성이 노예해방만큼이나 희망적인 변화를 일으킬 조짐은 분명해 보인다고 긍정적으로 평가하였다. 그러나 여성의 삶을 표준화하여 균질적인 것으로 만들어 제시하는 거대 서사의 논리를 따를 때, 개별 여성의 경험이 지닌 고유성은 훼손되거나 소외되기 십상이라고 지나친 일반화를 비판했다. 다시 말하면, 이 소설의 구성은 여성들에게 근본적 차원에서는 불만일 수도 있으나, 여성의 삶을 표준화하여 균질적인 것으로 만들어 제시하는 거대서사의 논리를 따를 때, 개별 여성의 경험이 지닌 고유성은 폄하나 소외될 수도 있음을 유의해야 한다는 것이다.

다섯째, 작가는 방송작가 출신의 이력에 힘입어 논문, 기사, SNS 등에서 채집한 풍부한 사례를 작품에 인용하여, 주인공 김지영 씨의 삶이 작위적으로 구성된 가공의 인생살이가 아닌, 한국 사회에서 흔히 발견되는 평범한 여성의 궤적이라는 점을 보여줘 독자들의 관심을 계속적으로 불러일으킨다. 이에 따라 김양선(2017)은 그 동안 이론과 아카데미즘의 틀에 갇혀 있던 페미니즘을 거리로, 동 시대를 살아가는 대중들 곁으로 가져와 생생하게 풀어냈다는 평가를 하고 있다. 또한, 르포르타주와 본격 문학의 경계, 사회과학과 문학의 경계 지점에 위치한 이 작품이 한국 문학 장르에서 80년대 후반 이후 등장한 페미니즘 문학의 계보와 어떤 연결 지점이 있는지, 향후 어떤 영향을 미칠지 지켜볼 필요가 있다고 주장한다.

결론적으로 이 작품은 순수 소설의 형식보다는 작가가 취재한 내용을 바탕으로 사건을 고발하는 르포르타주(reportage) 방식의 소설 형식을 취하고 있기 때문에 문학적 연구보다 사회현상을 분석하는 사회학에서의 연구들에서 힘입은 바가 큰 것으로 분석된다. 이러한 착안점을 현실화 하는 과정을 거쳐 그 동안 잠잠했던 페미니즘을 다시 불러오는(reboot) 역할을 했다는 평가를 받을 수 있다(김성진, 2018).

<한맥문학가협회사화집 2019년(13호)>

Chapter 8

한강의 연작소설 '채식주의자'에 나타난 가족관계의 황폐화 과정

1. 시작하는 글

작가 한강은 1970년 광주에서 태어나 연세대학교 국문학과를 졸업하였다. 그녀는 1993년 〈문학과 사회〉에 시를 발표하고, 이듬해 서울신문 신춘문예에 단편소설 '붉은 닻'이 당선되어 작품 활동을 시작했다. 그 동안 발표한 작품집을 들면, 장편소설 〈검은 사슴〉 〈그대의 차가운 손〉 〈채식주의자〉 〈바람이 분다, 가라〉 〈희랍어 시간〉 〈소년이 온다〉, 소설집 〈여수의 사랑〉 〈내 여자의 열매〉 〈노랑무늬영원〉, 시집 〈서랍에 저녁을 넣어 두었다〉 등이 있다. 수상경력을 보면, 만해문학상, 황순원문학상, 동리문학상, 이상문학상, 오늘의 젊은예술가상, 한국소설문학상 등을 받았다.

작가는 첫 소설집 〈여수의 사랑〉을 발표할 때부터, 치밀하고 빈틈없는 세부, 비약이나 단절이 없는 긴밀한 서사구성, 풍부한 상징과 삽화들 같은 미덕으로 한 젊은 마이스터의 탄생을 예감케 한다는 파격적인 찬사를 받았다.[10] 이후 한강의 소설은 폭력적 현실에서 유폐되어 가는 여성의 삶을 조명하여 가부장적 사회의 모순을 계속적으로 지적하였다. 즉, 남성 중심의 폭력적 관습과 구조적 환경에 의해 정체성을 상실하고 고통 받는 여성의 모습을 들추어내고 있는가 하면, 또한 일상적 삶 속에서 가족에 대한 책임감만 부여되고, 남편과 소통 없이 삶을 영위하는 아내의 모습을 통해 소통의 부재가 또 다른 폭력이 될 수 있음을 고발하고 있다. 작가는 〈채식주의자〉로 2016년 맨부커상을 수상했다. 맨부커상은 영국 땅에서 영어로 출간된 작품을 대상으로 매년 수여하는 주요 문학상 중의 하나로 1969년에 제정되었다.

분석대상인 작품은 표제작 '채식주의자'를 비롯하여, 2005년 이상문학상 수상작 '몽고반점', 그리고 '나무 불꽃'으로 구성되었다. 세편의 중편소설은 언뜻 보기에는 독립적인 작품으로 이해되지만 통합해서 읽으면 작가의 강한 메시지가 담긴 장편소설이 된다. 작품의 주요한 특징으로는 주인공 영혜의 환상세계와 여타 인물들의 현실세계 간의 인식적 차이를 적나라하게 묘사하고 있다는 점을 들 수 있다.

'채식주의자'는 채식을 내세우며 육식을 거부하는 영혜를 지켜보는 그의 남편 '나'의 이야기이다. 영혜는 작가의 10년 전 발표작인 단편소설 '내 여자의 열매'에 등장시켰던 식물적 상상력을 확장한 인물이다. 즉, 희망 없는 삶을 체념하며 하루하루 베란다의 나무로 변해가던 '내 여자의 열매' 속의 주인공과 여러 차례의 악몽으로 각인된 기억 때문에 철저히 육식을 거부한 채로 나무가 되길 꿈꾸는 영혜는 밀접한 관련이 있는 듯하다. 또한, 성적 욕망과 예술성 추구

---

[10] https://book.naver.com/bookdb/book_detail.nhn?bid=3309417 참조.

를 결합시켰다는 평가를 받는 작품인 2부 '몽고반점'은 연작소설 〈채식주의자〉의 전체 스토리에 결합되면서 소설을 확장시킨다. 그리고 3부인 '나무불꽃'은 상처 입은 영혼의 고통을 식물적인 상상력에 결합시키고 자매간의 깊은 사랑을 담음으로써 아름다움의 미학과 따뜻한 휴머니즘에 접근하고 있다.

이 글에서는 한강의 연작소설 표제 '채식주의자'를 분석하여, 단지 채식주의를 고집하며 고기를 거부하는 한 여인이 가족들을 비롯한 다수인의 고정관념과 과욕에 눌려, 극단적으로 추락해가는 과정과 이로 인한 가족관계의 황폐화 모습을 추적해보고자 한다.

2. 작품 개요 및 문제 제기

작품 속 스토리는 주인공 영혜와 관련된 세 인물이 화자(narrator)가 되어 각자의 관점에서 영혜의 문제를 대상으로 전개된다. 즉, 평범한 회사원인 그녀의 남편의 입장, 예술을 하는 그녀의 형부의 입장, 혈육인 그녀의 언니의 입장이다. 작가는 이 과정에서 등장인물의 내면적 심리를 감각적으로 묘사하고 있다.

제1부인 '채식주의자'는 주인공 영혜의 남편 입장에서 전개된다. 영혜는 어느 날 아침 갑자기 채식주의자가 되겠다고 밝히고, 냉장고에 있는 고기를 모두 버리고, 고기 냄새조차 싫다며 냄새 맡는 것조차 거부한다. 그러나 남편을 비롯한 영혜의 가족들은 채식주의자로 갑자기 변한 그녀를 이해하지 못한다. 특히 영혜의 행동을 이해할 수 없는 그녀의 남편은 처가 사람들을 동원해 영혜를 말리고자 한다. 영혜의 언니 인혜의 집들이에서 영혜는 또 육식을 거부하여, 이에 격분한 장인이 강제로 영혜의 입에 고기를 넣으려 하자, 영혜는 그 자리에서 과도를 집어서 손목에 자해를 하여 피를 흘린다. 그

녀는 황급히 형부의 등에 업혀 병원으로 실려가 치료를 받은 후 가족들과는 정상적인 대화도 안 되었다. 사실 영혜는 어렸을 적 겪었던 폭력적 기억에 대한 트라우마로 고통을 겪어오면서 계속되는 악몽의 누적으로 고기를 거부하게 된 것이다. 그녀의 어린 시절 아버지는 개의 육질을 좋게 한다는 이유로 오토바이에 개를 묶어 끌고 다니며 잔인하게 개를 죽였으며, 그렇게 죽인 개고기를 가족들과 아무렇지 않게 나눠 먹었다는 사실이 영혜에게는 정신적 트라우마로 남았으며, 그동안 잠재하다가 이제 악몽으로 나타나기 시작한 것이다. 이러한 설명하기 어려운 이유로 영혜는 고기를 거부하고, 채식을 고집하게 된 것이다. 하지만 가족들은 이해하려 노력하기보다 고기를 먹지 않는 영혜가 비정상이고 정신병환자라고까지 몰아간다. '채식주의자'에서는 보편적이고 일반적인 사고로 살아가는 사람만이 정상인이고 특이한 환경이나 사고를 가진 사람은 비정상인이라고 낙인을 찍어버리는 우리 사회의 폭력적인 현실을 은유적으로 보여준다. 즉, 고기를 먹지 않는 채식주의자를 비롯해 소수의 사람들을 비정상적이라는 고정관념을 가진 자들의 오만함과 폭력성을 처절하게 묘사하고 있다.

제2부인 '몽고반점'은 인혜의 남편이자 영혜의 형부인 비디오아티스트의 관점에서 진행된다. 영혜는 고기를 거부한다고 부모로부터 자식 취급을 받지 못하였으며, 남편으로부터는 비정상인이라는 이유로 이혼을 당하여 혼자 살고 있다. 아버지가 억지로 고기를 먹이며 폭력을 휘두른 그날의 사건이 있은 후 영혜는 정신과 치료를 받아왔다. 영혜의 형부는 이러한 처지의 동생을 측은해하는 아내 인혜로부터 영혜의 엉덩이에 아직도 몽고반점이 남아 있다는 이야기를 듣고 영혜의 몸에 대한 욕망을 품게 된다. 형부는 처제인 영혜를 돌본다는 명분으로 찾아가 비디오작품의 모델이 되어 줄 것을

제안한다. 선선히 응한 영혜의 알몸에 각종 꽃을 그려 넣는 바디페인팅 작업을 하여 비디오로 찍지만, 그는 만족스럽지 못하여 자신의 후배에게 남자 모델을 제안하여 남녀의 교합 장면을 찍기를 원했다. 후배가 이를 거절하자 대신 자신의 몸에 꽃을 그려 영혜와 교합하여 비디오로 찍으면서 명분으로는 예술성을, 내심으로는 성적 욕망을 충족시킨다. 다음날 동생 영혜의 집을 먹을거리를 들고 찾아간 인혜는 벌거벗은 두 사람의 모습을 발견하고 충격을 받아 두 사람을 정신병원으로 보낸다. 영혜의 형부는 전부터 처제의 외모에 관심을 품어 온데다가 몽고반점이란 말에 호기심이 더해져 비디오 아트 예술 작품을 완성한다는 욕심으로 넘어선 안 될 그 이상의 욕망을 행동으로 옮겨버린 것이다. 그는 정신이 온전하지 못한 처제를 결국 범하여 가족관계의 파탄을 불러온 것이다. 끓어오르는 욕망을 억제하지 못하고 결정적인 선을 넘은 이후 그는 자신의 기존의 터전으로부터 배제됨으로써 예술작업은 물론 가족관계로부터 추방되어 쓸쓸한 삶을 살게 된다.

제3부인 '나무 불꽃'은 영혜를 돌보는 언니 인혜의 관점에서 스토리가 전개된다. 그녀는 동생 영혜와의 불륜 행위를 계기로 흔적 없이 사라진 남편 대신 언제나 그랬던 것처럼 가장으로서 생계를 책임지고, 가족 구성원 모두로부터 버림받은 영혜의 생활과 병수발을 들어야 했다. 어느 날 영혜가 입원한 정신병원의 연락을 받고 찾아간 인혜는 식음을 전폐하고, 링거조차 받아들이지 않아 나뭇가지처럼 말라가는 영혜를 만나 혈육의 고달픈 인생역정을 되새겨 본다. 영혜는 자신이 이제 곧 나무가 될 거라고 말한다. 강제로 음식을 주입하려는 의료진의 시도를 보다 못한 인혜는 내과 치료가 필요하다는 의사의 권유에 따라 영혜를 큰 병원으로 데리고 가기로 결심한다. 인혜는 동생의 어려운 지경을 보며, 지난 과거의 아픈 기억들을

떠올린다. 고집스러운 동생은 강압적인 아버지의 만만한 화풀이 대상이었고 자신은 비겁하게 피하기만 했다고 생각을 한다. 어린 시절 길을 잃어 함께 도망가자던 영혜의 말이 이제 생각이 난다. 탐탁치도 않았던 제부와의 결혼을 알리던 영혜의 모습이 생각나고, 아버지가 억지로 고기를 먹이려고 몰아세웠던 집들이 날의 사건에서 자해를 하던 영혜의 표정이 떠오른다. 남편이 영혜에게 외설 예술을 행한 후의 영혜의 멍한 아기 같던 얼굴 모습도 아픈 기억으로 떠오른다. 언니로서 동생을 아버지의 폭력성으로부터 지켜주지 못하고, 탐탁치 못한 제부와의 결혼과 형부와의 불륜을 저지하지 못했다는 자괴감을 떨쳐버리지 못했다. 그녀는 이런 자책감에 몸서리를 치며 여타의 가족과의 관계가 단절되었지만 동생 영혜를 끝까지 지키기로 다짐한다.

3. 채식주의 배경 및 현상

'채식주의자'에서 영혜부부는 결혼 이후 아기자기 하지는 않지만 특별한 문제없이 평범하게 부부생활을 영위하며 자녀의 출산을 생각할 정도로 무난한 가정생활을 해왔다. 그러던 어느 날, 영혜는 고기를 거부하고 채식만을 하겠다는 말과 함께 냉장고에 있는 모든 고기와 계란, 우유도 꺼내어 버린다. 고기 냄새가 역겹다고 말할 뿐만 아니라 육식을 하는 남편에게서 고기 냄새가 난다며 잠자리를 거부하는 지경에 이른다. 남편의 출근길에 배웅도 안하고 멍하니 서 있는 등 완전히 다른 모습으로 변했다.

도대체 갑자기 왜 이러는 거냐는 남편의 하소연에 영혜는 "꿈을 꿨어"라고 말한다. 남편은 그의 아내 영혜에 대하여 "미쳤군. 완전히 맛이 갔어"라고 투덜대며 고단한 사회생활을 한다. 영혜가 채식주의자가 된 계기로 말하는 전날 밤 꾼 꿈의 내용을 작품에서는 다음과 같이 기록하고 있다.

"어두운 숲이었어. …… 혼자 길을 잃었나봐. …… 헛간 같은 밝은 건물을 발견했어. 거적때기를 걷고 들어간 순간 봤어. 수백 개의, 커다랗고 시뻘건 고깃덩어리들이 기다란 대막대들에 매달려 있는 걸. 어떤 덩어리에선 아직 마르지 않은 붉은 피가 떨어져 내리고 있었어. 끝없이 고깃덩어리들을 헤치고 나아갔지만 반대쪽 출구는 나타나지 않았어. 입고 있던 흰옷이 온통 피에 젖었어. 어떻게 거길 빠져나왔는지 몰라. …… 내 입에 피가 묻어 있었어. 그 헛간에서 나는 떨어진 고깃덩어리를 주워 먹었거든. …… 그렇게 생생할 수가 없어. 이빨에 씹히던 날고기의 감촉이. 처음 보는 얼굴 같은데, 분명 내 얼굴이었어. ……"

영혜는 그 꿈 이후 계속 죽이고 죽는 꿈, 꿈속에 등장하는 언니, 엄마, 동물 등의 모습에 오락가락하는 모습의 꿈을 꾸곤 했다. 평소 답답하다며 브래지어도 착용하지 않으며 자신을 무장해제한 것으로 자위하는 기분에 젖었다. 그와 같은 그녀의 의식을 작품 속에서는 다음과 같이 그리며 채식주의자의 안심어린 해방감을 드러내고 있다.

"…… 내가 믿는 건 내 가슴뿐이야. 난 내 젖가슴이 좋아. 젖가슴으론 아무것도 죽일 수 없으니까. 손도, 발도, 이빨과 세치 혀도, 시선마저도, 무엇이든 죽이고 해칠 수 있는 무기잖아. 하지만 가슴은 아니야. 이 둥근 가슴이 있는 한 난 괜찮아. 아직은 괜찮은 거야. 그런데 왜 자꾸만 가슴이 여위는 거지. 이젠 더 이상 둥글지도 않아. 왜지. 왜 나는 이렇게 말라가는 거지. 무엇을 찌르려고 이렇게 날카로워지는 거지. ……"

작품에서는 영혜가 채식주의자가 된 배경의 깊은 연원을 어렸을 때의 기억을 들고 있는 듯하다. 즉, 어릴 적 집에서 키우던 개가 그녀를 물자, 아버지가 그 개를 잔인하게 죽였다는 몸서리쳐지는 기억이 영혜를 끊임없이 괴롭혀 왔다. 작품 속에서는 영혜가 고기를 거부하고 채식주의자로 변신하게 결정적 계기로서 다음과 같은 잔인한 추억을 묘사하고 있다.

"내 다리를 물어뜯은 개가 아버지의 오토바이에 묶이고 있어. ……아버지는 녀석을 나무에 매달아 불에 그슬리면서 두들겨 패지 않을 거라고 했어. 달리다 죽은 개가 더 부드럽다는 말을 어디선가 들었대. 오토바이의 시동이 걸리고, 아버지는 달리기 시작해. 개는 질질 끌리며 달려. …… 축 늘어진 오토바이 뒤에 실은 아버지가 보여, 녀석의 덜렁거리는 네 다리, 눈꺼풀이 열린, 핏물이 고인 눈을 나는 보고 있어. …… 그날 저녁 우리 집에선 잔치가 벌어졌어. 시장 골목의 알만한 아저씨들이 다 모였어. 개에 물린 상처가 나으려면 먹어야 한다는 말에 나도 한입을 떠 넣었지. ……"

고기를 거부하고 채식을 선언하면서 영혜의 악몽은 계속되고, 5분 이상 잠들지 못하는 지경에 이른다. 얼굴은 긴 불면으로 검게 타서 중병 환자처럼 보였다. 결혼하기 전부터 영혜를 진한 애정을 가지고 사랑한 적 없는 남편은, 그런 그녀를 지켜보며 "좀 이상한 여자와 산다고 해도 나쁠 것 없다"고 마음을 놓아 버린다. 그러던 중 영혜는 남편 회사의 사장부부도 참석하는 매우 중요한 부부 동반 모임에 초대되는데, 남편은 자신의 장래를 위해 영혜가 모임자리에서 슬기롭게 행동해 주기를 기대한다. 그는 영혜가 튀지 말고, 별난 행동을 하지 말고, 얌전하게 처신해주길 원한다. 그는 채식주의 선언을 하기 전의 영혜를 떠올리며 그런 기대를 품었다. 그러나 그런 상황은 전개되지 않고 채식주의 논쟁을 초래하였다. 채식 이유로 "꿈을 꿨어요?"라고 말하는 영혜를 두고, 좌중에서 다음과 같은 발언이 나와 웃음바다가 됨으로써 채식주의에 대한 강한 거부감이 주조를 이루고 있다.

> "…… 저는 진짜 채식주의자와 함께 밥을 먹어본 적이 없어요. 내가 고기를 먹는 모습을 징그럽게 생각할지도 모르는 사람과 밥을 먹는다면 얼마나 끔찍할까. 정신적인 이유로 채식을 한다는 건, 어찌됐든 육식을 혐오한다는 거 아녜요? 안 그래요?"
> "꿈틀거리는 세발낙지를 맛있게 젓가락에 말아 먹고 있는데, 앞에 앉은 여자가 짐승 보듯 노려보고 있는 것과 비슷한 기분이겠죠."

우리 사회에서는 고기를 거부하고 채식을 한다는 남과 다른 행위에 대하여 필연적으로 불편한 시선을 받게 되는 듯하다. 일반적으로 사람들은 자신과 다른 것을 순순히 받아들이지 못하여, "저는, 고기를 안 먹어요."라고 말하는 그녀의 작은 목소리에 거북한 심기를 드러내는 것은 어쩌면 예견된 일일지도 모른다. 소수의 기호와 취향을 존중하지 못하는 다수의 우월적 지위자의 폭력적 행위가 자주 발생하는 우리 사회의 일면을 보는 듯하다. 남편은 어색해진 분위기 속에서 그녀를 이대로 두면 안 된다며, 뭔가 조치를 취해야겠다고 다짐한다. 이러한 사건을 지나며 남편은 처갓집 식구들에게 하소연을 하게 되지만, 이는 영혜로 하여금 더욱 정신적 피폐를 겪게 되는 더 큰 사태로 번지는 결과를 가져와 부부관계가 단절되는 상황으로 전개된다.

이혼 후 영혜는 정신병 치료를 받으며 지내던 중 형부의 지나친 예술적 욕구와 성적 욕망의 피해자가 되어 자신도 모를 불륜을 범하여 극한 상황으로 몰린다. 형부의 반인륜적 예술행위의 자행은 그녀를 시외의 정신병원에 입원하는 결과로 이어진다. 이러한 일련의 과정을 거쳐 영혜의 가족은 참담한 상황을 맞이하여 관계가 황폐화된다. 영혜는 시외의 숲속에 위치한 정신병원 폐쇄 병동에 입원하여 갇힌 생활을 하며 종국에는 자신을 나무라고 믿어 버린다. 식물이기 때문에 고기뿐만 아니라 음식도 먹을 필요가 없다고 주장하며, 아무것도 먹지 않는 상태에 이른다. 언니 인혜가 마치 자신이 나무라도 된 듯이 물구나무를 서는 영혜에게 "너 이러다 진짜 죽는다"고 애처롭게 소리치지만 영혜는 "…… 왜 죽으면 안 되는 거야?"라고 말한다. 영혜는 더욱 쇠약해져 서울의 큰 병원으로 옮겨지게 되며, 언니는 동생의 이송 중 나락으로 떨어진 자신들의 가족관계를 생각한다.

4. 가족관계의 황폐화 과정

지극히 평범한 가정을 꾸리고 부모를 비롯한 혈육들과도 정상적 관계를 유지하며 지내던 영혜의 주변에 먹구름이 몰려와 풍파를 겪게 된 계기는 그녀의 채식주의 선언이다. 우리가 정상적으로 생각한다면 주위 인사들이 채식행위에 대하여 그렇게 난리를 칠 일도 아닐 것이다. 어쨌든 작품에서는 영혜의 가족관계의 황폐화 요인으로 들고 있는 것이 그녀의 육식거부와 채식주의 선언이다. 우리 사회의 대체적인 풍조는 정상과 비정상을 구분할 때, 다수의 그룹에 포함되면 정상이고 그렇지 못하면 비정상으로 분류하는 경우가 허다하다. 그리고 많은 부모들은 자식이 다수의 무리에 들지 못할 때, 비정상으로 여겨 이를 바로잡기 위하여 억압적 수단까지도 강구한다. 부모의 의지에 맞추어 억지로라도 정상 범주인 다수의 집단에 집어넣으려고 안간힘을 다한다.

  작품에서 영혜의 부모도 그러한 의식에 사로잡혀 오랜만에 가족이 다 함께 모인 자리에서 고기를 거부하고 채식만을 한다는 딸에게 폭압적 행위를 마다하지 않는다. 이미 영혜의 남편으로부터 영혜가 채식을 한다는 소식을 듣고 가족들은 한마디씩 하려고 벼르고 있었다. 영혜가 왜 고기를 먹지 않고 채식주의를 고집하는지를 이해하려는 노력도 없이 그리고 그녀가 채식주의자 된 이유로 내세우는 꿈을 꿨다고 하는데, 도대체 어떤 꿈을 꾸고 있는지는 알아보려고 시도조차 하지 않는다. 그저 그녀를 위한다는 명분으로 어떻게든지 그녀에게 고기를 먹여 보려고만 한다. 가족들이 모인 식사자리에서 끝까지 고기를 먹지 않는 영혜 때문에 극도로 화가 치밀어 오른 그녀의 아버지는 다른 자식들을 동원하여 그녀의 입에 억지로 탕수육을 쑤셔 넣는 폭력을 행사한다. 그렇게까지 했는데도 불구하고 영혜가 고기를 뱉어 버리자 아버지는 마침내 폭발하여 그녀의 핏줄이 보일 정도로 그녀의 뺨을 세게 후려쳐 파국에 이르게 한다.

  고기를 완강히 거부하는 딸에게 그것을 강제로 먹이는 아버지, 그러한 폭압적 행위를 방조하는 남편과 형제 및 형부 등은 영혜에게는 그들이 가족이 아니라 위해를 가하는 폭력집단으로 머릿속에 각인되었을 것이다. 그녀는 아버지에게 뺨을 맞자 긴박한 방어의 수단으로 교자상에 놓여 있던 과도를 집어 든다. 그것을 치켜들고 가족들의 눈을 차례로 쏘아 보며, 마치 막다른 계곡에 갇힌 짐승처럼 불안한 표정을 지으며, 그녀는 과도로 자신의 손목에 자해를 한다. 폭력적인 상황 하에서 영혜가 자신을 방어하기 위한 방편으로 공격할 수 있는 건 자기 자신뿐이었던 것으로 보인다.

  가족들에 의한 폭압적 사건이 발생한 이후 주위에서는 그녀가 미쳤다고 생각한다. 영혜는 정신병원에 갇혀, 망가진 시계나 용도를 다한 가전제품처럼 버려지는 처지가 되어 버렸다. 그녀의 남편은 처형 인혜의 간곡한 만류에도 불구하고 당연하다는 듯이 이혼을 선언하였고, 부모는 미쳐버린 딸을 더는 보고 싶어 하지 않았으며, 또한 언니 인혜는 오직 책임감만으로 영혜의 병원비와 생활비를 부담하는 듯하였다. 이와 같이 영혜가 채식주의 선언으로 인하여 다수의 집단에서 벗어나 비정상으로 취급되었기 때문에 그녀를 포함한 그녀 가족들의 관계는 소원해지고 말았다.

영혜 집안의 가족관계는 형부의 예술행위를 명분으로 한 욕망충족 행위의 자행으로 돌이킬 수 없을 지경으로 황폐화 되었다. 영혜의 남편도 엉뚱하게 처형에 대하여 성적 호감을 가져 자신의 아내를 비정상으로 몰아가는데 일조한 듯하다. 결국 부도덕하게도 한 집안의 두 사위는 각각 자신의 배우자 보다 처제와 처형에 대한 호감을 가지고 출발한 것으로 볼 수밖에 없음을 작품에서는 다음과 같이 그려지고 있다.

"콧소리를 섞어내는 처형과의 통화는 언제 나에게 약간의 성적인 긴장감을 주었다. …… 적당히 살이 붙은 처형의 몸매, 사근사근한 말씨, 커다랗게 쌍커풀 진 눈을 바라보며, 나는 내가 잃고 살아왔을지 모를 많은 것들을 아쉬워했다."

"처제의 외꺼풀 눈, 아내 같은 비음이 섞이지 않은, 다소 투박하나 정직한 목소리, 수수한 옷차림과 중성적으로 튀어나온 광대뼈까지 모두 그의 마음에 들었다. 아내와 비교한다면 훨씬 못생겼다고 할 수 있는 처제의 모습에서, 가지를 치지 않은 야생의 나무 같은 힘이 느껴졌다. …… 그저 마음에 드는구나, 자매이고 닮은 부분이 많은데도 미묘하게 느낌이 다르구나 하는 생각을 스쳐가듯 했을 뿐이었다."

비디오아티스트인 형부가 그의 아내로부터 처제인 영혜의 몸에 봉고반점이 남아있다는 말을 전해 듣고, 그것에 대한 호기심을 가지다가 급기야 영혜의 몸을 모델로 삼겠다는 욕심으로 발전한다. 그 예술성에 대한 호기심이 성적 욕망으로 발전하는 과정이 다음과 같이 그려지고 있다.

> "그의 스케치 속의 여자는 …… 처제여야 했다. …… 한 번도 보지 못한 처제의 알몸을 상상해. …… 작고 푸른 꽃잎 같은 점을 엉덩이 가운데 찍으며 그는 가벼운 전율과 함께 발기를 경험했었다. 그것은 결혼한 이후, 특히 삼십대 중반을 지나서는 거의 처음 느끼는, 대상이 분명한 강렬한 성욕이었다. 그렇다면, 여자의 목을 조르듯 껴안고 좌위로 삽입하고 있는 얼굴 없는 남자는 …… 자신이어야만 한다는 것을 그는 알았다."

형부의 처제에 대한 생각은 아내를 볼 때마다 겹쳐 떠오르는 처제의 얼굴 때문에 그의 마음은 집에서는 한순간도 편하지 않았다는 점에서 불륜의 풍선은 점점 부풀어져 갔다. 그런 생각이 들 때마다 스스로를 경멸하며, 자신의 위선과 책략을 소름끼치게 절감하였다. 그러나 그는 그녀의 집을 방문해서는 그녀를 보며 발기된 상태를 감추기 위해 야구모자를 벗어들고 바닥에 엉거주춤 앉은 적도 있다. 마침내 그는 처제인 영혜의 알몸에 꽃잎을 그리는 것을 허락받고 그녀를 작업실로 부른다. 그는 작업이 끝난 후 옷을 입는 그녀를 보면서 욕망이 타올라 바닥에 깔린 시트위에 쓰러뜨렸다. 그녀는 완강히 거부하며 남성도 꽃잎을 알몸에 그리면 응하겠다고 말한다. 그는 젊은 시절 그와 교제관계를 유지하던 여성 후배에게 부탁하여 자신의 몸에 꽃잎을 그리도록 요청한다. 직후 그는 촬영도구를 가지고 처제를 집으로 찾아갔다. 그러나 촬영은 명분이고 주체할 수 없는 욕정으로 그는 결정적 선을 넘게 되어 자신은 물론 가족의 파탄을 초래하는 길로 접어든다. 그 순간에는 예술을 빙자한 탐욕만이 끓어올라 이후에 찾아올 가족관계의 황폐화는 아랑곳하지 않았던 것으로 추정되는 교합장면이 작품에서 다음과 같이 그려지고 있다.

> "그는 신음을 내며 그녀가 있는 쪽으로 달려갔다. 조명도 촬영 따위도 그는 잊었다. 솟구치는 충동만이 그를 삼켰다. …… 어디선가 짐승의 헐떡이는 소리, 괴성 같은 신음이 계속해서 들렸는데, 그것이 바로 자신이 낸 소리라는 것을 깨닫고 그는 전율했다. …… 그녀는 전혀 지치지 않은 것이다."

인혜는 남편이 영혜와 그 소동을 벌인 아침에 영혜를 찾아와 캠코더에 녹화된 장면과 두 사람의 행색을 보고는 충격을 받아 가족관계의 파멸을 인지한다. 작가는 형부와 처제의 정사 장면을 지나칠 정도로 리얼하게 묘사하여 가족관계의 황폐화로 이끈 책임을 묻는 듯하다. 이후 남편은 집을 나가 가족과 두절된 채 정처 없는 떠돌이가 되며, 영혜는 정신병원으로 보내져 갇힌 생활을 하게 된다. 그들의 가족관계는 회한과 슬픔을 안고 폭풍 속으로 흩어져가는 모래알처럼 시야에서 멀어져 갔다.

5. 가족관계의 복원 희망

인혜는 가족관계의 황폐화라는 허망함 속에서 자식을 위한 가장과 엄마 역할을 하며 동생 영혜를 돌보는 등 가족관계의 연결고리가 되고 있다. 그녀는 자신의 욕구보다 다른 가족구성원들에 대한 책임감으로 무장될 수밖에 없었다. 특히 가장이 없는 집안의 언니라는 위치는 동생들에 대한 책임을 부담하는 자리이다. 집 떠난 남편과 영혜를 보지 않겠다는 부모와의 관계가 두절되어도 동생인 영혜를 돌보며 혈육관계를 소중하게 생각한다. 두 자매는 가족의 인연을 유지하지만 영혜의 환상에 의한 질환으로 소통은 원활하지가 않다. 언니인 인혜는 평화로운 삶을 위해 자신의 현실적 감정이나 충동을 억제하지만 힘들 때마다 하혈을 한다. 동생 영혜는 현실세계보다 환상 속에서 자신의 망상을 더 추구하며, 식음을 전폐함으로써 입으로 토해내거나 피를 토한다.

황폐화된 가족관계는 회복될 수 없는 것인가? 이러한 희망은 두 자매의 관계 유지를 통하여 잉태될 수 있을 것이다. 가족관계 회복의 가능성을 보여주는 작품 속의 광경들을 모아서 눈여겨 볼 필요가 있다.

먼저 부모와 자식 간 불화의 계기가 되었던 가족모임에서 아버지가 영혜에게 고기를 권하는 광경을 영혜의 남편은 다음과 같이 그리고 있다.

"가슴 뭉클한 부정(父情)이 느껴져, 나도 모르게 눈시울이 뜨거워졌다. 아마 그 자리에 모인 모든 사람들이 그랬을 것이다. 허공에 조용히 떨고 있는 장인의 젓가락을 ……"

인혜의 부부생활은 열정적이지 않은 그저 밋밋하게 지내는 관계에 지나지 않았다. 남편이 사랑한 것은 그가 찍은 이미지들이거나 그가 찍을 이미지들뿐이었을 것이다. 그러나 아들 지우의 재롱을 볼 때는 그의 눈이 빛나는 것을 인혜는 기억한다. 그의 열정이 어린 아들 지우에게서 나타나는 장면을 다음과 같이 그리고 있다.

"…… 그는 햇빛이 드는 거실 가운데를 위태위태하게 걷는 지우를 찍었다. 지우가 그녀에게 와락 안기는 장면, 그녀가 지우의 정수리에 입 맞추는 장면도 찍었다."

인혜의 남편은 집을 나가 떠돌다가 꼭 한번 인혜에게 전화를 걸어왔다. 자정 가까운 시간이었다. 먼 지방인지 동전 넘어가는 소리의 간격이 짧았다. "지우가 보고 싶어. …… 꼭 한번만 만나게 해줄 수는 없을까?"라는 그의 메시지가 그녀의 가슴을 찔렀다. 인혜는 거절했지만 부자지간의 연은 다시 만날 수밖에 없을 것이다.

인혜는 깊은 회한과 슬픔어린 상념에 사로잡혀 가족관계의 안타까움을 토로한다. 특히 어린 시절부터 가까이서 본 동생 영혜가 죽음을 불사하고 식물이 되기를 원하는 것을 알게 된 후, 그 장면을 안타깝고 원망스럽게만 기억한다. 시간이 흐르며 그녀는 전쟁에서 참패한 장수가 패잔병들을 수습하는 심정으로 마음의 가닥을 잡는 듯하다. 독자들은 다음과 같은 인혜의 간절함이 깃든 회상을 통하여 가족관계의 복원을 기대할 수도 있지 않을까?

"막을 수 없었을까. 두고두고 그녀는 의문했다. 그날 아버지의 손을 막을 수 없었을까. 영혜의 칼을 막을 수 없었을까. 남편이 피흘리는 영혜를 업고 병원까지 달려간 것을 막을 수 없었을까. 정신병원에서 돌아온 영혜를 제부가 냉정히 버린 것을 말릴 수 없었을까. 그리고 남편이 영혜에게 저지른 일을, 이제는 다시 기억하고 싶지 않은 일을, 값싼 추문이 되어버린 그 일을 돌이킬 수 없었을까. 그렇게 모든 것이, 그녀를 둘러싼 모든 사람의 삶이, 모래산처럼 허물어져버린 것을, 막을 수 없었을까."

6. 맺는 글

한강의 연작소설은 '채식주의자', '몽고반점', '나무 불꽃'으로 구성되어 있으며, 화자로 등장하는 세 인물은 영혜와는 다른 방식의 삶을 사는 사람들이다. '채식주의자'에서 남편의 언행은 매우 형식적이고 밋밋하며 영혜를 향한 진정한 사랑이 없는 듯이 살아간다. '몽고반점'에서는 채식주의자로 비정상 취급을 받는 영혜, 예술성과 함께 성적인 욕망을 내보이는 그녀의 형부의 탐욕이 한데 어울려 가족관계의 파탄을 가져온다. '나무 불꽃'에서는 인혜가 정신병원에 갇힌 영혜의 모습을 보며 회한 속에서 돌보기로 결심한다. 현실적으로 인혜는 동생 영혜를 구원할 수 있는 유일한 빛으로 보이지만 그 빛은 동생의 어두운 가슴속까지 들어가지 못한다. 인혜는 가족관계의 복원에 대한 안타까움을 토로한다.

위와 같은 구성을 이루고 있는 작품에 대하여 이 글에서는 가족관계의 관점에서 영혜의 채식주의 선언에 대한 배경과 그로 인한 가족관계의 황폐화 현상을 분석해 보았다. 이제 작품을 통하여 나타난 주인공 영혜의 채식주의에 관련된 주장과 그 여파에 대한 다양한 현상들을 평가해보기로 한다.

첫째, 작품의 주인공 영혜는 어느 날 갑자기 채식주의자가 되겠다고 선언한다. 작가는 남편을 비롯한 가족 주변의 인물들의 당황스런 반응을 냉철하게 바라본다. 결국 영혜는 주위와의 소통을 거부하고 무언가에 반항을 하면서 시들어간다. 작가는 채식주의에 대한 배경으로서 꿈과 어린 시절 개에 대한 트라우마를 제시하고 있으나 근거 기반이 취약하다. 영혜가 꾼 꿈의 내용을 작품 속에서 여러 차례 서술하고 있으나 실제와 겉도는 양상을 보여준다. 즉, 주인공 영혜가 왜 육식을 거부하게 되었는지 그 이유가 모호하게 표현되었다. "꿈을 꿔서 …… 그래서 고기를 먹지 않아요.", "무슨 …… 꿈을 꾼다는 거야?", "얼굴이 ……" 등의 꿈과 트라우마가 된 사건이 이유로서 분명하지 않다. 작품에서 꿈 때문이라고 추상적으로 말하며 구체성 있는 언급을 하지 않기 때문에 독자는 채식주의 배경에 대하여 계속적으로 궁금해 한다.

둘째, 채식주의자로서 유일하게 그녀에게 의미 있는 주장이 있었다면 그것은 꿈이었다. 고기를 거부하고 꿈 이야기를 하면서부터 현실세계와 꿈속 간의 중간영역에 존재하는 몽상적인 인간이가 되어 인간적 감정도 가족 간의 상응하는 관계도 없이 살지만, 나름대로 다른 주장에 대항도 없이 강인한 의지를 가지고 무욕(무식욕, 무성욕, 무감정, 무기력)의 상태로 살아간다. 종국에는 땅에 머리를 담고 반은 하늘을 향해 존재하는 나무처럼 어디에도 속하지 않으면서 어디에도 속해있는 존재가 되는 것이다. 지극히 환상의 세계로 그려지고 있다. 작품은 생명을 다하여 거름이 되어 다시 재생산되는 영속적인 삶을 살고 싶다는 의도를 내보이는 것인지. 아니면 머리를 땅에 묻고 나무가 되고 싶단 말은 현실과의 차단을 의미한다고 주장하는 것인지? 분명한 판단이 서지 않는다.

셋째, 한강의 소설은 타자화된 여성과 자연을 조명하며 모순된 남성중심의 이데올로기에 대해 문제를 제기한다는 점에서 주목할 만하다는 평가를 받는다(박은희, 2016). 그녀의 소설의 대부분은 가정과 사회의 폭력, 즉 인간의 폭력성을 중심으로 하여 남성중심의 이데올로기를 비판하며 지배체제를 무력화하려는 움직임이 두드러진다. 이 작품에서도 어린 시절 가부장제에 의해 상처받은 영혜가 채식하며 식물이 되기를 원하는 것은 폭력적인 질서에 대한 생태학적 대응의 한 방식이다. 이는 가부장적 세계의 타자인 여성이 현실의 또 다른 타자인 자연과 결합하여 폭력적 질서에 거부하는 것이라고 할 수 있다(박은희, 2016). 신수정(2010)은 영혜가 채식주의를 통해 육식문화로 대변되는 남성적 질서를 넘어서고자 하는 저항적 움직임을 보여주고 거식을 통한 여성의 육체 언어가 여성적 욕망의 생태학적 윤리를 실천하고 있다고 주장하였다. 그러나 영혜의 채식주의 선언이 소중한 가족관계의 황폐화를 초래하여 심한 대가를 치른 것에 대하여는 언급이 없어 여성학적 접근을 추구한 듯하다.

넷째, 정미숙(2008)은 '채식주의자'에서의 영혜의 채식주의나 '몽고반점'에서 형부의 예술선언을 개인적 차원을 넘어 공적이고 고유한 영역을 지향하는 절대적인 것으로 보고 있으며, '나무불꽃'을 통해 인간의 욕망과 실존이 가족과 현실의 굴레, 윤리와 비평에서 자유로울 수 없는 대상임을 역설하고 있다. 이러한 주장은 영혜의 채식주의와 형부의 예술행위를 발판으로 한 자신들의 욕구실현 추구는 가족관계의 황폐화 요인이 되었음을 시사하는 것이다.

다섯째, 작품에서는 가부장적 사회에서 벗어나기 위한 하나의 방법으로 환상이라는 문학 기법을 통해 식물로의 회귀를 꿈꾸는 영혜를 표현한 작품은 보다 복합적인 이중적 맥락을 지닌다(박은희, 2016). 즉, 작품에서는 현실세계와 식물세계란 복수화된 세계를 설정하여 억압된 현실에서 벗어나 현실의 경계를 넓히고, 여성과 자연의 해방을 통해 잃어버린 정체성을 회복하려 한다는 포스트모던적 환상의 시각이 그려진다. 그런 환상에 숨겨진 무의식적 욕망은 이중적 세계를 통해 남성중심적 사회를 넘어서려는 강한 의지를 가진 상상력과 연관된다고 할 수 있다는 주장들이 많다. 그러나 가부장적 사회의 굴레는 이제 오래된 시절의 추억일 뿐이다. 이제 후기자본주의를 지나 정보화 및 4차 산업혁명시대가 도래하여, 이에 따른 소외되는 계층이 생겨날 뿐 여성과 자연의 상처를 언급할 여유가 없는 시대가 도래했다는 점을 기억할 필요가 있다. 또한, 채식주의를 선언한 영혜의 행위를 비정상으로 몰아 정신병자 취급을 하는 것에서 보듯이, 다수가 집단을 이루어 소수의 정상적 행태를 비정상으로 몰아가는 우리 사회의 폭압적 고정관념의 혁파가 요구된다. 따라서 각박하고 비인간화로 치닫는 정보화 및 자동화 사회 하에서 소외되고 해체되어가는 가족관계의 복원이 소중한 과제라는 점을 밝히고 싶다.

<한맥문학 2019년 1월>

Chapter 9

이창래의 소설 '영원한 이방인'에 나타난 미국 이민자 가족의 정체성 갈등

1. 시작하는 글

작가 이창래는 1965년 서울에서 태어나 세 살 때 가족과 함께 미국으로 이주했으며, 예일 대학교 영문학과를 졸업하고 오리건 대학교에서 문예창작 석사학위를 받았다. 그는 월스트리트에서 증권분석가로 1년간 일하다가 작가의 길에 들어섰다. 2002년부터 프린스턴 대학교 문예창작과 교수로 재직 중이며, 2014년 연세대학교 석좌교수로 임용되었다. 1995년 '영원한 이방인'으로 화려하게 문단에 데뷔한 그는 1999년 일본군 위안부의 참상을 다룬 '척하는 삶(A Gesture Life)'으로 다시금 주목을 받았는데, 피해자가 아닌 가해자의 시선으로 위안부 문제를 다루었기에 더욱 충격적이었다. 이 작품으로 그는 아니스필드-볼프 문학상을 비롯한 미국 문단의 4개 주요 문학상을 수상하였고, 〈뉴요커〉의 '미국을 대표하는 40세 미만의 작가 20인'에 선정되었다. 2004년 출간된 세 번째 장편소설 '가족

(Aloft)'은 50대 후반의 불만투성이 남자 제리 배틀과 그의 가족 이야기를 통해 미국 중산층의 화려함과 완벽함이 얼마나 피상적인지를 다루었다. 이전 작품들이 주로 이방인의 정체성을 이슈화했다면, 이 작품은 가족이라는 보다 보편적인 문제에 초점을 맞춤으로써 미국 내에서의 작가로서 위상을 견고히 하는 계기를 마련해 주어, 〈타임〉에서 '당신이 놓쳤을 수도 있는 훌륭한 책 6권' 중 하나로 선정하기도 했다. 2010년 발표한 네 번째 장편소설 '생존자(The Surrendered)'는 6.25를 배경으로 세 명의 남녀가 겪은 전쟁의 비극을 날카롭게 묘사함으로써 〈뉴욕 타임스〉로부터 그의 작품 중 가장 매력적인 작품이라는 평가받았다. 2010년 〈퍼블리셔스 위클리〉 '올해의 책 TOP 10'에 선정되었고, 2011년 데이턴 문예 평화상을 수상했다. 2014년 발표된 다섯 번째 장편소설 '만조의 바다 위에서(On Such a Full Sea)'에서는 기존의 작품과는 다른 세계의 구축을 시도하여, 가상의 미래 사회에서 살아가는 중국계 잠수부 소녀 판의 모험을 그렸다.

한국인의 미국 이주는 1902년 하와이 설탕재배자협회 회장이 대한제국 정부와 이민협정을 체결함으로써 시작되었다. 하와이의 사탕수수와 파인애플 농장들은 노동력을 확보하기 위해 동아시아로 방향을 정하고 각국에 하와이의 풍물, 작업내용, 미국달러로 임금을 지불한다는 내용의 포스터를 각 항구도시에 붙여 이민 노동자를 모집했다. 한국에도 한인노동자를 모집하는 포스터가 붙었는데, 그 결과 기독교인이 중심이 된 첫 이민단은 102명(통역 2명 포함)으로서, 이들은 1903년 1월 13일 미국 상선 갤릭호를 타고 하와이 설탕재배협회의 노동자로 호놀룰루에 도착했다. 이후 1905년까지 약 7,200명의 한국 사람들이 미국 하와이 사탕수수밭의 노동자로 일하기 위해 이민하였으며, 1910년부터 1924년까지는 하와이 사탕수수밭에서 일하는 젊은 남자들과 결혼하기 위해 한국의 소위 사진신부들이 하와

이로 왔다. 이후 잠잠하다가 1965년 '개정 이민법' 발효로 매년 2만여 명의 한인들이 '아메리칸드림'을 꿈꾸며 미국으로 대거 이주하였다. 1970년대 후반부터 미국 이민이 본격적으로 증가하여 정치적 등의 이유로 이주한 이민자 수는 연평균 24,200명에 이르렀고, 1980년대에도 이민자 수는 계속 증가하며 매년 3만여 명이 이주하였다. 증가세를 보이던 미국 이민자 수는 1980년대 후반부터 한국의 정치와 사회가 안정되면서 점차 감소추세를 보이기 시작해 1990년대부터는 연간 14,000-15,000명 수준으로 감소되었고, 최근에는 재미교포가 120만 명에 달하는 것으로 발표되고 있다.

작품에서는 미국으로 이주한 부모님을 둔 주인공이 미국에서도 한국에서도 초대받지 않아 어느 쪽에도 속하지 못한다는 의식 속에서 자신의 정체성을 찾아가는 갈등 과정을 그리고 있다. 작가는 작품 서문에서 자전적 소설은 아니라고 서술하고 있으나 필연적으로 작가의 가족과 본인이 이민자로서 마주해야 했던 경험을 토대로 작품이 구성된 것으로 볼 수 있다. 작품 제목에서 나타나듯이 작가는 미국사회의 원어민(native speaker)이 아닌 이방인으로서 겪는 처절한 삶을 사실적으로 묘사하고 있다. 특히 작품의 장소적 배경은 모든 작가에게 공통적으로 그러하듯이 작가 자신이 거주하고 있는 지역이 될 수밖에 없다. 작가 이창래는 세살 때 부모님을 따라 미국으로 이주하여 성장하였으므로 미국 이민사회가 작품의 주된 장소적 배경이 되고 있다.

이 글에서는 한국계 미국인으로 살아가는 헨리 박과 존 강을 통하여 미국 주류사회에 끼지 못하는 이방인(outsider)으로서 그들의 정체성 갈등을 분석해 보기로 한다.

2. 작품 개요 및 문제 제기

　화자(narrator)인 나는 한국명 박병호, 미국명 헨리 박으로서 어머니의 뱃속에서 미국으로 와 한국계 미국인으로 살아가고 있다. 아버지는 모든 한국인 이민자가 그렇듯이 강인한 정신력과 근면한 생활력으로 뉴욕에서 과일과 채소류를 취급하는 상점을 운영하여 나름대로 성공한 이민 1세대이다. 헨리는 부모님의 가정교육의 영향으로 침묵과 인내가 생활 태도로서 받아들이게 되었다. 그는 대학을 졸업하고 우연한 기회에 친구가 데리고 간 모임에서 만난 백인 여성 릴리아와 결혼하여 아들 미트를 낳았다. 한국계인 그가 백인 여성과 결혼한다는 사건이 다음과 같이 아버지에게는 긍정적이고 대견스러운 경사로 받아들여진다.

> "아버지는 한국인들인 주간 지배인과 직원들에게 그녀를 소개하면서 영어로 자랑스럽게 딸이라고 불렀다. …… 아버지는 한 번도 입 밖에 내어 말한 적이 없지만 나는 릴리아가 백인이라는 사실을 아버지가 좋아 한다는 것을 알고 있었다."

　대부분의 이민자들은 한국계 이외의 인종과 결혼하는 것을 반대하는 데도 불구하고 헨리의 아버지는 백인 여성과의 결혼을 자랑스럽게 생각하여 주류사회에 대한 열망을 드러내고 있다. 역시 뉴욕시의원인 존 강도 헨리의 부인이 백인 여성이라는 점을 대견스럽게 생각하고 있다. 릴리아는 언어치료사로서 원어민이 아닌 아이들이나 언어장애가 있는 아이들을 지도하고 있다. 그녀는 정확한 언어 사용에 대한 신념이 있어 남편인 헨리를 주눅 들게 하는 듯하며, 이로 인하여 헨리로 하여금 원어민에 대한 콤플렉스를 느끼게 하는 듯하다.

헨리는 직업을 물색하던 중 사설 탐정회사에 스카웃되어 입사하게 된다. 그 회사는 다국적 기업, 외국 정부부처, 재력과 연고가 있는 개인 등의 사건의뢰인의 의뢰를 받아 직원들을 특정한 곳으로 보내어 정보를 수집하여 의뢰인에게 전달하는 것을 사업 내용으로 한다. 정보수집(탐정) 대상이 되는 인사들로는 고국의 반독재투쟁에 자금을 송금하는 정신과 의사, 사회지도층 인사로 떠오르는 이민자, 갓 태어난 노동조합이나 급진적 학생조직에 자금 제공하는 이민자, 선동자, 양심적 작가, 국적을 버린 예술가 등으로서 이들은 의뢰인의 기득권에 도전하는 활동을 하는 사람들이다. 탐정회사 직원들은 이들에게 접근하여 친구, 연인, 고객 및 직원 등이 되어 그들에 대한 활동상황을 비밀리에 작성한다. 당시 탐정회사의 성격은 회사 대표가 "우리는 돈 주는 사람들이 원하는 일을 하는 것뿐이야. 그게 무슨 의미인지 누가 알겠어?"라고 내뱉는데서 드러난다. 헨리는 탐정회사 직원으로서 회사의 지시에 따라 뉴욕시 시의원이며 차기 뉴욕시장으로 유력하게 떠오르고 있는 한국계 이민자 존 강을 탐정하게 된다. 존 강은 아름다고 형식미를 갖춘 영어를 구사했고, 포덤 대학에서 법학박사와 경영학석사 학위를 받았으며, 자수성가한 백만장자였다. 헨리는 존 강의 부하 직원으로 들어가 그에 대한 조사 업무를 시작한다. 그러나 존 강을 탐정해야 하는 그는 한국계로서 알 수 없는 유대감과 동질감을 느끼게 되어 회사에 보내는 활동상황보고서들이 존 강에 해를 끼칠까 걱정이 되기도 한다.

　헨리는 아내 릴리아와의 관계에서 위기를 느끼고 있다. 아들 미트의 죽음 이후 아내와 원만한 관계를 유지하지 못하고 있다. 미트의 죽음은 또래 아이들 사이에서 그가 유색인종이라는 차별에서 연유한 것으로 볼 수 있다. 릴리아는 헨리에 대한 불만 사항으로서 언어 사용의 부정학성 등의 문제들 목록을 작성해두고 여행을 다녀오곤 하였다. 헨리의 노력으로 여행에서 돌아온 릴리아와 만나 대화를 나누는 기회가 많아짐에 따라 부부 관계는 차츰 회복되어 갔다.

어느 날 시의원 존 강의 사무실에 폭발사고가 발생하였다. 존 강의 신임을 받으며 밤늦은 시각까지 근무하던 에두아르도가 사망하고 많은 자료와 자산이 훼손되었다. 이 사건으로 유력한 차기 시장 후보인 존 강의 이미지는 크게 손상되고 인기는 하락하기 시작하였다. 언론들은 대중 앞에 나타나 해명과 대책을 내놓지 않는 존 강에 대한 갖가지 의혹을 제기하기 시작하였다. 헨리는 에두아르도가 맡았던 업무를 맡게 되었다. 에두아르도가 맨하탄에 아파트를 세내고 있었다는 사실이 밝혀지고 공금을 축냈다는 의심도 짙어지고 있다. 헨리는 존 강으로부터 에두아르도의 비리를 알고 있었으며, 특히 그가 존 강의 정치적 경쟁자인 뉴욕 현재 시장 데 루스에게 보고서를 보내고 있었다는 사실도 알고 있다는 것이었다. 신임하던 직원의 배신은 존 강에게 깊은 상처를 주었으며 그는 평정심을 잃는 사태까지 직면하게 되었다. 존 강은 참모인 셰리를 불러 뉴욕 시내 클럽에서 술을 마시다가 폭행을 가하는 등 난폭한 행동을 부리고, 이어 불법체류자이며 술집 접대부인 미성년자 한국 여성을 차에 태우고 가다가 교통사고를 낸다. 여성은 중상을 입어 중환자실에 눕게 되고 존 강은 작은 부상만 당했으나 인기가 바닥으로 치달았다.

헨리는 존 강이 한국식 계모임을 갖고 있다는 사실을 알아내었으며, 탐정회사 사장인 데니스의 압박으로 회원 명단을 넘겨준다. 존 강의 활동에 대한 의뢰인은 연방정부였고, 그는 계모임 명단으로 큰 타격을 입었다. 계모임의 구성원들은 대부분 불법이민자들로서 공식적 금융기관을 이용할 수 없어서 목돈마련에 어려움을 겪고 있는 사람들이었다. 존 강은 그들이 불법이민자들인지 몰랐고 관심도 없었으나 금융위원회에 등록되지 않은 금융활동이라는 문제로 체포되기도 하였다. 그가 보석으로 풀려나 귀가하는 길에 만난 군중들은 그를 에워싸고 주먹질을 하였으며, 헨리는 그들과 싸우다 바닥에 쓰러졌다. 이 장면은 탐정 대상 인물이 아닌 같은 한국계라는 동족에 대한 연민의 정을 보여준다.

헨리는 존 강 관련 업무를 끝으로 탐정회사를 그만둔다. 존 강이 떠나고 부동산 중개소에 나온 빈 집을 부동산 중개업자와 함께 둘러보며, 그에게 누가 살았던 집이냐고 물어보니, 그는 "외국인이에요. 자기네 나라로 돌아갔어요." 결국은 원어민들로부터 한국계 이민자들은 이방인 내지 외국인 취급을 받고 있는 것으로 볼 수밖에 없다.

헨리는 릴리아와 재결합하여 그녀의 언어치료사 수업을 돕는다. 특히 그가 돕는 릴리아의 수업은 영어를 잘 하지 못하는 것에 대한 두려움을 없애는 수업, 영어를 못 하는 것이 별 일이 아닌 것으로 아이들이 느끼게 하는 그런 수업이다.

3. 미국 이민자 가족의 정체성 갈등

1) 미국 이민자의 갈등 요소

대부분의 한국 이민자들은 이주 전 고국에서는 학력이 높았다. 이들은 자식 교육 등의 목표를 걸고 약간의 달러와 함께 영어 몇 마디만 가지고 미국에 왔다. 미국에 정착하기 위하여 근면 성실한 자세로 일에 전념하고 자녀 교육에 올인하며 한인교회를 중심으로 집단의식을 가지고 살아간다. 한국식 전통과 교육에 근거한 유교적 의식은 개인적이고 개방적인 미국사회에 정착하는 과정에서 갈등 요인으로 작용한다. 이러한 사정은 헨리의 다음과 같은 독백에서 나타난다.

"아버지에게는 인생의 모든 것이 반드시 가족문제였다. 나는 그 세밀하고 무시무시한 서열, 그것이 사람들을 황금같이 귀중한 자식, 노예와 같은 아들이나 딸, 존경받는 아버지, 오래 전에 죽은 신으로 다양하게 등장시키는 방식을 모두 알고 있다. 그러나 가족관계의 정확성이 주는 기본적인 편안함도 알고 있다. 이 가족관계는 질문이나 다툼을 용납하지 않기 때문이다."

가장은 동트기 전부터 한밤중까지 일하며, 가족의 얼굴은 좀처럼 볼 수 없지만 가족은 그의 인생이었다. 돈을 벌면서 고급차를 몰며, 주택융자할부금 납입일이나 교회 가는 날은 절대로 잊지 않았다. 그는 눈물이 나올 때까지 격정적으로 기도하며, 눈에 보이지 않는 힘은 오직 자본주의의 힘과 예수그리스도의 사랑의 힘이라고 믿고 있다. 이런 생각을 하다 보니 한국계 이민자들은 이민 초기에는 한인 집단지역에서 살다가 부유해지면 백인들이 거주하는 마을로 이주한다. 백인사회에 진입하면서 문화적, 인종적 갈등을 겪게 된다. 헨리의 아들도 결과적으로 백인마을에서 인종적 갈등으로 참변을 당한 것으로 그려지고 있다. 헨리의 부모가 백인들이 사는 마을에 좋은 집을 살면서도 다음과 같이 불편함을 느끼고 있다.

"우리는 흠 하나 없는 우리 동네를 통과할 때면 마치 발이 아파 조심하듯 천천히 걸어야 하는 것 같았다. 와습(앵글로색슨계)이나 유대인들과 이웃한 우리 말없는 가족은 그들과 스칠 때면 웃음을 지어야 하는 것 같았다. 마치 우리에게는 늘 모든 일이 괜찮은 것처럼. …… 우리는 미국적인 것은 다 믿고, 미국인들에게 감명을 주어야 한다고, …… 완벽하게 다림질한 바지, 완벽한 신용을 믿은 걸까. ……"

한인들의 자본 축적과정에서 한국의 전통적 계조직을 빼 놓을 수 없다. 계를 통하여 자본을 형성하고 나아가 결사체로서 친목도모활동(야유회, 체육행사 등)의 기회로 작용하여 한인들이 경제적으로 성장하고, 소수민족으로서 인종적 갈등을 이겨내면서 미국사회에 정착해 가는데 도움이 된 것으로 볼 수 있다.

백인과의 결혼문제에 있어서 갈등의 과정을 겪는 경우가 많은 듯하다. 전통적 의식이 강한 한국계 이민자들은 자녀가 한국계와 결혼하는 것을 선호하는 경향이지만 미국 주류사회 진입에 대한 강한 의지가 있는 한인들은 백인과 결혼하는 것을 매우 긍정적으로 생각하는 것으로 그려지고 있다. 헨리의 아버지는 백인 며느리인 릴리아를 자랑스럽게 여기며, 한국계 이민자들이나 자신의 가게 점원들에게도 대단한 자부심을 가지고 소개하는 것으로 작품에서는 묘사되고 있다. 또한, 미국 주류사회에 진입한 시의원 존 강은 헨리가 백인 여성과 결혼하여 살고 있다는 답변에 매우 희망이 섞인 목소리로 가족에 대하여 물으며, 자랑스러운 표정으로 그를 바라보았다. 그러나 한국계 이민자를 사위로 맞이하게 되는 백인 여성 릴리아의 아버진 탐탁하지 않게 바라본다. 릴리아의 아버지 스튜가 헨리와 위스키 한잔을 사이에 놓고 대화를 나눌 때, 사윗감으로서 헨리에 대하여 부정적이었음을 다음과 같은 고백을 통하여 드러내고 있다.

"릴리아가 자네와 사귄다는 것을 알았을 때 나는 전혀 마음에 들지 않았네. …… 내 입장이 되어 보게. 내 말은, 자네가 대체 누구냐는 거야. 물론 총명한 동양 아이이긴 하지. 릴리아가 우리한테 자네와 결혼하겠다는 이야기를 했을 때 나는 하마터면 벽에서 전화기를 떼어 내동댕이칠 뻔했네."

한국 이민자들은 영어를 능숙하게 구사하지 못하여 여러 가지 불이익을 당하는 경우가 많았다. 예를 들면, 헨리는 한인계 아이들이 백인아이들과 다투어 갈등이 생겨, 부모가 떠듬거리는 정중한 영어로 백인 부모와 이야기를 하지만 거의 알아듣지를 못하는 안타까운 어릴적 기억을 떠올리고 있다. 특히 상점을 운영하는 한인들은 흑인들과의 갈등을 겪어야 했으며, 작품에서는 그들과의 갈등을 다음과 같이 묘사하고 있다.

"흑인들의 불매운동을 취재하는 기자들은 한인들에게 제멋대로 구는 모습이 자주 눈에 띄었다. 한인들은 불편한 모습으로 서서 어설픈 영어로 어려운 개념들을 설명하려 했다. 뉴스에 편집되어 들어가면, 토막토막 잘려 들어가면, 그 말들은 모두 잔인하고 무정한 사람들의 말로 바뀌었다."

미국 사회에서 이른바 원어민에 속하는 일부 백인과 흑인들의 주인의식은 뿌리 깊은 듯하다. 작품에서 릴리아의 언어치료반 아이들에게 샌드위치를 준다. 아시아계와 남미계 아이들은 주는 것을 두고 불평하는 일이 거의 없으나, 흑인과 백인 아이들은 그럴 자격이 있는 것처럼 자주 불평을 한다. 수업 보조를 하는 헨리는 이것이 무엇을 의미하는지 모른다. 어쩌면 아버지의 힘과 관련된 것일 수도 있고 가톨릭의 신과 관련된 것일 수도 있다고 생각한다.

2) 미국 이민자의 성장 갈등

한국계 이민자들이 근면을 바탕으로 경제적 성취를 이루자 미국의 정치 분야 등 주류사회 진출을 시도하는 기회가 빈번해지고 있다. 2000년대에 들어 김창준 연방 하원의원 3선 달성을 비롯하여 주의원 및 기초 자치단체에 진출이 활발하다. 이러한 도전 추세는 꾸준히 지속될 것으로 보이고 있으나 이에 대한 장애와 갈등 여지도 만만치 않다.

작품에서는 존 강을 내세워 그의 주류 정치인으로 성장 기회와 쇠락 과정에서 나타나는 갈등을 다루고 있다. 존 강은 서울에서 출생하여 6.25 전쟁을 겪고 미군 장성을 따라 미국으로 와 갖은 고생 끝에 뉴욕에서 학교를 다니고 새로운 모국어를 배웠다. 그는 사업체의 계산대 위에 처음 번 각 단위의 지폐들, 아들의 아이비리그 졸업장, 퀸스카운티 직원이 발송한 낡은 미국시민권 발송 증명서 등을 걸어놓아 그의 발자취를 보여주고 있다.

존 강은 한인사회를 비롯한 소수민족 등의 지지로 뉴욕 시의원으로 선출되어 활발한 정치활동을 하고 있다. 그가 선출된 이후 그의 지역구인 퀸스에서는 폭력범죄 발생이 줄어들었으며, 학교 시험 성적도 올라갔다. 퀸스 사무실 참모들은 홍보를 강화하여 시청자들이 주목하도록 하여 지지자들에 의한 '소규모 시위'라고 부르는 사태가 벌어지는 것 같았다고 주장한다. 일부러 모은 것도 아닌데 삼면에서 시민과 기자들이 그를 둘러싸고 몰려들 정도로 주목받는 정치인으로 성장하여 차기 뉴욕시장 후보로 급부상하였다. 존 강은 엄청난 군중을 끌어 모을 수 있는 흔치 않는 정치인으로 평가를 받고 있다. 헨리는 한국계 정치인으로서 존 강의 자질에 대하여 다음과 같이 평가를 하고 있다.

"한국 남자가 그의 나이에 이 나라 말을 쓰는 사람이라니, 단순히 존경받는 청과상이나 세탁소 주인이나 의사가 아니라, 그의 가족이라는 비좁은 범위 바깥에서 말을 하고 행동을 하려 하는 훌륭한 공인이라니. 그는 내가 인정하지 않았던 야망을 보여주었다. …… 그는 나의 어머니와 아버지와는 달리 우리에게 수치를 주거나 우리를 학대하려 하는 자들을 늘 경계하던 나의 부모와는 달리 두려움이 없는 것 같았다."

작품에서는 미국 한인사회에서의 정치자금 조달과정을 소개하고 있는데, 존 강의 정치자금 조달방법도 동일할 것으로 짐작된다. 즉, 한국인의 돈은 대부분 대도시 지역 전체에 흩어져 있는 교회를 통하여 깔때기처럼 모여든다는 것이다. 그래서 정치인들은 그런 교회들과 연계를 가져야 한다. 어쩌다 멀리 떨어져 있거나 연결망이 좋지 않을 수도 있어서 모금이 안 되는 경우도 있으며, 어쩌면 그들 스스로 다른 한인들보다 돈이나 계급에서 우위에 있다고 생각하는 사람들은 모금에 소극적인 경우가 많다. 그들은 아이들을 사립학교에 보내고 흑인이나 유대인이 없는 컨트리클럽에 소속되어 있으며, 과거 그들의 모습인 소점포들이나 착취 상인으로부터 멀리 떨어져 살고 있는 것으로 작품에 묘사되어 있다. 그들에게는 존 강과 같은 정치인이 필요 없다는 것이다. 한인사회의 분열 장면을 보여주고 있다.

존 강의 부상에 대한 현직 시장의 견제는 물론 연방 정부의 사설 탐정회사를 통한 뒷조사 등이 그를 몰락의 길로 몰았다. 그러나 결정적인 장애는 외부의 적이 아닌 내부와 그 자신의 관리부족이었다. 즉, 사무실 폭발로 촉발된 몰락은 안전관리 부족이며, 그의 핵심참모가 라이벌 정치인 현 뉴욕시장에게 동향보고를 하였고 자금도 빼돌렸다는 어처구니없는 내부관리능력의 부재가 단초를 제공한 셈이다. 또한, 위기에서 벗어나기 위한 판단도 지지부진하였고, 격정의 순간에서 자제하지 못하였으며, 반사회적 난동행위까지 추가되어 그는 몰락의 길로 들어서 주류정치인 도약은 일장춘몽으로 끝을 맺는다.

존 강의 몰락 과정에서 드러나는 소수민족인 한인사회에 대한 몰이해와 인종 차별 장면은 '영원한 이방인'이라는 작품의 제목을 떠올리게 한다. 한국의 전통적 금융조직인 계모임은 상호부조의 정신에 따른 친목조직인데, 미국 사회에서는 세금탈루를 목적으로 한 불법적 금융조직으로 간주하여 수사를 한다는 것이다. 존 강은 계모임에 바탕을 두고 조직을 짜고 있었다. 존 강의 차는 여러 대이었지만 모두 미국 제품이었다. 정치가 특히 아시아계 미국인 정치가는 이 문제에 대하여 선택의 여지가 없었다는 면에서 존 강은 미국인으로서 충실히 살아왔음에도 미국인으로서 인정을 받지 못하는 것은 인종 차별의 결과로 이해되고 있다. 존 강은 사무실폭발 사고를 계기로 불거진 언론과 수사당국의 주장에 대한 불만을 토로하며 다음과 같이 인종 차별이 있음을 주장하고 있다.

"이건 어디까지나 범죄 수사가 되어야 해. 하지만 저들이 내게 원하는 것은 색깔에 대한 성명이야. 내가 무슨 말을 하든 저들은 그걸 인종 문제로 만들어 버릴 거야. 노랑이가 떠들고 나섰다는 식으로 말이야."

3) 미국 이민자의 언어 갈등

원어민(native speaker)의 범주는 어떻게 정의해야 할까? 일단 그 나라에서 태어나 그 나라의 공식 언어를 사용하는 사람으로 정의할 수 있을 것이다. 그러나 작품 속에서 주인공인 헨리는 어머니 태중에 미국으로 이주해 태어났으나 원어민에 대한 갈등을 겪는 것으로 보인다. 즉, 헨리는 뉴욕의 사설 탐정회사에서 근무하는 한국계 미국인으로서 그는 미국에서 태어나 자랐고 대학을 나왔으며, 미국인 백인여성과 결혼한 중산층의 생활을 하고 있다. 그는 나름대로 완벽한 영어로 말하지만 어느 날 아내 릴리아는 "언어를 엉터리로 말하는 사람"이라는 목록을 남겨놓고 여행을 떠나버린다.

헨리는 자신의 언어에 대하여 자신감이 없어 하였다. 그의 언어치료사인 아내 릴리아를 처음 만났을 때, "나 같은 사람들은 혹시 내 억양이 아직도 어색하지 않나 하고 언제나 신경을 곤두세우죠"라고 말하자, 릴리아는 "알고 있었어요. 물론 지금은 완벽하게 말하고 있어요. 그러니까 우리가 전화로 이야기를 하는 거라면 아마 의심 없이 그냥 넘어갈 거라는 얘기예요"라고 응답하였다. 이어서 그녀는 원어민을 정의하듯이 다음과 같은 말을 하였다.

> "얼굴도 방정식의 일부이기는 하지만 그쪽이 생각하는 방향과는 좀 달라요. 자기 얘기에 귀를 기울이는 사람 표정이 보이는 것이거든요. 자기가 하는 말에 귀를 기울이고 있다는 것이예요. 나더러 맞추어 보라고 한다면 그쪽은 원어민이 아니라는 쪽에 걸겠어요."

결과적으로 원어민은 말하는 모습과 듣는 모습을 모두 반영하여 정의할 수 있다는 것이다.[11] 헨리는 부모님을 비롯한 비원어민에 둘러싸여 표정 등에서 차이가 날 수 있다는 것이다. 원어민이 되기 위해서는 본인뿐만 아니라 주위 환경도 중요하다는 것을 의미한다고 할 수 있다. 이민자의 경우 몇 세대가 흘러야 원어민이 될 수 있

---

[11] 모어(母語)란 사람이 태어나서 처음 습득하여 익힌 언어를 말하며, 모국어(母國語) 등으로도 부른다. 모어는 인간의 정체성 확립에 중요한 구실을 한다. 어떤 언어를 모어로 쓰는 사람을 원어민(原語民)이라고 한다. 모어의 기준으로 ① 태어나서 처음 습득한 언어에 기반할 것(origin), ② 화자의 내적 정체성에 기반할 것(internal ID), ③ 화자의 외적 정체성에 기반할 것(external ID), ④ 화자가 가장 잘 아는 언어에 기반할 것(competence), ⑤ 화자가 가장 자주 사용하는 언어에 기반할 것(function) 등과 같은 기준이 제시된다(https://ko.wikipedia.org/wiki/%EB%AA%A8%EC%96%B4 참조).

지 않을지? 작품에서 헨리는 미국에서 태어났지만 1학년 때부터 원어민과의 차이를 느낀 듯하다. 그는 원어민인 릴리아를 만난 후, 그녀의 경우 말을 하는 어떤 정신적 통로가 있는 것 같으며, 그것은 한번 배우면 절대 잊을 수 없는 것이라고 믿게 되었다. 그는 어린 시절 학교에서 언어 교정 특별수업을 받았는데, 그 사실 자체가 어려운 환경 출신임을 보여주는 것이었음을 회상하며, 영어발음의 어려움을 다음과 같이 독백하고 있다.

"당시에 나는 언어의 차이가 무엇을 의미하는지 몰랐다. 또는 내 혀가 처음 말을 시도할 때부터 꽁꽁 묶이고, 그렇게 뻣뻣해지고, 덫에 걸려 죽어가는 짐승처럼 몸부림을 칠 줄도 몰랐다. 원어민은 제대로 알지 못할 수도 있지만, 영어는 감당할 수 없을 정도로 발음하기가 힘들다."

한국계 이민자 1세들은 영어 구사력이 미흡하여 사업상 어려움을 겪기도 하고 원어민들과의 관계에서 불이익을 당하는 경우가 많았으며, 많은 경우 자녀의 도움을 받는 경우가 대부분이다. 학교 교육을 통해 영어를 습득한 자녀들이기에 믿음직스러운 것이다. 작품에서 헨리의 아버지는 아들이 장사에 도움이 될 것으로 생각했는지, 백인 고객들에게 아들이 영어를 얼마나 잘하는지 보여주려고 셰익스피어 말 몇 마디를 외워보라고 다그치기도 하는 장면이 나오고 있다. 그러나 자녀의 영어 구사능력에 대한 부모 세대의 자부심에도 불구하고, 자녀들은 여러 환경 하에서 발생하는 그들만의 영어 콤플렉스로 인하여 정체성 갈등을 느끼는 것이다.

4) 미국 이민자의 정체성과 동화주의

한국을 떠나 미국에 이주한 이민자들은 한국의 전통적 사고와 미국의 합리적 사고 사이에서 갈등을 느끼며, 특히 인종 차별로 인한 갈등으로 자신의 정체성에 대하여 심한 회의감을 가지고 있는 듯하다. 그들은 자녀 세대는 완벽하게 미국식 사고방식에 동화되기를 원하고 있는 듯하다. 작품에서 헨리는 막 언어에 다가서려는 아들 앞에서 허둥거리고 싶지 않았고, 단어 하나라도 더듬거리고 싶지 않다고 독백하고 있다. 그는 혹시나 자신이 아이에게 장애를 일으킬까, 그의 뇌 속에서 피어나는 언어를 지지러지게 할까 두려웠다. 그러나 아이는 헨리의 아버지인 그의 할아버지와 놀 때 의사소통에 전혀 문제가 없었다. 그 나름대로 완벽했으며, 둘 사이에 질문이 생기면 아이는 할아버지가 한 말을 그냥 되풀이 했다. 할아버지의 혼합어를 메아리처럼 반복하여 했고 그 말 또한 배우려 했다. 그들에게 다리가 필요했기 때문에 다리를 놓을 수 있었던 것이라고 생각했다. 헨리 부자는 늘 타격을 줄 수 있는 거리에 있었으며, 상호간에 의도적으로 모호하게 말을 했다. 그러나 아이는 그들 세 사람의 차이를 알아보기 시작했으며, 영어와 한국어의 미세한 단계적 변화, 그들이 누구인지 보여주는 그 음들을 흉내 낼 수 있었다. 이것이 그들이 한국계임을 알려주는 가장 진정한 세계라고 상상할 수도 있다.

그러나 작품에서 헨리는 아들이 자신의 세계에 대하여 단일한 감각을 가지고 성장하는 것을 원했던 것으로 그려지고 있다. 하나의 목소리로 이루어진 삶, 그것이면 아이의 반쯤 노란색인 얼굴로는 얻을 수 없는 권위와 자신감을 얻을 수 있을 것 같았다. 이것은 동화주의의 감성이며, 그 자신과 이 땅의 추한 로맨스(화해)이기도 하다고 믿었다. 하지만 헨리의 아내인 릴리아는 아들을 생각하며 남편의 고국을 알려고 노력하였다. 아이를 주말에는 한인학교에 보내겠다고 주장하기도 하였으며, 아이를 잃고 나서는 아이와 함께 다니던 한인 거주지인 플러싱을 방문하고 싶어 했다. 그녀는 세상에 하나뿐인 언어처럼 한국어를 하며 가게 앞에서 일을 하는 한인들만 보이는 거리로 돌아가고 싶어 했다. 릴리아는 이것이 헨리의 고국 모습일 것이라고 말하곤 했으며, 아들 옆에 무릎을 꿇고 아이에게 거리의 바쁜 사람들을 지켜보게 하면서, 저 사람들은 너하고 똑같다고 소곤거렸다. 이러한 장면에서 가족애를 바탕으로 한국계 미국인의 정체성을 인정하기 시작한 백인 여성의 진지한 모습을 발견하게 된다.

릴리아와의 결혼을 반대했던 그녀의 아버지는 장인과 사위로 지내면서 헨리를 다음과 같이 긍정적으로 평가하기 시작하여 한국인의 정체성을 인정하고 있다.

"자네는 야심이 있고 진지하지. 자네는 말을 하기 전에 생각을 하는 사람이야. 지금은 그게 보여. 동양의 문화와 정신에는 감탄할 만한 것이 많아. 자네는 신중하고 조심스러운 사람이 되라는 교육을 받았어. …… 자네 한국인들이 정말로 타격을 주고 있지. 몇몇 영역에서 말이야. 자네들은 세계에서 한다 하는 놈들 엉덩이를 걷어차고 있는 거야."

이 작품의 시대적 배경이 1990년대이므로 21세기 들어서도 급속한 발전을 거듭하는 한국을 생각한다면 미국의 주류층인 백인사회에서도 한국인의 우수성을 인정하는 것으로 평가할 수 있다. 한국계는 미국 사회에 동화되면서도 한국인의 언어, 문화를 간직하려고 하는 노력이 증가하는 추세를 보이고 있는데, 이러한 경향은 글로벌화 되어가는 추세를 거슬리지 않는 현상으로 여겨진다.

4. 맺는 글

주인공 헨리는 미국에서 태어나 완벽한 영어를 구사하지만 그 스스로도, 그리고 주변 사람들에게도 그는 영원한 이방인이다. 그는 미국인과의 상호작용을 어려워하는 한국계 이민자이며 언어 갈등을 느끼고 있다. 미국에서 태어났지만 미국은 이방인 취급을 한다. 한국인의 형상이지만 한국을 모른다. 그는 미국인인가, 한국인인가. 미국과 한국, 자신이 설 땅은 어디인가 하는 정체성 갈등을 느끼고 있다. 또한 사업에 성공하여 주류사회에 진입한 존 강은 유력 정치인으로 성장하여 소수민족 대표의 범주를 넘어서려는 과정에서 연방정부, 경쟁자인 현 시장 및 언론 등으로부터 견제는 물론 뒷조사 등을 통한 파상공세로 추락하였으며, 이 과정에서 인종차별을 받고 있음을 절감한다.

이에 따라 이글에서는 헨리의 가정사 족적과 존 강의 정치활동 과정을 통하여 미국 이민자들이 겪는 정체성 갈등을 살펴보았다. 작품을 통하여 나타난 작품 구성과 내재된 주장에 대한 다양한 의견들을 분석하면 다음과 같다.

첫째, 작품은 과거와 현재라는 두 가지 시점을 무대로 전개된다. 먼저 헨리의 과거로의 회상으로서 그의 가정사 족적에 대한 것이다. 그의 아버지가 한국을 떠나 미국으로 이주해 뉴욕에서 근면 성실한 자세로 성공한 삶을 꾸리기 위해 새로 사업을 일구는 데 전력을 다했던 과거의 삶을 차분히 되돌아 보는 것이다. 다음으로 현재 헨리의 회사의 업무 수행으로서 유력 정치인인 뉴욕 시의원 존 강의 활동에 대한 조사보고서 작성을 둘러싼 갈등이다. 헨리의 계속되는 과거로의 가정사 회상과 갈등, 또한 현재의 성공 신화의 주인공 존 강의 뒤를 캐는 격정적인 삶은 독자들로 하여금 판청을 부리지 못하게 하는 흡인력이 뛰어난 작품이다.

둘째, 작가는 조심스러운 문체로 주류에 끼지 못하는 한국계 이민자 가족들의 아웃사이더로서의 생활 모습, 문화적 혼돈, 고향에 대한 그리움 그리고 자신의 정체성을 찾아가는 갈등 과정을 그리고 있다. 작가도 작품 서문에서 "이것이 크나큰 갈망이 담긴 소설이라는 것. 자신을 이해할 방법을 찾고자 하는 갈망, 진정한 '모국'어를 찾고자 하는 갈망, 고향을 떠난 곳에서 고향을 찾고자 하는 갈망. 이것은 결국 예술적이고, 은밀하고, 또 늘 신비한 갈망일 수도 있겠다."고 자신의 의중을 밝히고 있다.

셋째, 서은경(2017)은 소수민족인 헨리의 아내 릴리아가 비원어민들, 특히 언어에 문제가 있는 마이너리티들을 그 자체로 인정하는 포용의 자세는 이민의 나라 미국이 지향해야 되는 혼종성의 문제를 제기했다는 점에서 유의미하다고 주장해 미국 이민사회에서 언어 문제에 초점을 맞추었다. 반면 전영의(2017)는 작품속의 헨리와 존 강을 미국에 대한 체제 순응적이고 백인사회에 의존하려는 태도, 정체성에 대한 고민을 접고 백인기득권 동조자로 안주하려고 노력했던 자로 규정하였으며, 작품을 통하여 '억압받는 소수민족 내부에도 여전히 작동하고 있는 권력관계'를 읽어낼 수 있었다고 작가 의도와 많이 다른 주장을 하고 있다.

<서정문학 2018년(11호)>

PART 2

가족제도의 근간으로서 부부 모습

Chapter 10 이인화의 단편소설 '시인의 별'에 나타난 고려시대의 사회상과 부부 간의 사랑
Chapter 11 박완서의 소설 '친절한 복희씨'를 통해본 부부의 일생
Chapter 12 신경숙의 소설 '지금 우리 곁에 누가 있는 걸까요'에 나타난 부부 간 사랑의 결정체(結晶體)

Chapter 10

이인화의 단편소설 '시인의 별'에 나타난 고려시대의 사회상과 부부 간의 사랑

1. 시작하는 글

작가 이인화는 1966년 대구에서 태어나 서울대학교 국문학과를 졸업한 후 같은 대학원에서 석사, 박사학위를 받았으며, 이화여대 교수를 거쳐 현재는 대구경북연구원장으로 재직하고 있다. 그는 1988년 계간 「문학과 사회」에 평론 '유황불의 경험과 리얼리즘의 깊이'를 발표하여 등단하였다. 1992년 제1회 작가세계문학상 수상작인 '내가 누구인지 말할 수 있는 자는 누구인가'를 시작으로 '영원한 제국', '인간의 길', '초원의 향기', '시인의 별', '하늘꽃', '하비로' 등 다수의 소설을 발표했다. 밀리언셀러를 기록한 「영원한 제국」은 미국, 프랑스, 스페인, 일본, 중국, 대만, 몽골 등에서 번역되었고 영화화되기도 했다. 작가는 오늘의 젊은 예술가상, 추리소설 독자상, 중한청년학술상, 이상문학상 등을 수상했다.

그의 연구서로는 「이문열 연구」(공저), 「디지털 스토리텔링」(공저), 「디지털 콘텐츠 스토리 모티프 DB 연구」(공저), 「한국형 디지털 스토리텔링」등이 있으며, 연구논문 다수를 발표하였다.

이 작품은 2000년 제24회 이상문학상 수상작으로서 원나라의 지배시기에 살았던 고려의 안현(安顯)이라는 불우한 지식인의 부부 간 사랑 이야기를 그리고 있다. 고려 충렬왕 때 사람인 안현에 대한 역사적 기록과 1997년 8월 앙카라 대학의 한 교수가 발견한 17세기 필사본에 들어 있는 '고려인 비칙지(서기)안의 이야기'를 작가가 상상력을 발휘하여, 안현과 비칙치 안을 동일 인물로 상정하고 한 편의 소설로 재구성한 것이다.12)

이 글에서는 작품에 나타난 고려시대의 부부 간 사랑의 역정을 살펴보고 아울러 몽골 지배 하의 고려시대의 사회상을 짐작해보기로 한다.

2. 작품의 개요

작품 속의 주인공 안현은 한미한 집안의 출신이기는 하나 착실한 성격에 뛰어난 글재주를 타고나 주변 인물 모두로부터 장차 크게 될 인재로 기대를 한 몸에 받고 있었다. 16세에 관리로 임용되는 예비시험인 감시(監試)에 합격한 데 이어 20세에 예부시(禮部試)를 통과하였다. 그러나 배경이 없고 나라가 실용과 효율을 좇는 원나라 식으로 바뀌면서 안현은 관직에 나아갈 기회를 잡기가 어려웠

---

12) 주석의 형식을 통해 작품이 진행되며 '채련기(採蓮記) 주석 일곱 개'라는 부제가 붙어 있다. 즉, 주석1에서는 안현이라는 시인을 소개하고, 주석2에서는 안서기를 소개한 후, 문헌적 고증 없이 작가의 상상력만으로 두 인물을 하나로 연결하여 동일시하였다. 주석3부터 본격적으로 스토리 전개가 이루어지고 있다. 그래서 이 작품은 액자 소설이라고 볼 수 있으며 소위 인문학적 상상력의 소설적 완성이라는 평가를 받은 소설이다.

다. 홀어머니 봉양을 위해 임관을 부탁하는 편지를 쓰기도 하고 세도가를 찾아가 차운시(次韻詩)13)를 짓기도 했다. 그즈음 안향이나 이진 같은 선배세대들은 순탄하게 벼슬길에 올라 조정의 중신이 되었는데 고생을 해보지 않은 그들은 안현에 대하여 "선비의 자질에 인격과 학식이 먼저이고 글재주는 나중입니다. 안현 등이 비록 재주는 있다 하나 저렇게 경박하고 성급하고 비루하니 어찌 벼슬과 복록을 누릴 수 있습니까?"라고 꾸짖었다.

그러나 또 다른 동기 조숙창은 아버지의 후광으로, 그리고 이세화는 안현과 같이 한미한 집안 출신이기는 하나 급변하는 세상살이에 잘 적응하여 그만의 방법으로 출세를 하였다.

안현은 서경으로, 운중도로 혼자 여행을 다녔고, 세상을 원망하며 절망 속에 빠져 있어 끼니도 막막할 지경에 이르렀을 때였다. 박연폭포로 유명한 천마산 밑에서 추밀원 부사를 지낸 박씨 노인의 눈에 띄어 그의 딸을 아내로 맞이하게 된다. 박씨 노인은 자기의 딸이 원나라 공녀로 끌려갈 것을 두려워하여 시를 좋아하는 안현을 데릴사위로 맞은 것이다. 안현은 생활이 안정되면서 출세한 친구들을 부러워하기보다는 시 공부를 열심히 하여 세상이 나를 알아줄 때를 기다리며 살겠다고 아내에게 맹세를 해 본다.

그러나 장모가 돌아가시고 처가의 가세는 기울어 식량과 의복을 걱정할 정도로 사정이 궁핍해지자, 가장으로서 안현은 자존심을 버리고 서해의 대청도로 나가 일개 수역의 역참 관리가 된다.

대청도에는 때마침 몽골의 황자(皇子)인 이아치가 유배되어 오는데, 안현의 기구한 사랑 스토리는 그의 아내가 이아치의 눈에 들

---

13) 차운시는 명시를 흠모하여 그 운을 따라 짓는 시를 말하는데, 당시에 유력한 인사의 시를 차운하여 추켜줌으로써 벼슬을 구하는 수단으로 삼기도 했다고 한다.

게 되면서부터 시작된다. 이아치는 안현에게 부인을 내놓으라고 하나 안현은 이를 거절한다. 고민을 거듭하다 못한 부부는 야밤을 틈타 도망치지만 결국 부인은 잡혀가고 만다. 그의 아버지조차 그의 흉포성을 저주했을 정도로 망난이 같은 이아치는 수하들로 하여금 저항하는 안현을 철퇴로 가격한 후 바다에 던져버린다. 구사일생으로 살아난 안현은 겨우 몸을 추스른 후, 아내를 찾아 몽골제국의 황야로 떠난다. 들쥐까지 잡아먹는 고통과 한파를 무릅쓰면서 천신만고 끝에 아내를 찾았으나 이미 그녀는 지다이라는 몽골 귀족의 아내 아수친이 되었고, 또 우량카이라는 아들을 낳아 어머니가 되어 있었다.

그녀의 도움으로 둔영에서 서기 일을 맡아 생계를 해결하게 된 안현은 지다이가 죽고 난 뒤, 그녀에게 박연폭포가 떨어지는 고향의 고모연에서 채련가를 부르던 일을 상기시키면서 이대로 함께 귀향할 것을 요청했다. 그러나 그녀는 한번 끊어진 인연은 다시 잇기 어렵다고 거절한다. 거의 무한한 고독이 그의 기력을 고갈시켜 갔고, 그는 자신의 인생이 헛되이 흘러갔다는 것을 느끼며, 몽골의 황야는 오직 자신의 가슴속에만 살아 있다는 것을 깨닫게 된다.

해가 바뀌고 아수친의 아들 우량카이의 성인식이 치러지는 날, 안현은 술에 취해 잠들게 된다. 악몽을 꾼 안현은 꿈에서 깨어 아수친을 살해하고 옥중에서 채련기를 남기고 산채로 매장된다.

3. 고려시대의 사회상

이 작품은 고려시대 몽골제국의 지배를 받던 시기를 다루고 있다. 몽골제국의 횡포가 간간히 그려지고, 그들에게 협조하여 몽골어를 배우는 지식인들의 모습이 소개되고 있다. 특히 충렬왕이 즉위하면서부터 고려의 모든 것이 실용과 효율을 쫓는 원나라 식으로 바뀌었다고 작품의 서두에서 밝히고 있다. 그러다보니 관직도 대폭 축소되고 남은 자리는 원나라에서 유학하고 돌아온 권문세가의 자제들에게 돌아가 주인공 안현과 같은 연줄 없는 자들에게는 벼슬길은 요원한 것으로 설명되고 있다. 그러나 안현의 동기인 이세화는 안현과 같이 한미한 집안 출신이었지만 몽골제국의 지배를 받는 세상으로 바뀌자, 해오던 공부를 때려치우고 좋아지내던 과부의 주선으로 왕의 근위대에 들어가 승승장구하였다. 작품에서는 그의 여성들과의 애정행각을 벌이는 장면이 다음과 같이 그려져 당시의 사회상을 반영하고 있다.

"근처 쌍화 가게 여주인부터 그 수양딸, 수양딸의 시주절에 있는 여승, 그 여승의 동생 …… 가지각색의 여자들이 그에게 반하여 열중해왔다. 그는 유부녀와 관계하다 그 남편에게 들켜 줄행랑을 놓기도 하고 관희(觀戱) 같은 야밤의 구경거리가 있으면 생전 처음 만난 여자를 덤불숲으로 데려가 덮치기도 하면서 선비들 사이에 크게 인망을 잃었다."

주인공 안현이 대청도의 역참으로 떠나게 되어 그의 동기들이 마련한 환송회가 열린 당시의 개경 풍경을 작품에서는 다음과 같이 그리고 있다. 개방적인 무역 도시의 상업 현장을 잔잔히 담아내고 있는 듯하다.

"예성강은 저녁 노을을 받아 아라비아 상인들이 따는 주홍빛 유리처럼 빛나고 있었다. 짐배며 거룻배들이 머리와 꼬리를 잇대고 오가는 강어귀, 청색 깃발을 달아 세운 주막과 색주가, 요릿집들이 막 불을 밝혀서 저녁인데도 사방은 오히려 밝아지는 듯했다. 시시각각으로 변하는 구름의 움직임에 따라 오가는 사람들의 얼굴이며 의복이 또렷하게 들어왔다. 어부들, 상인들, 몽골인들, 중국인들, 수레꾼, 뱃사공, 관리…… 그 사이로 남자를 부르는 창녀들의 손짓, 장터각다귀들의 고함과 욕설, 기슭에 가까운 기생집에서 들리는 연습풍의 가야금 소리, 음식물 끓이는 냄새가 섞여들었다."

고려시대 원나라 지배하에 있던 시절 원나라에 붙어 출세를 도모하는 군상들의 모습이 다음과 같이 그려지고 있다. 안현의 동기 모임에서 이세화의 다음과 같은 주장은 당시의 사회상을 반영하는 듯하다. 농업이 아닌 상업 무역에서 발생한 부가세 등으로 국가 재정이 충당된다는 의미로 받아들여진다.

"이젠 몽골말을 잘해야 벼슬길이 열린다네. 사해(四海)가 한 지붕 아래 있다지 않은가. 천하의 땅이란 땅은 모두 원나라라네. 토지는 광대하고 사람은 한량없고 풀산은 넘쳐나니 천지가 개벽한 이래로 이런 나라는 처음이라구. …… 원나라는 농민들에게 세금도 걷지 않는다는 군. 소금 전매금과 상세(商稅)만으로도 나라 살림이 해결된다니. 상인들이 종래에 각 고을, 나루터, 관문을 지나갈 때 물던 돈도 완전히 없애 주었어요. 세금은 물건의 매각지에서 한 번만 내라 이거야. 세상에 이런 태평성대가 어디 있어."

이세화의 몽골제국 예찬에 안현은 "그저 이(利)와 병(兵)으로 천하를 낚으려 하니 이 치세가 얼마나 가리"라고 외치며, 당시 만연한 상업자본주의 퇴폐풍조와 철권통치에 대한 불만을 토로하는 듯하다.
당시 몽골인의 고려인에 대한 시각이 안현의 아내를 빼앗은 이아치의 목소리를 통하여 다음과 같이 소개된다.

"항상 큰 나라에 꼬리치며 보호를 애걸한다. 그러니 개새끼지 ……

타락한 늑대란 말야. 늑대란 항상 고독하게 자유를 누린다. 고삐에 매이느니 차라리 싸우다 죽지. 하지만 늑대도 타락하면 개가 돼. 바로 너희 놈들처럼 …… 그러니 너희 고려놈들은 분수를 알아야 해. 개새끼 주제에 예쁜 여자를 데리고 산다거나, 호의호식한다는 게 말이나 돼!"

고려인에 대한 굴욕적인 평가는 이세화가 안현 아내에게 이아치를 받아들이라는 설득을 하는 과정에서 또 나타난다. 즉 이세화가 안현의 아내에게 이아치를 평가하는 과정에서 "제법 의리도 있어서 겉으로는 점잔 떨지만 인간미라고는 눈곱만큼도 없는 고려인들하곤 달라요"에서 나타난다.

그러나 안현이 아내를 찾아 먹을 것 없고 추운 황야를 헤매면서 그는 "몽골군이 왜 싸움을 잘하는지 알 수 있었다. 몽골군은 강하다. 이 황야의 몰인정과 비정과 무책임으로 강한 것이다."라는 설명을 통하여 몽골인의 매정한 면을 비추고 있다.

4. 부부 간의 사랑과 회한

작품에서는 고려시대 부부 간의 사랑과 좌절 끝의 회한이 작품의 주조를 이루는 것으로 보인다. 사랑과 인간애로 맺어진 부부가 몽골의 지배를 받는 환경 하에서, 이별과 재회라는 회한어린 운명을 통하여, 결별의 아픔을 노출할 수밖에 없는 스토리가 독자들의 가슴을 아리게 한다.

1) 부부 간의 사랑

주인공 안현은 벼슬길도 나가지 못하고 여타의 출세 기회를 잡지도 못하여 빈한한 처지가 되자, 뒤를 돌봐 주던 친척도 등을 돌려

끼니도 막막한 상황에 직면한다. 그 무렵 원나라 공녀 차출 위험을 느낀 전직 관리 박씨 노인이 서둘러 안현을 사위로 맞이하게 되자, 안현은 처가살이를 하게 되었다. 그의 아내는 시어머니를 가까운 곳에 모시고 남편과 함께 극진히 받들었다. 안현은 장가를 든 뒤부터 술을 끊고 다시 공부를 시작한다. 그는 그의 아내에게 다음과 같은 소회를 밝힌다. 작품에서 당시 그의 마음 상태가 사실적으로 그려지고 있다.

"나는 이제 친구들의 출세에 마음을 끓이지 않기로 했소. 시를 짓는 것이 부귀영화를 누리려고 하는 것은 아니라오. 나는 시와 살이(生)가 온전히 하나가 되는 길을 찾아보겠소. 성현의 가르침을 익히며 시 공부를 하다보면 내 마음에도 반드시 아름다운 어떤 것이 꽃필 것이요. 아직 그것이 무엇인지 모르지만 반드시 그런 경지가 있을 것이오. …… 세상이 나를 알아주는 순간도 어느 무렵엔가는 올 것이고 설혹 현생에 오지 않으면 내가 죽은 뒤에라도 올 것이오. 그 순간이 언제 오든 이제는 상관하지 않겠소. 당신같이 어진 여인을 배필로 맞았으니 나는 아무 것도 두렵지 않소."

작품에서는 안현의 아내가 보인 반응에 대하여 "아직 세상의 신산함을 모르는 아내는 완전히 믿고 의지하는 눈빛으로 고개를 끄덕이는 것이었다. 부부 사이의 애정은 날이 갈수록 깊어갔고 잠시도 떨어져서는 살 수 없게 되었다."라고 소개되고 있어 부부 간의 깊은 애정과 신뢰관계가 굳건한 것으로 설명하고 있다.

그러나 환경이 바뀌고 안현의 가세가 기울어 생계를 위해 아내를 대청도로 데리고 갈 수밖에 없게 되자, 그는 아내에 대한 미안함을 표하며 자신의 부족한 처지와 인간됨을 비관하여 자조어린 푸념을 털어 놓는다. 아내를 향한 그의 착잡한 심경을 안타까워하는 장면이 다음과 같이 그려진다.

> "나어린 아내를 절해고도로 데려간다. 개경에서 고생도 모르고 자란 열아홉 살의 아내를, 제 고집대로 살아 버린 내 안에 아내의 희생에 값할 만한 무엇이 있었던가. 나는 도대체 무엇을 위해 이렇게 살아 버린 것일까. 나는 소무(蘇武)처럼 지조를 지켜 한 시대에 개결한 이름을 드날리려는 사람이 아니다. 그렇다고 동방삭처럼 세상을 풍자하면서 한 생을 즐겁게 마칠 수 있는 도인도 못 되리라. 그런 주제에 원나라에 빌붙어 권세를 구하는 일은 도저히 성품에 맞지 않다고 잘난 척을 하고 있다."

또한 안현은 아내에게 '시세가 나를 용납하지 않아'라는 실망감을 토로하자, 아내는 '서방님은 훌륭한 분이라고 친정아버님도 늘 말씀하였어요.' 하면서 위로한다. 작품에서 그의 부부애에 대한 믿음을 다음과 같이 나타내고 있다.

> "덕의 존중과 부부애의 찬미, 아리따운 아가씨가 군자의 덕을 즐거워하여 화합하는 부부애가 세상 모든 사람들의 평화를 만들 수 있다는 절박한 믿음 …… 사랑을 즐기지만 음란하지 않는 부부의 유별함이 있어 부모와 자식의 친밀함이 있고, 친밀함이 있어 임금과 신하의 의로움이 있어 세상이 바로 서게 된다는 그 말에 감격하지 않았던 때가 있었던가. 그러나 ……"

안현은 그의 아내를 대청도로 유배 온 황자에게 빼앗기고 자신은 심한 부상을 입게 되었다. 그러나 그는 몸을 추스른 후 아내를 찾기 위해 북쪽의 이아치의 행방을 찾아 길을 떠난다. 허기와 추위 속에서 만난을 겪으며, 다음과 같이 지난날을 회고하는 가운데 아내에 대한 사랑과 집념을 불태운다.

"어린 시절 배움이며 희망들은 겨울 벌판에 희뜩희뜩 남아 있는 찬 서리 같았고 젊은 날의 포부와 갈등과 고통 들은 이제 자기도 모를 공허한 꿈과 같았다. 다만 어디에선지 애타게 자기를 부르고 있을 것 같은 아내의 목소리만은 변함없이 가슴을 저미고 손발을 오그라들게 하는 것이었다."

2) 부부 간의 회한어린 결별

안현은 아내를 찾아 몽골의 황야를 방황하며 주문을 외는 무당처럼 가끔 「시경」의 시들을 읊조리기도 했다. 황야에 태양이 저무는 순간을 보고 있으면 안현의 가슴속에선 하나의 시대가 저물어가는 느낌이었다. 이제는 아내를 찾아야겠다는 생각도 떠오르자 않았다. 자신에 대한 혼미한 상태를 작품에서는 다음과 같이 표현하고 있다.

"과거는 모래 위를 가로질러 온 바퀴 자국처럼 찬바람에 이지러지고 있었다. 아침나절 온 하늘을 수놓으며 반짝이다 사라지는 은빛 안개처럼 자신도 그런 기체와 같은 존재라는 생각이 들었다. 햇빛이 비치면 사라진다. 군대도, 재물도, 성곽도, 부귀영화도 모두 사라져 간다. 그리하여 언제까지나 이 슬프고 망망한, 하늘 끝까지 뻗어 간 황야만이 남는 것이다. 차라리 이대로가 좋다. 내내 이렇게 슬프고 가난한 유목민으로 살고 싶다. 이곳에서 누구도 일생을 마치고 싶다. …… 안현은 어느덧 그러한 생각을 하게 되었다."

안현은 자기의 출신도, 배경도, 아내도 잊은 채 그저 하인으로서 지내던 어느 날, 주인의 말고삐를 잡고 그 지역의 친왕이 거행하는 말젖의 채유 축제에 가서 우연히 한 영주의 부인으로 참석한 그의 아내를 발견하였다. 당시 그의 아내의 모습이 작품에서는 다음과 같이 묘사되고 있다.

> "한 눈에 봐도 몽골 여자가 아니었다. 그녀는 즐겁게 웃으며 옆에 선 남자아이를 쓰다듬고 있었다. 소매 끝에 담비털을 댄 몽골의 전통 의상 위에 목련꽃을 자수한 중국 비단 조끼를 덧입고 서 있는 부인은 더할 수 없이 편안하고 행복해 보였다. 부인이 이를 드러내며 웃는 순간 안현의 머릿속은 백지장처럼 하얗게 지워졌다. 심장으로부터 쿵쾅거리며 쏟아진 물결이 가슴에 세차게 굽이치며 이 생각 저 생각을 싣고 흘렀다. 안현은 자기도 모르게 한 걸음 한 걸음 그녀를 향해 걸어갔다."

안현의 아내는 웬 때에 절은 얼굴을 하고, 검고 곳곳에 동상 자국이 생긴 늙은 종놈이 자신을 뚫어져라 쳐다보고 서 있는 모습에 화가 나서, 말채찍으로 때려 줄 생각으로 그를 향하던 중 갑자기 몸을 떨었다. 그녀는 돌처럼 얼어붙어 언제까지고 그를 바라만 보고 있었다고 작품에서는 소개한다. 이튿날 아내의 현재 남편인 영주 지다이 노욘이 안현을 찾아 그에게 "아내의 친척이 종살이한다니 그냥 있을 수 없지. 자네는 오늘부터 내 둔영의 서기 일을 하도록 하게"라는 배려를 하여 묵묵히 일을 하며 지낸다. 1년 후 영주 지다이가 영지를 몰수당한 후 병으로 세상을 떠나고 장례식이 끝난 어느 날 안현은 지출장부를 들고 그의 옛 아내 아수친 마님을 향해 다음과 같이 중얼거렸다.

> "박연폭포가 떨어지던 고모 못을 잊었습니까? 이렇게 가을 바람이 불면 젊은 부부들이 채련가(採蓮歌)를 부르며 연밥을 따지 않았습니까. 연꽃은 붉고 연잎은 넓적하고 연밥은 많고 많았지요. 나는 노를 잡

고 당신은 소쿠리를 들고 연잎 속으로 배를 저어 가지 않았습니까?"

과거의 추억을 소환하는 안현의 중얼거림에 아수친은 얼굴이 굳어지며 "대체 무슨 얘기를 하고 싶은 건가요?"라고 떨리는 목소리로 응답한다. 그러자 안현은 다음과 같이 안타까운 마음을 이어 전한다.

"저는 아직도 돌아오는 돛대에 어리던 그 달빛이 눈에 선합니다. 아내가 부르던 채련가도 전부 기억할 수 있습니다. 아내는 예뻤고 노랫소리도 곱고 빼어났지요. 요즘도 잠자리에 누우면 그 노래가 귓전에 울립니다. 그러면 연뿌리 끊기듯 애간장이 끊고 연밥알인양 눈물이 방울방울 흐릅니다."

두 사람의 침묵이 깊어진 가운데 아수친이 슬픈 얼굴로 옛 남편을 응시하며, "세월이 너무 많이 흘렀잖아요. 이제 와서 대체 뭘 원하는 거예요? 철새는 날아갔다 돌아오지만 인연은 한 번 끊어지면 다시 잇기 어렵습니다."라고 자신의 심경을 토로한다. 그러자 이에 맞서 안현은 "철새들이 남쪽으로 떠나고 있소. 여보, 우리도 고향으로 돌아갑시다. 지다이 노욘이 죽었으니 우리가 다시 맺어질 때가 온 것이오." 그러나 아수친은 '아' 하고 가녀리게 외치고 천막 한구석으로 달아났다. 안현이 포옹하려 하자 힘껏 떠밀며 그의 품을 빠져 나왔다. 그녀는 자신의 아들이 성인식을 치르면 지다이 가문은 다시 영지를 얻을 수 있어 일족 사람들이 오로지 그날을 기대하며 고생을 참고 있다고 힘주어 말한다. 이 말을 듣자 안현은 다음과 같이 발끈한다.

"일족 사람들이라니? 당신이 언제부터 이들의 일족이었단 말이오? 당신이 원해서 늙은 지다이와 산 것도 아니고, 당신을 강제로 잡아왔고 나를 지난 10년 간 죽도록 고생시킨 몽골놈들이 아니오?"

　아수친은 이에 대하여 반박하는데, 그녀의 주장에 의하면, 지다이는 남편도 보호하지 못한 자신을 지켜주고 들쥐를 잡아먹는 전 남편을 건져 준 사람이며 옛 남편이라는 사실을 눈감아준 도량이 넓은 사람이라는 것이다. 안현은 죽거나 살거나 같이 하자던 혼삿날의 약속을 상기시키지만 아수친은 고개를 돌리고 입술을 사려 물었다.

　안현은 이제 어떤 의문의 여지도 없이 자신의 인생이 헛되이 흘러갔다는 것을 인식하게 되었다. 고려에서 온 사신들은 고려 사람들이 점점 원나라의 관대한 통치를 고마워하게 되었다는 민심 동향을 전해 주었다. 결국 황야는 오직 안현 자신의 가슴속에서만 존재하고 있었던 것이며, 황야를 사이에 두고 자신과 아수친은 서로를 우두커니 바라만 보고 있는 형상이었다고 느낀다. 그러한 현상은 안현에게는 마치 영원처럼 느껴졌다고 작가는 해설을 달았다.

　해가 바뀌어 아수친이 그토록 고대하던 아들의 성인식이 치러져 지다이 가문에서는 잔치가 벌어졌다. 안현도 집안 사람들과 어울려 권하는 잔칫술을 마신 후, 혼곤한 잠에 빠져 들었다. 그는 꿈속에서 고려 땅을 찾아가 아내와 장인, 장모, 어머니와 함께 하는 시간을 보낸다. 그는 잠에서 깨어나 자신의 볼품없는 거처로 돌아가지 않고 아수친의 거처로 가서 그녀를 칼로 찔러 살해했다. 안현은 현장에서 체포되어 스스로 원하는 방식으로 황야에서 인생을 마감한다. 종국적으로 안현의 아내에 대한 사랑은 현실적인 반향 없이 허망한 꿈속에서만 머물렀던 것이다.

5. 맺는 글

이 작품은 안현이라는 가공 인물을 내세워 고려시대의 사회상을 간접적으로 들여다보고, 그 시대에 부부 간의 사랑 현장을 탐색하여 오늘의 부부애의 연원을 찾아보고자 한 것으로 해석된다. 결국 한 남자가 공들이고 추구했던 부인에 대한 사랑은 허망한 꿈에 머물렀던 것으로 마무리되고, 고려시대는 몽골제국의 지배 하에서 왜소해지며 쇠락해가는 모습으로 나타나고 있다.

이 작품의 구성상 특징을 분석하면 다음과 같다.

첫째, 작가는 안현이라는 작품 속의 인물을 마치 역사적 실존 인물인 것처럼 다루면서 독자들을 역사 속으로 끌어들인다. 물론 소설 속에서 작가는 1997년 이스탄불의 어느 도서관에서 안현에 대한 역사 자료가 발견되었다는 내용을 소개하지만 이 경우도 스토리를 실감나게 전개하기 위한 수단에 불과하다. 작품은 작가의 시점에서 구성된 현대소설이다. 즉, 소설 중간 중간에 나오는 고려시대의 정경이나 인물들의 성향은 작가의 생각만으로 구성된 것이다. 작품의 구성과 전개방식이 독자들로 하여금 작품속의 스토리가 고려시대의 실화일 수도 있다는 착각을 심어주어 독자들의 몰입도를 높인다. 마치 철저한 고증을 충실히 거친 것처럼 관련 문헌을 소개해서, 독자들로 하여금 고려시대로 들어가 사건의 정황을 판단해보려는 의지를 갖게 한다. 이러한 유혹은 작품에서 모두 일곱 개의 삽화를 옛 문헌에 주석을 달듯이 풀어 가고 있는 구성 방식을 채택하고 있다는 점에서 기인한다. 권영민 교수는 "역사 속에 한 줄의 기록으로 남아 있는 이야기의 흔적을 찾아서 시간과 공간을 뛰어넘는 치밀한 상상력으로 거기에 주석을 붙여 하나의 이야기를 만들어 가는 수법은 이 작가만이 감당할 수 있는 힘이다."고 평가한 바 있다.

둘째, 이 작품의 경과와 결말이 신파극에서 많이 보는 듯한 착각을 가지게도 한다. 역경 속에서 돈 많은 남자를 선택하는 여성의 모습을 그리는 것에 실망을 느낄 수도 있지만 오랜 기간 원나라의 식민지 치하의 고려인들의 의식을 전달한 것으로 볼 수도 있으며, 또한 몽골의 황야를 헤매면서 아내에 대한 사랑을 찾아가는 과정이 한 지식인의 천로역정과도 같은 성스러운 행적이 아닐는지 하는 긍정적이고 낭만적인 생각도 하게 한다. 물론 이어령 교수도 "이 소설은 그 소재로 본다면 일종의 로맨스에 해당한다."고 주장하면서 이 작품을 소재 내용의 전개과정만 따라 읽어서는 안 된다고 설명한다. 따라서 이 작품에서는 신파극 같은 로맨스에 집착하지 말고 오히려 하나의 이야기를 구성하는 방식 자체를 소설로 만들어 가는 작가의 특이한 기법을 주목할 필요가 있다.

<한맥문학가협회사화집 2023년(17호)>

Chapter 11

박완서의 소설 '친절한 복희씨'를 통해 본 부부의 일생

1. 시작하는 글

작가 박완서는 경기도 개풍군에서 태어나, 세살 때 아버지를 여의고 어머니에 이끌려서 서울로 이주했다. 서울에서 초등학교를 졸업한 후 숙명여자고등학교로 진학하였으며, 숙명여고 재학 중 박노갑 교사로부터 문학에 대한 영향을 받았다고 한다. 1950년 서울대학교 국문학과에 입학했으나 6.25전쟁으로 중퇴하게 되었다. 고향인 개풍군에서 어린 시절을 보내고 서울에서 학창시절을 보낸 박완서에게 6.25전쟁은 평생 그녀의 의식세계를 지배한 사건이다.

작가는 주변의 일상을 대상으로 세심한 관찰을 통한 사실적 묘사를 구사하는 작품들을 발표하였다. 즉, 박완서 작가는 평범하고 일상적인 흔한 소재에서 공감적 인간사를 발굴하여 서사적 차원으로 승화시킴으로써 다양하면서도 품격 높은 작품을 발표하였다는 평가를 받고 있다. 작가는 우리 문학사에서 박경리 이후 대문호로서 그녀가 살았던 시대의 흔적들을 충실히 찾아내왔을 뿐 아니라 진전된 삶의 가치를 추구하는 구도자의 길을 꾸준히 견지해온 것으로 평가된다.

한국 전쟁과 분단의 아픔을 다룬 데뷔작 '나목'과 '목마른 계절', '세상에서 제일 무거운 틀니', '아저씨의 훈장', '겨울 나들이', '그해 겨울은 따뜻했네' 등을 비롯하여 70년대 당시의 사회적 풍경을 그린 '도둑맞은 가난', '도시의 흉년', '휘청거리는 오후'까지 작가는 사회적 아픔과 병리현상에 주목하여 작품을 구성하였다. '살아있는 날의 시작'부터 여성문제에 관심을 가지기 시작한 작가는 행복한 결혼이란 과연 어떤 형태인가를 되돌아보게 하는 소설인 '서 있는 여자', '그대 아직도 꿈꾸고 있는가', 등 점차 독특한 시각으로 여성문제를 파악하기 시작하였다. 또한 장편 '미망', '그 많던 싱아를 누가 다 먹었을까', '그 산이 정말 거기 있었을까' 등에서는 개인사와 가족사를 치밀하게 조명하여 우리 사회를 재조명하기도 하였다.

작가는 1993년부터 국제연합아동기금 친선대사로 활동하며, 1994년부터 공연윤리위원회 위원, 1988년부터 제2건국 범국민추진위원회 위원으로 활동한 바 있다. '그 가을의 사흘 동안'으로 한국문학작가상, '엄마의 말뚝'으로 제5회 이상문학상, '미망'으로 대한민국문학과 제3회 이상문학상, '꿈꾸는 인큐베이터'로 제38회 현대문학상 등을 받았다. 2006년, 문화예술인으로서 그리고 여성으로서도 최초로 서울대학교에서 명예문학박사학위를 받았다.

소설 '친절한 복희씨'는 「창작과 비평」 2006년 봄호에 발표된 단편소설로서 당시 한 평범한 여인의 발자취를 더듬어 본 작품이다. 소설의 주인공 여성 복희씨는 버스차장이 되려고 열아홉에 상경하였으나 다른 인연으로 남의 집 식모로 들어가게 된다. 식모로 들어간 집주인 남자는 시장의 자영업자로서 알찬 가게를 운영하는 홀아비이다. 그는 전처 자식과 장모와 함께 살고 있었는데, 식모 겸 종업원으로 들어온 열아홉의 복희씨를 겁탈한다. 복희씨는 그러한 상황에 몰려 그의 후처가 된다. 전처 자식과 자신이 나은 네 명 등 다섯 명의 자식을 잘 키워 출가시키고, 수 십 년이 지나 이제는 중풍으로 반신불수가 된 남편을 돌보며 지낸다. 남편은 비록 몸은 온전하지 못할지라도 성욕은 대단하여 그것을 충족시키기 위해 동네 약국으로 비아그라를 사러 가는 등 복희씨의 심간을 흔들어댄다. 자신의 딸보다 어린 약사의 설명을 듣고 정신이 몽롱해진 복희씨는 시골집을 나올 때 훔쳐 가지고 온 아편을 품고 한강변을 헤맨다. 아편을 한평생 마지막 수단으로 품고 살아온 복희씨의 남편에 대한 마음을 그녀의 남편은 조금이라도 알고 있는지 작품을 통하여 찾아볼 궁금한 점이다. 이 작품에서 주인공 복희씨의 일생이 여자로서 행복했는지 여러 의견이 있을 수 있다.

작가는 노인 문제를 많이 다루어 노인문학을 한 장르로서 위상을 정립했다는 평가를 받기도 한다. 이 작품에서도 노인의 성 문제에 초점을 맞추어 작품을 구성한 것으로 보이나 여기에서는 세상의 많은 제약된 여건 하에서 꿋꿋하게 불만스런 남편과 함께 고도 산업화 사회를 살아간 한 여성의 삶의 발자취에 초점을 맞추고자 한다.

2. 초년 시절의 인연들

주인공 복희씨의 초년 시절은 그 시대의 많은 시골 여성들의 상경기(上京記)를 연상케 한다. 먹고 살기 힘들던 시절 많은 농어촌 여성들이 그러하듯이 복희씨는 대처로 나가 버스 차장을 목표로 일자리를 찾던 중 한동네 살던 머스마를 만나 취직을 하게 된다. 구체적으로 가게 종업원으로 들어갔지만, 실제로는 가게 뒤에 붙어 있는 안집의 부엌일을 더 많이 하는 식모살이였던 셈이다. 그런데 예상 밖으로 주인아저씨는 면접을 보고나서 월급을 책정하여 제시하였다. 당시 식모살이는 대개 서울 가서 밥이라도 실컷 얻어먹는 정도의 대우를 받았는데, 당시 월급 없이 숙식만 해결되는 조건으로 많은 소녀들이 외지로 내보내던 시절이어서, 복희씨는 월급을 받게 되어서 만족한 듯하다. 일에 보람을 느끼고 성심성의껏 일하는 동안 손등은 난도질을 해놓은 것처럼 트고 갈라졌다. 그 집에 주인의 전처 친척인 대학생이 기숙하고 있었는데, 어느 날 밥상을 들고 들어가자 대학생은 복희씨의 손등에 화장품을 발라주고, 이어 그녀의 손을 잡고 맛사지를 해주었다. 그 상황을 작품에서는 다음과 같이 기술하여 복희씨의 황홀한 감정을 전하고 있다.

"그의 손길이 닿자 내 손등이 당장 비단결처럼 부드럽고 매끄러워지는 게 느껴졌다. 그의 손길은 마치 몸을 돌보지 않고 고된 시집살이에 시달린 누이동생의 거친 손등을 어루만지는 착한 오라비처럼 극진하고 순수했다. 그의 표정 또한 내가 보아온 어떤 남자의 표정하고도 달랐다. 나는 그때 처음으로 옷이나 음식 외에 표정에도 고급스러운 것이 있다는 것을 알았다. 내 손이 가늘게 떨렸다. 사내들한테 손을 잡혀본 게 그때가 처음은 아니었다."

대학생 청년과의 접촉은 그것이 전부였지만 복희씨에게는 감격스런 순간이었으며, 그녀는 마음속 이상향으로 평생을 간직하였으며, 후일 남편이 된 주인아저씨에 대한 반감을 갖게 되는 기억이 되고 남편을 바라보는 평가기준으로 작용하였다.

작품에서는 이 한순간의 감미로운 시간이 주어지면서 그것이 복희씨의 평생 가슴에 이상향으로 자리 잡아 그의 남편을 한껏 내려다보게 한 계기로 보고 있으나 아쉽게도 대학생과의 인연은 더 이상 나오지 않는다. 많은 신파조의 소설들은 이런 경우 대학생은 여성의 열렬함을 이용하여 불장난을 저지르고 어느 순간에 뒤로 돌아서 모습을 감추는 것으로 처리하는데, 이 작품에서는 대학생의 휴머니즘을 소개하고 그 이후는 어떻게 되었는지 언급이 없다. 다만 그 시절 가난한 여성들의 일생에 한 줄기 등불 같은 존재로 작품 내내 언뜻언뜻 비춰줄 뿐이다.

대학생과의 만남이 얼마나 소중한 사건이었는지 다음과 같이 복희씨의 감정이 표출되고 있다.

> "내 얼굴은 이미 박태기꽃 빛깔이 되어 있을 거였다. 나는 내 몸에 그런 황홀한 감각이 숨어 있을 줄은 몰랐다. …… 나의 떨림을 감지한 대학생이 당황한 듯 내 손을 뿌리쳤다. …… 대학생이 나를 염려해준다는 걸 알고부터 내 몸은 날로 귀해졌다. ……그 후에도 밥상을 가지고 그의 방에 드나들었지만 좀 나아진 손등을 보고 약을 잘 바르나 보다고 안심하는 것 외엔 딴 얘기는 나누지 못했다"

그 이후 복희씨가 부엌 바닥에 앉아 대학생을 생각하며 따뜻한 물에 손을 담그고 때를 불리고 있을 때, 주인아저씨가 들어와 그녀를 순식간에 안방으로 끌고 가 강제로 욕망을 채운다. 그는 이때 복희씨가 내는 비명소리를 비웃으며 공격을 멈추지 않았다. 복희씨는 그 일을 당한 후 집에서 가져온 독약이 든 생철갑을 들여다보며 복수의 방안을 생각한다. 그 시절 얼마나 많은 상경 처녀들이 주인집 식솔들에게 능욕을 당했는지!

이렇게 복희씨의 초년시절은 대학생과 집주인으로 상징되는 달콤함과 폭력을 경험하며 지나갔다.

3. 대처에서의 정착 - 아내의 위치에 다다름

복희씨는 주인 남자에게 몇 번인가 더 안방에 끌려 들어갔고 얼마 안 있어 홀몸이 아니라는 사실도 알려졌다. 그녀는 아이를 뗄 생각으로 주인 남자에게 임신 사실을 알리자 그는 아이를 낳고 같이 살자고 제안하였다. 복희씨는 그냥 살긴 억울하여 나름의 의견을 말한다. 그녀는 식도 안 올리고 살긴 싫다고 하면서 공식적인 절차를 요구하였다. 결국은 자신의 친정인 시골에 알리고 동네사람 다 불러서 잔치를 벌여서 결혼식을 대신하였다. 버스 차장을 목표로 상경한 시골 처녀가 방산시장에서도 알부자로 알려진 가게 주인하고 비록 후처이긴 하지만 정식 결혼을 한 것을 두고 시골이나 시장통 사람들 모두 성은을 입은 궁녀처럼 대하는 것으로 보아 복희씨가 손해 본 것은 아닌 것으로 평가된다는 것이다. 복희씨는 잘난 척도 못난 척도 하지 않으며 묵묵히 길을 헤쳐 갔다. 한 집에 사는 군식구들의 역할이나 성격 등에 대하여 상세히 알고 있으면서도 잘 파악하고 있지 못한 것처럼 처신을 하는 등 얼뜨기 행세를 하며 지냈다. 예로부터 귀머거리 3년 벙어리 3년이라는 시집살이를 떠올리는 듯한 행동이다. 복희씨의 이러한 처세술로 그녀의 가게는 시장바닥에서도 몇째 안 가게 번성하였다. 남편을 조정하여 군식구들을 줄이는 등의 관리 강화로 가게의 경영합리화를 도모하였으나 아이는 생기는 대로 다 낳아서 5남매를 두게 되었다. 그 동안 내부 살림을 해오던 그의 장모를 비롯한 전처의 처가붙이들도 복희씨가 안방을 차지한 후 모두 떠났다. 바야흐로 복희씨의 천하가 되어 친정식구들도 도울 수 있는 여유도 즐겼다. 그녀는 이 고생을 하면서 엄마에게 딸이 시집 잘 갔다는 소리도 못 들게 할 수는 없다고 다짐한다. 특히 가난한 집 딸년들의 피 속에 유구하게 전해 내려오는 희생

정신으로부터 자유로울 수는 없지 않은가?

복희씨는 남편을 독려하여 돈을 잘 벌 수 있는 방법도 생각했다. 그녀의 남편은 마치 노름꾼처럼 그날그날의 재수에 연연했는데, 잠자리에서 잘해주는 게 그 비결이어서 그가 바라는 대로 첫날밤처럼 그녀가 내는 비명과 흐느낌이 그의 성에 차도록 하는 것이었다. 복희씨는 그 시절을 "나는 그 짓을 하는 동안을 견디기 위해 내가 지금 하는 짓은 말이나 소를 혹사시키기 위해 모질게 채찍질하고 있는 것으로 그리고 내가 지르고 있는 비명은 내 소리가 아니라 채찍질을 당하는 마소의 비명인 것으로" 표현한다.

복희씨는 남편을 독려하여 돈을 많이 벌도록 하는 것을 개같이 벌어서 정승처럼 쓴다는 철학을 다음과 같이 풀이하여 정당성을 찾고자 한 듯하다.

> "나는 아이들을 최고로 기르고 싶었다. 장차 내 자식이 되기를 바라는 나의 이상향은, 나의 몸이 잠시나마 풀오른 한 그루 박태기나무로 변신하는 기적과 환희를 맛보게 해준 대학생 같은 남자였다. 나는 그가 내 손등에 글리세린을 발라줄 때의 표정을 잊지 못했다. 준수하면서도 민감한 청년이 마음으로부터 우러나 남을 배려할 때의 따뜻하고 근심스러운 표정. 나는 그때만 그런 고급스럽고 섬세한 표정을 생전 처음 보는 것처럼 느낀 게 아니라 그 후 어디서도 만나보지 못했다. 인간의 얼굴이 그런 표정을 지을 수 있다는 걸 모르고 그 나이가 되었다는 게, 지지리 못 살고 무식한 집에 태어나 고작 버스 차장을 목표로 상경한 것보다 더 억울하게 여겨졌다. …… 나는 장차 내 자식들의 얼굴에서라도 그런 표정과 만나고 싶었다."

4. 아내의 역할, 어머니의 역할

복희씨는 전처 아들을 포함한 5남매를 잘 키우기 위해 부자가 되어야 한다고 생각하고, 그녀는 달리는 말에 채찍질 하듯이 욕심 많은 남편을 많이 벌어오도록 부단히 닦달질했다. 시장경제의 규모가 확대되고 경쟁이 치열해지면서 영업은 가게 수준으로 전락했지만 5남매를 대학 보내고 어려운 처가의 학비도 보태면서 살 수 있었던 것은 그가 오직 마누라밖에 모르는 우직함으로 장사에 있어서도 한우물만 팠기 때문이라는 것이다. 복희씨는 자신이 아내로서 그리고 어머니로서 역할을 잘 수행하였는지 다음과 같이 회고한다. 여전히 과거의 그 대학생의 잔영은 자신의 역할에 대한 평가의 잣대가 되고 있음을 알게 된다.

"나는 그를 모질게 착취했지만 그가 기꺼이 착취당하도록 할 만큼 했다. 내가 그이와는 상관없이 따로 하는 일도 있었다. 이 무식한 집안에서 그 대학생 같은 높은 경지의 교양인을 배출하려면 돈으로만 뒷받침해서는 부족할 것 같았다. 높은 데 도달하기 위해서는 밀고 끌어야 한다. 나 자신의 교양을 쌓는 일도 게을리 하지 않았다. …… 그러는 사이에 내가 읽고 싶은 책도 따로 생기고, 세상사나 인생을 논하는 데 있어서는 웬만한 대학 나온 사람하고 맞먹을 교양을 쌓게 되었다고, 내 수준에 자신감이 생겼다. 그러면 뭐하나. 내 자식들이 차례차례 대학에 들어가게 되었을 때 나는 그 대학생의 얼굴을 잊었다. 그래서 나는 내가 목적을 달성한 건지 못하고 만 건지도 알 수 없었다. 기대한 성취감 대신 슬픔만이 남았다."

5. 후년의 늙은 남편 수발

복희씨의 남편은 노년이 되어 중풍으로 간신히 거동하는 정도로 쇠약해졌다. 그러나 그는 원래 기운이 넘치고 장대한 남자였다. 그는 젊은 시절에 물욕, 식욕, 성욕 모두 남들보다 강했으며, 이를 바탕으로 시장에서 재산을 늘릴 수 있었다. 그는 자신의 요구를 표현하는 데 망설임이나 수치심이 없이 저돌적으로 행동하여 복희씨의 반감을 샀다. 그에 반해, 복희씨는 남편과는 전혀 다른 성격으로 남편에 의해 '벌레 한 마리도 죽이지 못하는' 성격으로 소개되고 있지만 본래 그녀는 그런 성격이 아니었고 강인한 여성이다.

영화 '친절한 금자씨'의 금자씨가 그랬듯이, '친절한 복희씨'의 복희씨 역시 알고 보면 친절한 사람은 아니고 복수심 있는 강한 성격으로 볼 수 있다. 물론 그녀가 작품 속에서 그런 성격으로 분류되는 것은 그럴만한 사정이 있다. 복희씨는 19세의 꽃 같은 나이에 이상향 대학생을 못 잊어하면서 전실 자식 하나가 딸린 홀아비와 결혼해 전처소생 아이까지 5남매를 키우면서 그렇게 된 것이다. 그녀는 5남매를 모두 결혼시켜 손자손녀까지 보아 복 많은 부인같이 보였지만, 노후에 자유는커녕 중풍 걸린 남편의 수발을 들어야 하는 처지가 되었다. 중풍 걸려 흐느적대는 몰골의 남편에게 있어서 젊은 시절의 흔적으로 여전한 것은 왕성한 성욕으로 묘사되고 있다. 그는 일을 보고 뒤처리를 해줄 때마다 쾌감을 느끼는가 하면, 약사에게 비아그라를 달라고 떼쓰는 남편이 되어, 그런 일을 감당해야 하는 복희씨는 치욕감과 아울러 복수심으로 인한 전율을 동시에 느낀다.

어느 날 약사로부터 남편의 무모한 성욕 표출에 대한 설명을 들은 복희씨는 극도의 흥분 속에 집으로 돌아와, 안방 서랍에서 생철갑을 꺼내 안에 든 까만 고약 같은 덩어리를 확인하고 그걸 주머니에 넣고 무작정 지하철을 타고 강변역에서 내린다. 작품에서는 그녀가 강변역에서 내려 한강물을 보기 전부터 물귀신이 끌어당기는 힘과 그걸 거부하려는 그녀 안의 힘을 팽팽하게 느낀다고 표현하여 자살에 대한 충동적 행동에 제어를 하는 듯하다. 그녀는 죽음의 상자를 주머니에서 꺼내 검은 강을 향해 던진다. 작품에서는 던진 후의 그녀의 모습을 다음과 같이 적고 있다.

"그 갑은 너무 작아서 허공에 어떤 선을 그었는지, 한강에 무슨 파문을 일으켰는지도 보이지 않는다. 그가 죽고 내가 죽는다 해도 이 세상엔 그만한 흔적도 남기지 못할 것이다. 그래도 나는 허공에서 치마 두른 한 여자가 한 남자의 깍짓동만 한 허리를 껴안고 일단 하늘 높이 비상해 찰나의 자유를 맛보고 나서 곧장 강물로 추락하는 환을, 인생 절정의 순간이 이러리라 싶게 터질 듯한 환희로 지켜본다."

결국 주인공 복희씨가 젊어서부터 품어온 남편에 대한 복수심을 털어버리자 곧장 환희의 세계로 진입하는 것을 의미하는 것으로 풀이된다. 5남매를 낳고 기르며 살아온 부부 간의 애증은 질긴 인연이어서 모질게 끊어낼 수 없는 것이리라.

6. 작품의 요약 및 평가

작품 제목인 '친절한 복희씨'는 다소 통속적 냄새가 나기도 하지만 독자들로 하여금 호기심을 불러일으킨다. 대중들의 관심을 모았던 영화 '친절한 금자씨'의 금자씨가 결코 친절한 여성이 아니었다는 사실을 기억하며, 작품의 주인공 '복희씨'도 친절하지 않을 것 같은 예상을 하게 된다. 예상대로 작품 속의 복희씨는 친절하기보다,

한평생을 복수심을 가지고 살아온 여인이다. 그러나 어린 시절의 이상향인 대학생에 대한 추억을 평생 마음에 둔 감성적 여인이기도 하다. 작품에서 남편은 그녀를 '벌레 한 마리 죽이지 못하는 연약한 여인'으로 전처 장모 등의 주변 사람들에게 소개하고 있어 복희씨의 성향을 단정 짓기가 어려운 듯하다. 주인공 복희씨는 중학교밖에 학교를 다니지 못할 정도로 가난한 어린 시절에 버스 차장을 목표로 상경하지만 시장터의 한 부자상인의 식모 겸 종업원으로 일을 시작하는 등 평범한 과정을 밟지만, 홀아비인 주인남자에게 수차례 능욕을 당한 후 임신이 되자, 그 남자와 결혼을 하게 되고 복수심을 품게 된다. 자식 5남매를 성공적으로 키우면서도 품어온 복수심은 결국 생철갑 속의 독극물을 한강에 날려 보냄으로써 훌훌 털어버리고 자유를 얻게 된다. 이러한 마무리는 복희씨의 일생이 실패한 것은 아니라는 점을 작품의 말미에서 흘리는 듯하다. 이 작품을 통하여 엿볼 수 있는 점을 지적하면 다음과 같다.

첫째, 원래 '여자의 일생'이란 제목 하에서 다룬 한 여인의 생애 스토리는 프랑스의 작가 모파상이 지은 장편 소설을 통하여 알려져 있다. 시공을 초월하여 많은 독자들로부터 공감을 얻은 명작이다. 그 작품은 세상 물정에 어두운 지방 귀족의 딸 잔의 기구한 일생을 사실적으로 그린, 프랑스 자연주의 문학의 대표작으로서 1883년에 발표되었다. 이후 문학, 음악 및 연극과 영화 등 다양한 분야에서 여자의 일생을 소재로 많은 작품이 발표되어 오늘날의 페미니즘이란 문예사조를 형성하는데 기초가 된 것으로 보인다. 박완서 작가가 복희씨의 일생을 통한 여성의 현실 문제를 짚어 볼 의도는 아니었을지도 모른다. 그러나 작가와 동 시대를 살아간 이웃들의 이야기일 것이라는 점은 부인할 수 없다. 결국 이 작품을 통하여 고도 산업화시대로 진입하는 시절의 여성의 위상이 잘 제시되고 있다고 평가된다.

　둘째, 여자로서 주인공 복희씨는 후년에 살림이 넉넉하여 고달픈 노후는 아닌 것이다. 그녀는 자신의 고통과 고뇌 속에서도 넉넉한 집안 살림으로 불행하지만은 않은 일생을 보낸 것이다. 자신의 이상향 남자에 대한 추억은 자식들에게도 이정표가 되었으나 그에 비유되는 남편에 대한 마음은 늘 경계하고 복수하는 것으로 가득한 것으로 보인다. 그녀의 불행은 남편을 처녀 적에 경험한 갖지 못한 이상향을 뺏어버린 자로 생각한 것에서 연유한다. 그러한 집착이 그에 대한 복수심으로 번져서 평생을 아편을 품고 살았던 것이다. 여기서 아편은 조선시대 여인들이 가슴에 품고 산 은장도와 같은 역할을 하고 있다.

　셋째, 과거의 여러 작품들에서 여자의 일생이라면 운명적, 순종, 나약함과 체념 등의 단어를 연상하게 하는 구성이 빈번하지만, 이 작품 속의 주인공 복희씨의 일생은 현실에 굴복하지 않고 자신의 인생을 발전시켜 가며, 후년에 이르러 평생 품어온 남편에 대한 복수심을 털어버리는 서사적 장면을 연출하여 여타의 작품들과는 다른 면모를 보인다는 것을 알 수 있다. 결국은 모든 상처는 집착을 철회함으로써 치유된다는 점을 시사한다. 또한 복수심을 털어 벌이지 않고는 자신의 일생이 정당성을 부여받지 못하는 것이기 때문이며, 불행한 여정으로 몰아붙이는 것이 되는 것이다.

　넷째, 복희씨의 남편은 불우한 노후일 것 같지만 젊은 시절의 수고에 비하면 아쉬운 듯한 감정을 자아낸다. 그러나 평생을 같이 한 아내에게 의존하여 자신의 욕망을 버리지 못하는 듯하다. 결국 이들 부부의 일생은 모든 사람들이 겪어야 하는 노년의 한 모습일지도 모른다. 복희씨의 남편에 대한 복수심을 털어버리면서 부부의 인연은 단단하다는 것을 보여준다.

Chapter 12

신경숙의 소설 '지금 우리 곁에 누가 있는 걸까요'에 나타난 부부 간 사랑의 결정체(結晶體)

1. 시작하는 글

　작가 신경숙은 1963년 1월 전라북도 정읍에서 태어났다. 작가는 초등학교 6학년 때가 되어 겨우 전기가 들어올 정도의 농촌에서 농부의 딸로 태어나, 중학교를 졸업한 후 열다섯 살에 서울로 올라와 구로공단 근처에서 전기부품 제조회사에 다녔다. 그녀는 서른일곱 가구가 다닥다닥 붙어사는 닭장 같은 외딴방에서 큰오빠, 작은오빠, 외사촌언니와 함께 살았다. 작가는 공장에 다니며 영등포여고 산업체 특별학급에 다니다 국어 선생님의 권유로 문학 공부를 시작하게 된다. 그녀는 공장의 컨베이어벨트 아래 '난장이가 쏘아올린 작은 공' 등의 소설을 펼쳐 놓고 그 작품의 첫 장부터 끝장까지 모두 필사하는 방식으로 문학수업에 매진하였다. 젊은 시절 구로공단에서의 삶은 그녀에게 풍부한 인생 경험이 되어 많은 작품을 탄생시키는데 밑거름이 되었다. 그녀는 서울 남산에 소재한 서울예술대학

문예창작과를 다닌 뒤 1985년 「문예중앙」에 중편소설 '겨울우화'로 신인문학상을 받으며 등단하였다.

그녀가 등단하였을 때는 그리 주목받는 작가는 아니었으며, 1988년에 창작집 「겨울우화」를 발간하였고, 방송국 음악프로그램 구성작가로 일하기도 하였다. 그 후 1993년 소설 「풍금이 있던 자리」를 출간해 주목을 받았으며, 「강물이 될 때까지」, 「오래 전 집을 떠날 때」, 장편소설 「외딴방」 등 일련의 작품들을 발표하여 작품 구성력이 탄탄한 작가로 위상을 확보해나갔다. 자신이 간직해왔던 인간사 이야기를 차근차근 그리고 조심스럽게 겨우 말해 나가는 특유의 문체로, 또한 슬프고도 아름답게 형상화하여 1990년대를 대표하는 작가로 위치를 잡았다.

특히 「엄마를 부탁해」는 33개국에 판권이 계약된 밀리언셀러로서 뉴욕타임스 베스트셀러, 아마존닷컴의 올해의 책 베스트 10(문학 부문)에 선정되었고, 각국 언론의 호평을 받은 바 있다. 이외에 「감자 먹는 사람들」, 「딸기밭」, 장편소설 「기차는 7시에 떠나네」, 「바이올렛」, 산문집 「아름다운 그늘」 등을 발간한 바 있다.

오늘의 젊은 예술가상, 한국일보문학상, 현대문학상, 동인문학상, 만해문학상, 이상문학상, 대한민국문화예술상 등을 받았고, 「외딴방」이 프랑스의 비평가와 문학기자 들이 선정하는 리나페르쉬 상(Prix de l'inapercu)을, 「엄마를 부탁해」가 한국문학 최초로 맨 아시아 문학상(Man Asian Literary Prize)을 수상했으며, 2012년 유니세프 한국위원회 친선대사로 임명되었다.

대체로 신경숙은 작품 구성에서 그녀가 살았던 고향과 가족에 대한 추억을 소중히 하였으며, 또한 그녀가 겪은 사회생활에서 받은 외상(外傷)과 한(恨)의 문제를 소설의 소재로 삼아 정제된 휴머니즘으로 분출해내고 있다. 그러다보니 이념 대신에 정서적 분위기를 다루고 사회적이고 집합적 존재 대신에 개인적 존재와 삶을 현실화하고자 노력하였다는 독자들의 소감을 듣기도 한다.

이 작품은 부부 두 주인공이 2년 전 아이를 하늘나라로 보낸 극단의 상처를 입고 항상 머리와 마음속을 어지럽히는 고통스럽고 부담스런 상태에서, 아내가 남편의 일상적 행동을 바라보며 못마땅하게 생각하는 과정을 그리고 있다. 이어서 딸아이의 기일(忌日)에 환청과 환상적 상황을 겪으며 서로 이해의 폭을 넓히고 화해하면서 새로운 생명체를 탄생시키는 부부 간의 사랑 스토리를 다루어 긍정적인 삶으로 장식하고 있다. 결과적으로 부부 간의 불편한 2년간의 슬픔어린 오해를 이겨나가는 과정에서 극적으로 서로를 확인하며 사랑의 결정체(結晶體)로서 새로운 생명체를 품어가는 과정을 형상화한 소설이다.

작품에서는 사랑하고 소중했던 어린 아이가 부모의 곁을 떠난다면 얼마나 마음이 아프고 허탈한 지를 사실적으로 보여준다. 작품을 보면 주인공은 주위가 온통 깜깜 절벽으로 둘러 쌓여 있는 것처럼, 절망감 속에서 이 세상에 살아가야 할 이유를 찾을 수 없는 것 같은 일상을 2년여 동안을 지나온 듯하다. 구체적으로 신경숙의 소설 '지금 우리 곁에 누가 있는 걸까요'는 어린 딸을 하늘나라로 보내고 난 어떤 부부에 대한 질곡과 같은 시간을 그린 처절하고 가슴 저린 시간에 대한 기록물 같은 이야기로 해석된다.

이 글에서는 작품의 내용을 분석하여, 긴 소통의 부재와 함께 치열한 내면의 갈등을 겪은 후에 새벽의 손님인 눈이 녹듯이 해소되어, 마침내 정상적으로 회귀해가는 부부 간의 사랑을 심층적으로 이해하는데 초점을 맞추고자 한다. 즉, 부부 간 사랑의 간극이 발생하는 과정과, 부부 간의 오해와 진실의 해명을 통해 불행을 극복하려는 노력 모습에 이어, 결과적으로 부부 간 사랑의 확인을 통하여 행복을 찾아가는 형상을 바라보고자 한다.

2. 부부 간 사랑의 간극 발생

작품에서 부부 간의 오해와 분노는 생후 7개월 된 아이의 잃음을 통하여 발생하고 있는 것으로 이야기를 전개한다. 딸아이에게 찾아온 건 감기가 아닌 뜻밖의 수두였다는 것을, 동병상린을 겪은 것으로 보이는 타자인 지난날의 지인에게 편지를 통하여 언급함으로써 자신에게 닥쳐왔던 불행을 하소연하기 시작한다. 당시 아이를 잃었다는 것은 주인공인 아내에게는 모든 것을 잃은 것 같았다. 작품에서는 그 고백의 심정을 다음과 같이 그리고 있다.

> "너무 비관적인 생각일지도 모르지만 어떤 인생이든 간에 그 무엇으로도 메꿀 수 없는 모래떨이 존재하고 있다고 생각해 왔습니다. 제게도 분명 그 모래떨이 존재하고 있고 저 모래떨 안으로는 누구도 들어온 적이 없다고 말이지요. 이렇게 저 자신이 아닌 타자에게 저 자신을 표현해 보려고 애쓰고 있는 것도 처음 있는 일입니다."

작품의 전개 형식이 비슷한 불행을 겪은 수신인을 정하여 그에게 주인공 자신의 심경을 고백하는 것으로 되어 있어서, 주인공 자신의 불행을 독자들로 하여금 공감하도록 하여 궁극적으로 일반화하고자 하는 시도로 보인다. 즉 수신인이 갑자기 남편을 사별한 어느 여인에 대한 이야기를 쓴 적이 있다는 점을 기억시키며, 자신은 그 대목을 읽으면서 눈시울이 시큰해졌다고 밝히면서 2년 전에 태어난 지 7개월 된 딸아이가 수두 하나를 이겨내지 못하고 깊은 밤중에 세상을 뜬 아픈 과거를 털어놓는다. 마치 동일한 불행을 겪은 동지를 찾아내어 동병상린의 감정을 풀어내듯이 소설을 시작하고 있다.

작품에서는 이유야 여하튼 주인공은 태어난 지 7개월 밖에 안 되는 자식 하나 제대로 지켜내지 못한 어미라는 점을 되씹으며 시간이 지날수록 자책감에 사로잡히며 특히 눈 오는 날이면 최고조에 도달했다고 토로하고 있다. 이러한 과정에서 주인공의 남편은 슬픈 감정이나 무력감을 보이지 않고 자신의 일을 주저함 없이 풀어나가는 모습을 보였으며, 반면에 주인공 아내는 자신은 슬픔으로 온 시간과 행위가 포박된 분위기임을 절감하는데 남편은 그렇지 않은 것 같아 서운함과 함께 거리감을 느낀다.

3. 부부 간의 오해와 진실 - 불행을 극복하려는 노력

주인공 남편은 딸아이를 잃고 나서 아내의 면전에서 아이에 대한 이야기는 일절 꺼내지를 않았다. 내면은 어떠할지라도 남편은 아무 일 없었다는 듯이 자기 할 일을 묵묵히 해나갔다. 두 달에 한 번씩 혼자 살고 있는 아버님을 찾아뵙기도 하고 큰 형님 댁에서 지내는 제사에도 참석했고, 부부동반의 초등학교 동창회에도 혼자서라도 꼬박꼬박 나갔다. 주인공은 남편이 집을 비우게 되면 산으로 갔다고 털어놓기도 하였다. 그녀는 산에 가면 억눌렸던 마음이 편안해진다고 산행 이유를 설명한다. 차츰 남편이 집에 있는 일요일에도 등산모임을 따라 산으로 돌아다녔다고 토로한다.

그러나 긴장감이 팽팽한 분위기에서 주인공은 남편을 향한 치밀어 오르는 분노와 허탈감을 다음과 같이 털어놓고 있다.

"이해하실는지 모르겠습니다만 저는 딸아이를 잃고도 아무 일 없었다는 듯이 회사에 충실하고 친구들과 만나 술을 마시고 가족 모임에도 변함없이 얼굴을 내미는 남편이 견딜 수 없어졌어요. 일요일에 적막한 거실에 앉아 텔레비전을 보고 있는 남편의 옆모습을 부엌에서 바라보고 있노라면 마음속에서 뭔지 모를 분노 같은 게 솟아올랐어요. 아침마다 어김없이 거울 앞에서 전기면도기 소리를 내며 면도를 하고 있는 남편이 한없이 멀리 느껴졌지요."

남편에 대한 진한 섭섭함으로 인하여 부부 간의 사랑은 냉랭해지고 일상생활의 방식도 남남으로 치달았으며, 그 간격은 점점 복구가 어려운 지경으로 흘러갔음을 다음과 같이 고백하고 있다.

"…… 그런 마음이 쌓이다 보니 자연 잠자리를 함께하는 일도 싫어졌고, 몇 번 실랑이를 벌인 후론 남편 또한 제 몸에 손을 대는 일이 없어졌으며, 어느 날부턴가 서로 각방을 쓰게 되었습니다. 점점 그와 나 사이에 대화는 사라졌어요. 거의 말없이 지냈지요. 모든 일을 변함없이 덤덤히 이어나가고 있는 남편에게 제 마음의 공황 상태를 드러내지 않으려다 보니 점점 더 그렇게 되었지요. 처음부터 차라리 네 탓이거나 내 탓이라고 하면서 할 말 못할 말 다 내뱉고 한바탕 울기라도 했더라면 그토록 냉랭한 사이로 변하진 않았을 거예요."

결국은 위에서 보여주듯이 주인공인 아기 엄마는 태연히 일상을 살아가는 것처럼 보이는 남편의 모습이 너무 무정하게 느껴지다 못해 분노를 느끼며 전율하는 듯하다. 하나밖에 없는 어린 딸아이가 저세상으로 가버리고 말았는데도, 아무 일도 없었다는 듯이 살아가는 남편에게 정을 느끼지 못해 부부 간의 대면이나 대화도 멀리하며 지냈다. 가장 소중했던 아기가 사라진 시간과 집안의 공기에서 아무렇지 않게 예전처럼 지내는 남편의 모습에 엄청난 거리감과 배신감마저 생겨 남남으로 지낸 것이다.

그렇다고 부부 사이가 특별히 나쁜 것도 아니었다고 한다. 남편은 출장지에서 스카프나 소라 껍데기 또는 손목시계 같은 걸 아내 선물로 사와서 식탁에 얹어놓곤 하였다고 한다.

남편은 거의 일에 파묻혀 지냈다. 그는 딸아이를 잃은 1년 후에 승진도 했고 대우가 좋은 인터넷 관련의 벤처회사로 자리를 옮기기도 하는 등 정상적인 일상을 이끌고 있는 듯했다. 이러한 과정에서 아내는 아무 일도 없었다는 듯이 미래를 설계하는 남편이 남처럼 보일 수밖에 없었을 것이다.

그러다 보니 아내는 겉으로 돌면서 많은 시간을 산악회를 따라 산행을 나섰고, 그렇지 않은 날에도 새벽에 일어나면 남편이 먹고 출근할 수 있게 간단히 아침을 식탁 위에 차려놓고 자신은 배낭에 유자차나 귤 몇 개를 넣어 매고 산으로 가곤 했다는 것이다. 그녀는 겨울에도 산봉우리에 도착하면 맨 먼저 흰 눈 위에 딸아이의 이름을 새겨놓았다고 하며, 아이를 잊지 않았다고 덧붙여 쓰기도 하였다. 눈 덮인 봉우리에 바위에 아이의 이름을 새기는 동안 겨울산과 아주 친해졌다고 담담히 표현하고 있다.

작품에서는 산행을 딸아이에 대한 죄의식을 표현하는 고난의 행군으로 치부하는 의도가 나타나기도 하지만 결국 산행을 통하여 마음의 치유를 얻는 듯하다.

> "저는 자연의 최고 지점에서 저를 느끼고 싶은 게 아니라 거기까지 가는 도중에 추락이나 부상을 원했습니다. 돌이킬 수 없게 치명적인 상태를 원했어요. 하지만 이상한 일이었습니다. 산에만 가면 입 안의 따뜻한 혀처럼 온몸이 죄다 따뜻해지곤 했습니다. 거짓말 같게도 저는 산에서 꽁꽁 얼어붙은 산에서 미끄러지는 법조차 한 번 없었어요."

4. 부부 간 사랑의 확인

그러나 아이의 기일에 각각 환청과 환상을 겪으며 서로의 존재를 확인하고 대화를 나누게 된다. 눈 오는 겨울밤에 누군가 현관문을 두드리는 것 같은 착각 속에서 남편은 현관으로 나가본다. 이어 거실과 현관에서 일어난 인기척에 잠을 깬 아내가 나와 부부 간의 소통이 이루어지는 광경이 연출된다.[14] 새벽녘의 허우적거림과 같은 상황을 겪으며 마침내 부부는 그 간의 가슴 아팠던 기억과 응어리를 풀면서 마음이 담긴 대화를 한다. 아내의 남편을 향한 긍정적이고 동지애적인 모습이 다음과 같이 그려진다.

"부엌창으로 들어온 눈빛에 비친 남편의 얼굴을 바로 보았습니다. 연신 산에 …… 라고 대답하던 남편은 울고 있었어요. 딸아이를 잃고도 어디 하나 흐트러지지 않던 남편, 오히려 모든 일상을 더 단정히 잘 꾸려나가던 남편이 단추가 두 개나 풀린 구겨진 잠옷을 입고 입을 비틀며 울고 있었어요. 혼자서 죽은 딸아이를 산에 묻은 남자가, 아무렇지도 않은 듯 승진 시험을 보고 헤드헌터를 통해 연봉이 더 많은 곳으로 회사를 옮기던 남자가 종내엔 제 품에 와락 얼굴을 묻고 소리 내어 울었어요. 제 잠옷 앞자락이 흠씬 젖도록요. 눈보라는 그쳐 있었고 마당에 수북이 쌓인 눈에서 태어난 흰빛은 거실을 지나 부엌까지 들어와 남

---

14) 작품에서 소통의 첫 장면을 다음과 같이 표현하고 있다. "십여 분이나 지났을까요. 나를 부르는 남편의 목소리가 들렸습니다. 여보, 여보. 너무나 오랜만에 들어보는 소리라 정말 저를 부르는 소리인가 싶었지요. …… 제가 나가지 않자 좀처럼 그런 일이 없던 남편이 제가 자고 있는 방문 앞으로 걸어와 노크를 했어요." 이어서 그날 밤 상황은 계속된다. 아내가 방문을 열자 남편은 현관문을 두드리는 소리를 못 들었는지를 물었으며, 아내는 고개를 저었고, 남편은 '이상한 일이군. …… 분명히 문 두드리는 소리였는데'라고 중얼거렸으며, 아내는 '잘못 들었겠지요. 이 시간에 누가?'라고 답하면서 부부는 그날이 딸아이의 기일임을 확인한다.

편을 하얗게 비추었습니다. 이 눈물을 다 감추느라고 제가 산에 다니는 동안 이 남자는 그리 반듯하게 살았던 게지요. 제사를 지내고 다름없는 표정으로 친구들을 만나고. 그칠 줄 모르는 남편의 눈물을 바라보며 그 모든 일을 자연스럽게 수행하기가 저처럼 아예 안 하기보다 훨씬 힘들었겠구나 깨달았습니다."

사실 남편은 어린 딸아이를 혼자 가서 묻었다. 어디에 묻었는지, 어떻게 장례를 치루었는지 아내에게는 아무 말도 하지 않았다. 아내에게 딸아이는 자신이 혼자 가서 묻을 테니 따라오라고 하지도 않았다. 왜 그랬던 것일까?

남편은 아내의 아픔을 조금이라도 덜어주고 자신이 모든 아픔을 짊어지려고 했던 것이다. 슬픈 마음을 보여주면 아내가 더 딸에 대한 생각을 할까 봐 일부러 자신의 마음조차 보여주지 않았고, 아무 일도 없었던 것처럼 일상생활을 해나간 것도 바로 그런 이유 때문이었다.

작품에서는 아이를 잃은 부부의 절망만을 다룬 것이 아니다. 눈 오는 새벽의 화해 속에서 이루어진 부부 간의 사랑행위는 새로운 희망의 결정체를 탄생시킨 것이다. 작품에서는 아내가 속이 메스꺼워서 병원을 다녀오면서 방문객이 왔었다는 표현을 통하여 아이를 잉태했다는 상황의 반전을 예고하고 있다.

"제가 오늘 병원에 간 연유는 며칠 전부터 구토가 나고 속이 메스꺼워서였습니다. 눈보라를 뚫고 제게 왔던 방문객이 구월이면 태어난다고 합니다. 병원 담장을 에워싸고 있는 개나리에 움이 트고 있는 걸 보았습니다. 하늘은 눈을 뿌리고 있는데 아랑곳없이 나무는 움을 틔우고 있더군요. 한 개 한 개의 움은 곧 터질 듯이 부풀어 있었어요. 병원에 오기 전엔 세상의 나무들이 이렇게 서로 아귀다툼하듯 봄을 기다리고 있는 줄은 몰랐습니다. 산 위의 눈도 녹았을까요. 간혹 덧붙이곤 했던 너를 잊지 않았다는 문장도 풀이 되었을까요. 병원을 나와서 삼월의 때늦은 눈이 흩뿌리는 도시의 가로수 밑을 이리저리 걸어 다녔습니다. 어쩌면 이번 겨울의 마지막 눈일지도 모르지요."

5. 맺는 글

이 작품에서는 부부 간 사랑의 결정체로서 아이의 역할이 강조되고 있는 듯하다. 즉 부부 간의 불행으로서 딸아이를 잃었다는 슬픈 사실을 작품의 중심으로 하고, 이를 다시 새로운 생명의 얻음을 통하여 극복해가는 과정을 그리고 있다. 아이를 잃고 오해와 분노로 남남 같이 느껴지지만 결국 아이를 향한 사랑과 애절한 마음은 부부 간의 간격을 좁혀가는 매개체가 되고 있음을 보여준다. 또한 부부 간의 소통과 이해하려는 노력이 끊임없이 이어져야 하며, 이를 위한 계기 마련이 당사자 간에 준비될 필요가 있을 것으로 판단된다.

이 작품에서는 독특한 소설 전개방식을 보여준다. 작가가 비슷한 슬픔을 겪은 지인에게 보내는 편지 형식을 통하여 사건의 전말을 알리고, 또한 상호간의 불행을 공감하는 과정을 지나며, 소설 속으로 독자를 끌어들여 작품의 의도를 일반화하는 효과를 불러일으킨다.

이 작품에서는 다음과 같은 질문을 던지는 듯하다. 우리 곁에는 지금 누가 있는 것일까? 사랑하는 사람이 나와 영원히 함께 할 수 있다면 얼마나 좋을까? 하지만 현실은 아무리 소중한 존재라고 할지라도 언젠가는 작별을 할 수밖에 없을 것이다. 그 아픔은 너무나 크지만, 우리가 어쩌지 못하는 한계일 수밖에는 없다. 우리의 삶은 아픔과 기쁨, 만남과 헤어짐, 행복과 불행 등 그러한 모든 것이 모여 있는 집합일 수밖에 없으니 그저 받아들이고 내려놓고 살아가야 하는 것이 어쩌면 운명인지도 모른다. 그러나 종국적으로 슬픔은 치유될 수 있다는 것을 시사하며 사랑하는 사람들 간에는 늘 공감 의지와 새로운 희망을 향한 움직임이 중요하다는 것을 넌지시 알리는 듯하다.

<서정문학 2023년 여름호>

PART 3

부모와 자식 간의 사랑

Chapter 13 하근찬의 소설 '수난이대'에 나타난 부자 간의 사랑 모습
Chapter 14 한무숙의 소설 '생인손'에 나타난 모녀의 운명
Chapter 15 박완서의 장편소설 '나목'에 나타난 6.25 전쟁 중의 사회상과 모녀의 애증
Chapter 16 신경숙의 장편소설 '엄마를 부탁해'에 나타난 모정(母情)의 세월
Chapter 17 신경숙의 장편소설 '아버지에게 갔었어'에 나타난 아버지의 일생
Chapter 18 신경숙의 소설 '감자 먹는 사람들'에 나타난 딸의 아버지에 대한 상념(想念)
Chapter 19 이승우의 단편소설 '나는 아주 오래 살 것이다'에 나타난 가정폭력의 후과(後果)
Chapter 20 최일남의 소설을 통해 본 1970년대 가족 구성원과 가정부의 관계

Chapter 13

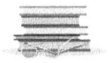

하근찬의 소설 '수난이대'에 나타난 부자 간의 사랑 모습

1. 시작하는 글

　작가 하근찬은 1931년 10월 21일 경북 영천에서 출생하여, 전주 사범학교와 동아대학교 토목과를 중퇴한 후 수년간 교사 생활과 잡지사 기자 생활을 하였다. 하근찬은 1955년 신태양사가 주최한 전국 학생 문예 작품 모집에 단편소설 '혈육'이 당선되었고, 1956년 교육주보사가 주최한 교육소설 현상 모집에 '메뚜기'가 당선되었다. 이어 1957년 한국일보 신춘문예에 '수난이대'가 당선되어 등단하였고, 이후로 '낙뢰'(1957), '나룻배 이야기'(1959), '왕릉과 주둔군'(1963), '일본도'(1977), '흰종이 수염'(1977), 장편 '야호'(1971), '월례소전'(1978), '제복의 상처'(1981), '산에 들에'(1984), '여제자'(1987), '은장도 이야기'(1986) '검은 자화상'(1995) '내 마음의 풍금'(1999) 등을 발표했다. 작가는 제7회 한국문학상, 제2회 조연현문학상, 제1회 요산문학상, 유주현문학상 등을 수상하였다.

하근찬은 6.25 전쟁으로 인해 황폐해진 소시민의 내면 세계에 주목하던 당시 다른 작가들과는 달리 인정과 향토성이 짙은 농촌을 배경으로 농민들이 겪는 민족적 수난을 사실적으로 묘사하였다. 그리고 역사적 현실 속에 드러난 사회의 모순에 대하여 적극적이고 진지한 고발의 자세를 보였다. 1957년 한국일보 신춘문예에 당선된 단편소설 '수난이대'는 일제하의 대동아 전쟁과 6.25 전쟁을 통해 나타난 민족적 수난을 다룬 단편소설이다. 특히 일제 강점기에 징용으로 강제 동원되어 팔을 잃은 아버지 박만도가 6.25 전쟁 때 부상하여 다리를 잃은 아들을 업고 외나무다리를 건너는 장면은 절망과 슬픔을 넘어 수난을 극복해가는 힘없는 민초들의 모습을 엿볼 수 있는 서사라고 할 수 있다. 일제 강점기와 6.25 전쟁, 아버지와 아들, 팔과 다리, 개울과 외나무다리의 대비와 기차역, 용머릿재 등의 상징적 장소를 선정한 '수난이대'는 하근찬의 등단 작품이지만 고등학교 교과서에 실릴 만큼 우수한 작품으로 인정받고 있다. 수난의 역사는 인간의 대를 이어 계속적으로 평가되고 있기 때문에 '수난 이대'는 이후 계속 태어나는 새로운 세대의 독자들에게 먼저 세대의 역사를 담담히 들려주는 소설로서 가치가 있다.

이 글에서는 하근찬의 '수난이대'에 나타난 6.25 전쟁 후 농촌사회에서 겪고 있는 민초들의 수난 사례를 주인공 부자의 수난을 통하여 살펴보고 이를 어떻게 이겨내고 있는지를 살펴보기로 한다.

2. 작품의 개요

'수난이대'는 제목에서 나타나듯이 2대에 걸쳐 수난을 당하는 아버지와 아들의 불행을 다루고 있는 작품이다. 아버지인 박만도는 일제하에서 징용으로 끌려가 팔 하나를 잃었으며, 아들인 진수는

6.25 전쟁에 참전하여 다리 하나를 잃었다. 작품은 박만도가 3대 독자인 아들 진수가 군대에서 돌아온다는 소식을 듣고서 매우 흥분된 마음으로 들떠, 그의 아들을 맞이하기 위해 일찍감치 기차역으로 향하는 장면으로 시작된다. 귀가 소식에 진수가 병원에서 나온다는 말이 약간 걸리기는 했으나, 설마 아들이 자기처럼 불구가 되지는 않았을 것으로 속으로 생각한다. 박만도가 징용으로 끌려가 그 불행한 사건을 겪은 것은 벌써 지금부터 12-13년 전의 일이었는데, 그는 아들을 기다리는 동안 잠시 기차역에서 회상에 젖는다.

일제하에서 강제 징용을 당한 만도는 어딘지도 모른 채 고향을 떠나 남양의 어떤 섬으로 끌려왔다. 그곳에서 그는 비행장 닦는 일에 동원되었다. 비행장이 완성되고 한숨 돌리는가 했더니 이번엔 산허리에 굴 파는 일이 주어졌다. 그러던 어느 날, 다이너마이트를 장치하고 불을 당기고 나서려는 순간 연합군의 공습이 시작되었다. 그는 당황한 나머지 엉겁결에 다시 굴로 들어가 엎드리고 말았다. 그 순간 다이너마이트의 폭음과 함께 의식을 잃고 말았다. 그가 깨어났을 때 그의 팔뚝이 떨어져 나간 것을 알게 되었다.

기차역에서 만도가 징용으로 팔을 하나 잃은 것을 생각하고 있던 중, 멀리서 기차소리가 들려와 그는 벌떡 일어섰다. 이어 기차가 플랫폼에 도착하고 사람들이 내리기 시작하였다. 그러나 아들의 모습은 좀처럼 보이지 않는다. 만도는 안달이 나서 사방을 두리번거렸다. 그때 뒤에서 "아부지!"하는 소리가 들렸다. 뒤를 돌아본 순간 만도는 너무나 놀라운 장면에 입이 딱 벌어지고 눈이 무섭도록 크게 떠졌다. 예전 모습이 아닌 아들이 서 있는 것이다. 한쪽 다리가 없이 양쪽에 지팡이를 끼고 있었던 것이다.

만도는 눈앞이 캄캄해졌다. 그런 답답한 만남 후 두 부자는 실성한 모양으로 앞서거니 뒤서거니 하며 집으로 향한다. 진수는 아버지에게 이런 모양으로 어떻게 살 수 있겠느냐고 하소연하자, 만도는 아비인 자신의 모습을 거론하며 남 보기에 모양이 좋지 않지만 왜 못 살겠느냐고 위로하며 천천히 말했다.

집으로 돌아오는 길에는 외나무다리가 하나 있었다. 다리가 하나 없는 진수는 도저히 그 다리를 건널 수 없을 것으로 생각되었다. 머뭇거리는 아들을 잠시 바라보고 섰던 만도는 대뜸 등을 돌리며 자신에게 업히라고 했다. 진수는 잠시 난처한 표정을 지었으나 아버지 손에서 고등어를 받아들고서 결국에는 아버지 등에 업히고 말았다.

팔 한쪽 없는 아버지와 다리 하나가 없는 아들이 조심스럽게 외나무다리를 건너고 있었다. 부자 간 2대에 걸친 수난을 이겨내려는 모습을 눈앞에 우뚝 솟은 용머리재가 가만히 내려다보고 있었다.

3. 수난의 모습과 극복의지

1) 수난의 시작과 그 모습

6.25 전쟁 후에 우리 민족에게 닥친 폐허와 분단의 현실은 개인과 국가 모두에게 절망감을 안겨주었다. 개인은 생계 문제와 같은 실존문제에 고통을 겪으며 전쟁 후유증으로 희망 없는 삶을 살아가는 시절이었다. 작품에서 보듯이 전쟁의 상흔을 입은 일부는 전쟁으로 손을 잃거나 다리를 잃었다. 그들은 상이군인이라는 처절한 현실에 절망하며, 한손으로 소변을 보거나 한 다리로 외나무다리도 건너야 하고 농사도 지어 자식들을 기르고 교육시켜야 하는 험난한 행로를 걸어야 했다.

당초부터 징병제 하의 6.25 전쟁 후 당시의 군대는 생환이 위험한 곳으로 인식되고 있는 듯하다. 작품에서는 제대를 하고 귀향하는 아들 진수를 맞이하는 박만도의 신바람이 다음과 같이 소개되고 있음을 통해서 짐작이 된다.

> "진수가 돌아온다. 진수가 살아서 돌아온다. 아무개는 전사했다는 통지가 왔고, 아무개는 죽었는지 살았는지 통 소식이 없는데, 우리 진수는 살아서 오늘 돌아오는 것이다. 생각할수록 어깻바람이 날 일이다."

그러나 작품에서는 들뜬 마음으로 아들 진수를 맞이하러 기차 정거장으로 향하는 박만도의 모습은 처절한 분위기로 그려지고 있다. 자신이 겪고 있는 불행이 자식에게는 닥쳐오지 않았기를 간절히 바라는 마음으로 아들을 맞이하러 가는 심적 상태를 은연 중 드러내고 있는 것으로 보인다.

> "만도는 오른쪽 팔만을 앞뒤로 흔들고 있었다. 왼쪽 팔은 조끼 주머니에 아무렇게나 쑤셔 넣고 있는 것이다. 삼대독자가 죽다니 말이 되나. 살아서 돌아와야 일이 옳고 말고. 그런데 병원에서 나온다 하니 어디를 좀 다치기는 다친 모양이지만, 설마 나같이 이렇게사 되지 않았겠지. 만도는 왼쪽 조끼주머니에 꽂힌 소맷자락을 내려다보았다. 그 소맷자락 속에는 아무것도 들은 것이 없었다. 그저 소맷자락만이 어깨 밑으로 덜렁 처져 있는 것이다."

작품에서는 만도가 겪은 불행을 소개한다. 일제하에서 징용에 끌려 나가 강제노동을 하며 팔을 잃어버리게 된 과정이 과거 회상 장면 방식으로 그려지고 있다. 기차를 기다리며 어디로 가는지조차 알지 못한 채 징용에 끌려 나가는 사람들이 모여 있고, 만도의 마누라는 변소 모퉁이 벚나무 밑에 서서 수건으로 코를 눌러대고 있었다. 만도가 노역장인 섬에 도착하니 기다리고 있는 것은 숨막히는 더위와 강제 노동과, 그리고 잠자리만큼씩이나 한 모기떼, 그런 것뿐이었다. 작가는 노역의 구체적 내역을 다음과 같이 설명하고 있다.

"섬에다가 비행장을 닦는 것이었다. 모기에게 물려 혹이 된 자리를 벅벅 긁으며, 비오듯 쏟아지는 땀을 무릅쓰고 아침부터 해가 떨어질 때까지 산을 허물어내고, 흙을 나르고 하기란 고향에서 농사일에 뼈가 굳어진 몸에도 이만저만한 고역이 아니었다. 물도 입에 맞지 않았고, 음식도 이내 변하곤 해서, 도저히 견디어낼 것 같지가 않았다. 게다가 병까지 돌았다. 일을 하다가도 벌떡 자빠지기가 예사였다."

이어서 작품에서는 징용에 끌려 나간 그 현장에서 만도가 팔뚝을 잃게 된 사건을 다음과 같이 소개하고 있다.

"산이 무너지는 듯한 소리와 함께 사나운 바람이 귓전을 후려갈기는 것이었다. 만도는 정신이 아찔했다. 공습이었던 것이다. 산등성이를 넘어 달려온 비행기가 머리 위로 아슬아슬하게 지나가는 것이었다. …… 만도는 그만 넋을 잃고 굴 안으로 도로 달려 들어갔다. 달려 들어가서 길바닥에 아무렇게나 딱 엎드리고 말았다. 그 순간 굴 안이 미어지는 듯하면서 다이너마이트가 터졌다. 만도가 어렴풋이 눈을 떠보니, 바로 거기 눈앞에 누구의 것인지 모를 팔뚝이 아무렇게나 떨어져 있었다. …… 만도는 그것이 자기의 어깨에 붙어 있던 것인 줄을 알자, 그만 정신을 잃어버렸다. ……"

자신의 지난 과거의 일제 징용으로 겪었던 불행을 떠올리며 아들은 그런 큰 사고 없이 무사히 기차에서 내려올 것으로 기대했던 만도는 아들을 보자, 다시금 혼절지경에 빠진다. 그 광경이 작품에서는 다음과 같이 그려지고 있다.

"'아부지!' 부르는 소리가 들렸다. 만도는 깜짝 놀라며 얼른 뒤를 돌아보았다. 그 순간 만도의 두 눈은 무섭도록 크게 뜨이고, 입은 딱 벌어졌다. 틀림없는 아들이었으나, 옛날과 같은 진수가 아니었다. 양쪽 겨드랑이에 지팡이를 끼고 서 있는데, 스쳐가는 바람결에 한쪽 바지랑이가 펄럭거리는 것이 아닌가. 만도는 눈앞이 노오래지는 것을 어쩌지 못했다. 한참동안 그저 멍멍하기만 하다가, 코허리가 찡해지면서 두 눈에 뜨거운 것이 핑 도는 것이었다. …… 진수의 눈에서도 어느 결에 눈물이 지르르 흘러내리고 있었다."

만도는 집으로 향하던 중 잠시 주막에 들러 술을 한 잔 들이킨 후 나와서 걸으며, 진수에게 어쩌다가 다리를 잃었는지를 묻는다. 진수는 "전쟁하다가 이래 안댔심니꼬. 수류탄 쪼가리에 맞았심더. …… 얼른 낫지 않고 막 썩어 들어가기 때문에 군의관이 짤라버립디더. …… 이래 가지고 나 우째 살까 싶습니더."라고 절망적인 하소연을 한다. 그러자, 만도는 아들에게 "우째 살긴 뭘 우째 살아. 목숨만 붙어 있으면 다 사는기다. …… 나 봐라, 팔뚝이 하나 없어도 잘만 안 사나. 남 봄에 좀 덜 좋아서 그렇지, 살기사 와 못 살아."라고 위로한다.

그러나 만도는 아들과 걸으면서 회한을 느낀다. 그의 눈에 비친 진수의 불행한 모습이 다음과 같이 그려지고 있다. 6.25 전쟁 후 부자가 겪는 수난 2대의 모습이다.

"지팡이에 몸을 의지하고 걷는 진수가 성한 사람의, 게다가 부지런히 걷는 걸음을 당해낼 수는 도저히 없었다. 한 걸음 두 걸음씩 뒤지기 시작한 것이 그만 작은 소리로 불러서는 들리지 않을 만큼 떨어져버리고 말았다. 진수는 목구멍으로 왈칵 넘어오려는 뜨거운 기운을 참느라고 어금니를 야물게 깨물어보기도 했다. 그리고 두 개의 지팡이와 한 개의 다리를 열심히 움직여댔다. …… 진수는 오다가 나무 밑에 서서 오줌을 누고 있었다. 지팡이는 땅바닥에 던져놓고, 한쪽 손으로는 볼일을 보고, 한쪽 손으로는 나무둥치를 안고 있는 꼬락서니가 을씨년스럽기 이를 데 없다."

2) 수난의 극복 의지

만도와 진수는 절망감 속에서 집으로 향하였지만 그들 나름대로 수난을 받아들이고 극복해가는 방법을 모색하는 모습을 보여주고 있다. 위로와 격려를 통하여 그들은 역할분담으로 현실을 헤쳐 나가는 방안을 모색한다. 작품에서는 먼저 부자간에 걸으면서 나누는 대화를 통하여 수난의 모습을 보여주고 이어 점차 긍정적 마음가짐으로 이어진다. 다음에서 그런 진전된 변화를 읽을 수 있을 것이다.

"주막을 나선 그들 부자는 논두렁길로 접어들었다. 아까와 같이 만도가 앞장을 서는 것이 아니라, 이번에는 진수를 앞세웠다. 지팡이를 짚고 기우뚱기우뚱 앞서가는 아들의 뒷모습을 바라보며, 팔뚝이 하나밖에 없는 아버지가 느릿느릿 따라가는 것이다. 손에 매달린 고등어가 자꾸 달랑달랑 춤을 춘다."

그러나 걸으면서 진수는 "아부지 같이 팔이 하나 없는 편이 낫겠어요. 다리가 없어놓니 첫째 걸어 댕기기에 불편해서 똑 죽겠심더."고 말하자, 만도는 "안 그렇다. 걸어 댕기기만 하면 뭐하노. 손을 지대로 놀려야 일이 뜻대로 되지. …… 그러니까 집에 앉아서 할 일은 니가 하고, 나댕기메 할 일은 내가 하고, 그러면 안 되겠나."라고 역할분담을 통한 수난 극복의 방법을 말한다. 수난 극복의 사례가 작품에 또 소개된다. 즉 만도는 오줌이 마려워지자 길가에 아무렇게

나 쭈그리고 앉아서 고등어 묶음을 입에 물려고 하자, 진수가 "아부지 그 고등어 이리 주이소"한다. 팔이 하나밖에 없는 몸으로 물건을 손에 든 채 소변을 볼 수는 없는 것이다. 아버지가 볼 일을 마칠 때까지 진수는 저만큼 떨어져 서서, 지팡이를 한쪽 손으로 모아 쥐고 다른 손으로는 고등어를 들고 있었다. 볼일을 다 본 만도는 얼른 가서 아들의 손에서 고등어를 다시 받아 들었다.

작품에서는 부자 간의 역할분담을 통한 수난 대처의 모습을 말미에서 상징적으로 보여준다. 즉, 그들이 외나무다리가 놓여 있는 개천 둑에 이르렀을 때 무사히 건너는 방안을 생각하게 된다. 진수는 슬그머니 걱정이 되어 불안해졌다. 그는 개천 밑바닥이 모래흙이어서 지팡이를 짚고 건너기가 쉽지 않을 것 같고, 더구나 외나무다리 위로는 도저히 건너갈 재주가 없음을 생각하며, 둑에 앉아 바지가랑이를 걷어서 올리기 시작했다. 만도는 잠시 아들의 행동을 내려다보다가 자신에게 업히라고 하며 고등어 묶음을 진수 앞으로 내민다.

진수는 지팡이와 고등어를 각각 한 손에 쥐고 아버지의 등어리로 가서 슬그머니 업혔다. 만도는 팔뚝을 뒤로 돌려서 아들의 하나뿐인 다리를 꼭 안았다. 그리고 "팔로 내 목을 감아야 될 끼다."하는 것이었다. 진수는 무척 황송한 듯 한쪽 눈을 찍 감으면서 고등어와 지팡이를 든 두 팔로 아버지의 굵은 목줄기를 부둥켜안았다. 만도는 아랫배에 힘을 주며 끙! 하고 일어났다. 아랫도리가 약간 후들거렸으나 걸어서 건널 만은 하였다.

외나무다리 위로 조심조심 발을 내디디며 만도는 속으로 '인제 새파랗게 젊은 놈이 벌써 이게 무슨 꼴이고. 세상을 잘못 타고 나서 진수 니 신세도 참 똥이다 똥.'이런 소리를 주워 섬겼고, 아버지의 등에 업힌 진수는 곧장 미안스러운 얼굴을 하며 '나꺼정 이렇게 되다니 아부지도 참 복도 더럽게 없지, 차라리 내가 죽어버렸더라면 나았을 낀데 ……'하고 중얼거렸다. 만도는 아직 술기가 약간 있었으나, 용케 몸을 가누며, 아들을 업고, 외나무다리를 무사히 건너가는 것이었다.

만도는 진수가 세상을 잘못 타고나서 똥 같은 신세가 되었다고 한탄하고, 진수는 차라리 자신이 죽는 것이 아버지에게는 복이었을 것이라고 한숨짓지만 그들은 살아남은 자들이다. 그들은 역할분담을 통하여 외나무다리를 건너가는 자들이다. 역할분담의 모습은 아버지와 아들이 힘을 합쳐 외나무다리를 건너가는 장면으로 나타난다. 즉 한 손의 아비, 한 다리의 아들로 구체화된다. 작가는 불구가 된 아비와 아들을 통해 우리 현대사의 비극을 드러내는 것에 머물지 않고 극복과 희망의 주체 역시 그들임을 보여주고 있다. 이 소설이 한 시대의 수난과 비애를 넘어서는 비장한 극복 의지를 보여준다는 것을 입증하는 장면이라 할 만하다.

4. 맺는 글

작품 '수난이대'에서는 두 차례 전쟁을 겪은 후 농민들의 수난을 아버지와 아들이라는 가족의 세대 구조를 도입하여 작품화하고 있다. 작가는 해방과 6.25 전쟁 이후 이념과 실존 문제가 거대 담론으로 무겁게 짓누르던 시절에 민족적 차원이 아닌 개인의 일상을 찬찬히 성실하게 다루고 있어서 독자들로 하여금 역사 해석의 부담이 느껴지지 않도록 배려하고 있는 듯하다. 즉 작가 하근찬은 그의 여러 작품에서 아버지와 아들을 통해 우리 현대사의 굴곡과 민족 수난사를 감정이입 없이 그냥 보여주는 방식으로 작품화 하고 있다. 예를 들면, 단편 '흰 종이수염'에서 일제하에서 징용으로 끌려갔던 아버지가 한쪽 팔을 잃고 돌아와 종이로 수염을 만들어 붙이고 극장 광고판이 되자, 아들은 그 모습이 부끄럽기도 하고, 또한 친구들이 아버지를 놀려대자 친구와 싸움을 한다는 등 부자의 현실적 모습을 노출하여 민족적 수난을 보여준다. 특히 하근찬의 작품에 등장하는 아버지들은 자신과 아들에게 닥친 어려움을 해결할 힘이 미약한 인물들로 그려지고 있다는 점도 지적된다.

한편 작품의 형식적 체계를 들여다 볼 필요가 있다. 제목으로 정해진 '수난이대'는 대를 이어 수난을 당한 아버지와 아들을 다루어 긴 역사를 호흡하는 거대한 서사로서 대하소설을 떠올리게 한다. 그러나 대작을 연상시키지만 막상 원고량은 100매도 안 되는 짧은 단편작이다. 작품해설에 의하면, 작가는 응모 요건이 6,70매 정도이어서 거기에 맞추어 작품을 구성하였다고 설명하면서 작품을 쓰게 된 경위를 다음과 같이 밝히고 있다. 즉, "2대에 걸친 수난이니 곧 '수난이대' …… 이렇게 제목부터 먼저 왔고, 아들이 6.25에 당하고, 아버지는 대동아 전쟁에 당하고 ……그렇다면 이건 능히 장편 소설감이다. 2년에 걸친 전쟁피해담 …… 이 거창한 놈을 어떻게 6,70매라는 조그만 궤짝 속으로 집어넣을 것인지, 문제는 거기에 있었다. 신춘문예의 단편매수는 60매에서 80매 내외였다."

작품해설에 의하면, 작가가 이 작품을 쓰게 된 동기로서 "6.25 전쟁 후 열차여행을 하는 도중 정거장의 잡상인들 가운데 팔, 다리를 잃은 상이군인들이 물건을 강매하는 광경을 보며 전쟁의 상처를 실감하게 되었다"는 점을 들고 있다. 흔히 문학은 세상을 들여다 볼 수 있는 창(窓)이라고 하는데, 우리는 '수난이대'라는 소설을 통하여 1950년대의 생활상을 엿볼 수 있다고 할 것이다. 즉, 작가는 동시대를 살아가는 사람들과 호흡을 같이 하기 때문에 그 시대의 이야기를 쓰게 된다는 것을 의미한다. 또한 작품에 아동이 많이 등장하는

데 이는 작가의 교사경력에서 비롯된 것으로 보인다. 작품을 통하여 당시 전후 아동들의 의식세계를 엿볼 수 있는 부차적 수확도 있다.

　결론적으로 작가는 두 차례의 전쟁과 2대에 걸친 비극을 외나무다리 위에 선 부자라는 오직 하나의 장면으로 농축시켜 감동적으로 형상화함으로써, 독자들로 하여금 전쟁이나 역사가 우리 민족에게 남겨준 처절한 아픔과 불행을 짐작할 수 있도록 하고 있다. 즉 아슬아슬한 외나무다리 위에서 아들을 업은 아버지의 모습을 2대의 수난으로 집약시킨 것이다. 동시에 부자가 각각 팔과 다리의 약점을 보완하여 외나무다리를 함께 건너가는 방법을 설정한 것은 수난을 해결하는 방식을 상징한다고 할 수 있을 것이다. 그리고 작품 말미에 부자가 힘을 합쳐 외나무다리를 건너가는 모습을 "눈앞에 우뚝 솟은 용머리재가 이 광경을 가만히 내려다보고 있었다."라는 사족처럼 문장을 추가하여, 작가는 수난 2대의 불행한 상황을 국가나 권력을 향한 하소연이 아닌 개인의 일상적 상황으로 담담히 처리하고자 하는 심중을 드러내는 듯하다.

<서정문학 2022년 가을호>

Chapter 14

한무숙의 소설 '생인손'에 나타난 모녀의 운명

1. 시작하는 글

　작가 한무숙은 1918년 서울 안국동에서 출생하였으며, 호는 향정(香庭)이다. 출생 후 3개월 만에 부산으로 이사하여 봉래보통학교를 거쳐 1937년 부산고등여학교를 졸업하였다. 어려서부터 예술감각이 뛰어나 화가가 되기를 목표로 하여 일본인 아라이(荒井筏久代)에게 사사(師事)한 바도 있으며, 특히 1937년 18세 때 결핵으로 요양을 하면서 동아일보에 연재되던 김말봉의 장편소설 '밀림'의 삽화를 그린 경력도 가지고 있다. 1940년 전통적 양반가문의 김진흥과 결혼한 후에는 집안의 며느리 위치에서 그림 그리는 일이 용이하지 않자 문학에 전념하게 되었다.
　1942년 「신시대」의 장편소설 공모에 '등불 드는 여인'이 당선되어 문단에 데뷔하였으나, 본격적인 작품 활동은 1948년 부산 지역의 〈국제신보〉 장편소설 공모에 '역사는 흐른다'가 당선되어 이루어졌다. 이 작품은 구한말 동학군에게 학살된 군수 집안의 세 자녀(2남 1녀)가 격변의 시대를 살아가는 모습을 그린 수작으로서 그녀의 초기 소설을 대표한다. 이후 1956년 인간을 심층적으로 추구한 '월훈(月暈)'과, 1957년 '감정이 있는 심연' 등의 작품을 발표한 바 있다. 그 뒤에는 한국의 전통적 여인상에 대한 깊은 관심을 담은 1963년 '유수암(流水庵)'과 1981년 '생인손' 및 1982년 '송곳' 등이 후기 작품으로 이어지고 있다. 작가의 수상 현황을 보면, 소설 '감정이 있는 심연'으로 1957년 자유문학상을 받았으며, 이어 1973년 신사임당상, 1989년 3·1문화상, 1991년 예술원상 등을 받은 바 있다. 한국여류문학인회 회장(1980~1982), 한국소설가협회 대표위원(1980~1983)과 예술원회원을 역임하였다.

작가 한무숙의 소설은 서울의 전통적 노비의 어법부터 중인층 언어, 사대부층 예법까지 충실하게 표현하고 있다는 점에서 오늘날 접하기 쉽지 않은, 균형을 갖춘 작품으로 평가받는다.[15] 또한 국문학자 김일근은 한무숙 소설이 서울 반가의 언어 전범으로 귀중한 자료적 가치를 가지고 있다는 주장을 피력한 바 있다(이호철·김진홍, 1993). 작가는 작품 속 주인공들이 겪는 고통과 갈등에 대해 자조적이거나 냉소적으로 바라보기 보다는 그것을 이해하고 감싸는 따뜻한 시각으로 바라보는 것도 그의 중요한 특색이며, 정확한 언어의 구사 및 풍속의 재현, 그리고 주인공의 내면의식을 깊이 있게 드러내는 일에도 특별한 성과를 거둔 것으로 평가받고 있다(이상억, 2001).

---

15) 구정순(1995)은 작가의 전기 연구를 통해 한무숙이 전통 양반 가문의 태생임을 강조하며 그의 작품에 드러난 주제의식에 있어서 전통성을 강조하고 있다. 즉, 한무숙은 우리 민족의 우수성에 대한 자부심과 더불어 전통적인 풍습과 풍속에 대한 향수를 소설 속에 구현함으로써 그녀의 소설에서는 주로 전통의 바른 계승이 인간성 옹호라는 커다란 명제를 중심으로 표현되고 있다고 주장한 바 있다.

작품 '생인손'은 신분변동이 급속하게 이루어지던 개화기를 거치면서 지배계층의 몰락과 하층계급의 상승이 동시 다발적으로 나타난 격동기의 역사적 사건에 바탕을 두고 스토리를 전개 하고 있다. 작가는 전에 없이 급진적으로 이루어지던 이러한 시대적 변화를 작품화 하면서 가부장제도의 음지 하에서 숨어있듯이 살아야 했던 여종의 한 많은 보조적 인생살이를 그리고 있다.

이 글에서는 한무숙의 문체와 작품 구성의 특징이 잘 드러나는 소설 '생인손'을 대상으로 분석하여 구한말 노비로 태어나 해방 및 6.25 등의 격동기를 거치면서 기구한 운명을 살아간 한 여인의 고해성사를 통하여 인간으로서 모녀에게 닥친 불가항력적 운명을 되새겨본다.

2. 작품 개요 및 문제 제기

작품 '생인손'은 1981년 「소설문학」에 발표되었으며, 1985년 MBC에 의하여 120분 2부작으로 극화되기도 하였다. 작가 한무숙의 활동 최종기의 작품인 '생인손'에는 양반댁 여종이 지난 과거사를 회상하는 형식으로 시작되어, 전체 작품을 통하여서도 흘러간 인생역정과 죄를 술회하는 화법으로 서술되고 있어, 작품 속에는 노비 어법이 보다 풍부하게 구현되고 있다.

작품의 줄거리는 주인공인 표마리아 할머니의 고해성사 과정을 통해 드러난다. 표마리아 할머니는 처음부터 사직골 정참판댁의 노비로 태어났으나, 그녀는 성장 후 상전으로 모시던 자기 또래의 정참판댁 딸이 박대감댁으로 출가하자 교전비로 따라간다. 그녀는 자신의 상전인 아씨가 딸을 낳자, 두 달 차이의 비슷한 시기에 역시 딸아이를 낳는다. 그녀는 상전인 아씨의 젖이 부실하여 아기의 유모가 되었으며, 시댁 상전의 엄명으로 자신의 딸 간난이를 멀리하고 상전의 아기만을 돌보아야만 할 상황이 된다. 그러던 어느 날 집안의 상전들이 출타하여 부재중일 때, 간난이의 울음소리를 따라 행랑채로 나간 그녀는 자신의 딸이 생인손을 앓고 있다는 사실을 알게 된다.

그녀는 어린 모정이 끓어오르자 순간적으로 상전의 아기와 간난이를 바꿔치기 하고 죄책감 속에서 기르게 된다. 이후 세상이 변하여 개화하게 되고, 상전의 딸처럼 기른 자신의 친딸은 시집을 가고, 상전의 딸인 간난이는 권학대(勸學隊)를 따라 집을 나간 후 서양으로 유학을 떠난다. 세월이 흘러 일제하에서 해방이 되고 이어 6.25 전쟁이 나는 등 급격한 사회적 변동을 거치면서 오랫동안 흩어져 살던 사람들이 우연히 다시 만나게 된다. 유학을 떠났던 상전의 딸인 간난이는 대학교수가 되어 있었으며, 생인손을 앓았던 그녀의 친딸은 좋은 집안으로 시집을 갔으나 몰락하여 홀로 남의 집 가정부로 더부살이를 하는 광경을 목도하게 된다. 이러한 운명적으로 기구한 사실들을 한 몫에 펼쳐 놓은 작가의 묘사는 다소 잔인한 느낌을 준다.

작품의 말미에 97세의 표마리아 할머니는 신부에게 고해하며 한숨을 짓는 장면이 나오는데, 이는 죄책감의 발로인 동시에 모녀의 기구한 운명을 거역할 수 없음을 토로하는 것으로 볼 수 있다. 또한 작품에서 표마리아 할머니의 친딸이 앓았던 생인손은 특정 개인에게만 닥쳤던 일시적인 병의 의미를 넘어서 그것은 구한말 이후 근대사의 격변기를 지나 현대에 이르기까지 많은 사람들이 겪은 각자의 아픈 상처 중의 하나라고 할 수 있을 것이다. 그녀의 어머니 대를 이어 여종이면서 유모였던 표마리아 할머니 모녀는 온갖 천대를 받으며 살아 왔고, 또한 자신의 딸들을 행랑채에 버려두고 오로지 상전의 딸들에게만 젖을 물려야 했던 인간적으로 쓰라린 아픔을 겪어야 했다. 물론 당시의 그들의 상전들에게도 나름대로의 가부장제도 하에서 인간적 소외를 겪으며 가슴앓이를 삭여야 하는 아픔들이 있었다. 특히 가깝게는 표마리아 할머니의 상전인 아씨에게는 시집살이의 고단함이 있었다.

이 작품은 여성의 자아실현적 측면보다는 운명적인 세계관으로 복귀를 전면에 내세우고 있다는 점이 특이하며, 또한 단편소설로서 구한말로부터 해방, 6.25를 거쳐 현대에 이르는 개인사, 풍속사 및 시대상의 변화를 압축적으로 담고 있다는 점에 특징이 있다(소설 100인 100선, 2006 참조).

이 글에서는 격변기를 살아온 노비 모녀의 기구한 운명을 관찰하여 근세 가족제도와 신분제도의 변화를 살펴본다.

3. 격변기 노비 모녀의 운명

1) 운명적 사건의 발생

조선시대 노비의 인권은 전반적으로 무시되어 양반집에 하나의 재산으로서 예속되었다. 그들의 운명은 오직 주인의 처분에 맡겨져 있었다. 작품에서 언년이는 상전으로 모시던 작은 아씨가 시집을 가자 교전비로 따라가 새로운 주인을 만나게 되며, 잠시 작은 아씨의 친정에 머무르다가 평소 오라버니의 정을 느끼던 장끼에 의해 임신을 하여 배가 불러오자, 여종인 오묵이년이 "아유 너나 나나 천한 종년신세. 양반님댁 요조숙녀와는 다르잖니. 종년 담 안의 서방이 열, 담밖의 서방이 열 하잖아."라고 비아냥거리는데서 여종의 처지가 나타난다. 언년이는 열 달을 채워 딸을 낳고, 모시던 작은 아씨는 두 달 뒤 딸을 낳았으나 유구가 성치 않아 언년이가 양대에 걸쳐 상전댁의 유모가 되었다. 이로 인하여 언년이의 딸(간난)은 행랑채에 방치되어 비인간적 환경 하에서 자라게 된다.

작은 아씨의 시어머니인 대방마님은 어쩌다 애기를 들여다보시곤 "이년 너 네 딸년 몰래 젖 먹이구 웃국만 애기에게 주는 거 아니냐! 그러지 않구서야 아이가 왜 이 모양이야. 발칙한 년 같으니"라고 억울한 역정을 들은 후부터는 아예 행랑채에는 얼씬도 못하게 되었다. 간난이는 행랑채에 갇히다시피 지내며 앙상하게 말라갔다. 어린 간난이가 어쩌다 방에서 기어 나와도 에미를 보지 못하게 대청마루에 병풍을 쳐 모녀간에 얼굴도 서로 보지 못하게 하였다.

그러던 어느 날 김장철에 마님과 대감마님 등 상전들이 출타하여 부재중이고, 대부분 아랫 사람들 뿐이라 집안이 자유스러운 날이었다. 아랫 사람들도 김장으로 바쁘게 움직이는 중에도 한 구석에는 조용한 분위기가 연출되는 틈을 타 간난이의 울음소리가 자꾸만 들려오자, 언년이는 주위를 살핀 후 한달음으로 행랑으로 나가 똥오줌 속에 있는 간난이를 끌어안았다. 아이가 불에 덴 것처럼 울어 살펴보니 손가락 손톱 밑에 가시가 박혀 탈이나 생인손이 된 것이다. 간난이를 안고 정신없이 나와 안채의 애기방을 데려가 씻기고 새로 입힌 후, 작은 아씨의 애기와 함께 놓아두니 어떤 쪽이 상전댁 애긴지 어떤 쪽이 종년 딸인지 비슷비슷하였다. 당시 절박한 언년이의 어지러운 마음이 그의 다음과 같은 고해에서 드러난다.

"그러다가 간난이는 또 보채기 시작했습죠. 생인손이 자꾸 아리는 모양이었사와요. 날이 저물기 시작했습죠. 쇤네는 차마 앓아 보채는 간난이를 제방에 갖다 놓을 수가 없었사와요. 컴컴한 방에 혼자 갇혀 똥오줌 속을 헤매다 토방에 깐 더러운 기적가시에 찔린 애처로운 작은 손꾸락-머릿속이 타구 가슴이 끓구 있었습죠."

어지러운 상념 속에서 언년이는 인륜을 저버리는 행동을 무의식적으로 벌이게 되는데, 작품에서는 그 운명적인 장면을 언년이의 고해 형식을 통해 다음과 같이 묘사하고 있다.

"…… 쇤네는 잠깐 망설이다 애기 옷을 벗기구 빨려구 밀어두었던 때묻은 옷을 입혔습죠. 바둑판으로 종종 땋아드린 머리를 풀구 마구 헝클게 했사와요. 놋화루에 손을 넣어 재를 한호큼 덜어내어 손을 부볐습죠. 그리구 애기 얼굴 머리 옷에 버무렸지오니까. 제 정신이 아닌 대루 애기를 안구 행랑방에 갖다 놓구 문고리를 걸었습죠. 찔린 듯 애기가 우는 것을 귀를 막고 안채로 뛰어들어갔지오니까. 가슴이 두방맹이 치는 것을 간신히 진정하구 부엌에 나갔습죠. …… 애기방에서는 간난이가 생인손이 아려 울고 있었던 것입지요. 천장이 내려왔다 올라갔다 하구 벽이 바싹 다가왔다 물러갔다 했사와요. 어쩌지 어쩌지 어쩌지 외마디 밖에 모르는 등신처럼 속으로 백번 뇌이구 했습죠. …… 작은 아씨애기 용허헙시오. 용허헙시오, 간난이 생인손 날 때까지만 용서헙시오."

망설임과 죄책감속에 열흘이 지나며 간난이 생인손도 곪아터져 아물었다. 이제는 아이들을 다시 바꿔놔야 하는데 그럴 틈새가 나지를 않는 중에 언년이는 슬며시 욕심을 내기 시작한다. 하루하루 때를 벗어가서 이제는 귀하게 조차 보이는 간난이가 정말 상전댁 애기같이 보이기 시작했다. 간난이를 원래 위치로 되돌려 놓지 않고 그냥 눌러 앉게 하면서 극도의 심적 갈등이 다음과 같이 표마리아 할머니의 고해에서 나타나고 있다.

"…… 그건 천륜을 어기는 일이야. 벼락맞아. 벼락 맞구말구. 천 갈래 만 갈래 생각으로 몇 밤 몇 날을 지샌 후 알아낸 것은 간난이의 손톱 밑에 박혔던 가시는 빠졌어두 쇤네들 종년 가슴에 박힌 왕가시는 빠지지 않았다는 한이엿사와요. …… 간난이의 손톱 상처는 남아 천륜을 어긴 끔찍한 죄에 대한 무서운 벌처럼 근본을 벗겨 보이려는 하늘의 뜻처럼 흉한 모양으로 남게 되었지오니까."

2) 또 다른 운명의 갈림길, 개화와 교육 기회

동학란과 청일전쟁 후 조선에도 개혁과 함께 신문물과 신문화가 물밀 듯이 유입되었다. 한양에는 일인과 양인들이 활보하며 조용하던 조선사회에 변화를 가져왔다. 서양 문화의 유입 중 교육기관으로서 학교의 설립과 함께 대대적인 학교 입학의 권장이 강력하게 이루어졌다. 당시는 엄격한 유교적 전통으로 인하여 양반댁 여성들의 학교 입학은 생각하기 어려운 일이어서 권학대(勸學隊)가 조직되어 활동하기도 하였다. 당시의 권학대의 등장 상황을 작품 속에서는 다음과 같이 그리고 있다.

"…… 규중 처자들은 붙들어다 핵교(학교)라는 데 끌어가는데 핵교에 가는 날이면 야금야금 진이 빠져 살아서 손각씨 귀신이 된다구들 했습죠. 그래서 건학대(권학대)라는 사람들이 가가호호 찾아다니며 처녀들 공부시키자고 아무리 애를 써도 뼈대 있는 댁에서는 막무가내루 따님들을 내놓지 않았습죠. 공책도 거저 준다. 연필도 거저 준다. 신발도 거저 준다. 가르치는 것은 물론 거저다 해도 막무가내입죠."

당시 고종은 교육입국조서를 발표하여 학교의 설립과 교육의 중요성을 강조하였다. 그러나 양반집 자제의 소극적 반응, 특히 여성들의 완강한 거부감으로 인하여 효과를 거두지 못했다. 특히 상공학교에 이르러서는 한 과정당 5, 6명에 그치는 등 매우 저조한 실적이어서 고종의 내각에 대한 질책이 이어지기도 하였다. 그러다보니 양반자녀들 대신 노비들이 대신 교육생으로 징집되는 일이 대부분이었다. 이런 상황 하에서 건학대가 언년이 상전이 사는 교동에도 나타나자, 이제는 어엿한 언년이 상전 작은 아씨가 된 간난이는 허겁지겁 다락으로 올라가고 사군자 그림이 붙은 다락문 앞에 마님이 장죽을 물고 점잖게 앉아 보호를 해주었다. 이런 일이 몇 번 있은 뒤 작은 아씨는 혼처를 서둘러 구하여 이듬해 섭저리의 신씨댁으로 출가시켰다. 행랑채에서 노비 신분으로 자란 상전 애기 간난이는 자신의 의사로 건학대를 따라 집을 나가 학교를 가고, 나중에는 서양 사람을 따라 서양으로 유학을 가서 돌아오지를 않았다. 이렇게 하여 세 모녀 중 두 사람은 여전히 전통의 굴레를 벗어나지 못한 반면에 상전의 애기는 운명의 늪에서 헤어나 전통 신분사회로부터 탈출에 성공하며 미지의 세계에 도전한다.

3) 세 모녀의 운명적 해후

개화의 바람과 여러 사건으로 상전들의 환경이 열악해지자, 언년이는 혈혈단신의 의탁할 곳 없는 몸이 되었다. 첫 서방인 장끼도 행방을 알 길이 없이 여러 소문만 돌 뿐이었다. 종살이 하던 사람 중에는 자리 잡아 잘된 사람도 많았고, 고학을 하여 대학 교수가 된 사람도 있다고 언년이는 듣고 있었다. 언년이의 두 집안 상전들도 희비가 엇갈린 삶을 살고 있었다. 언년이가 교전비로 따라온 상전 아씨의 시집 서방님은 세상 돌아가는 것을 모르고 상투만 고집하다 새 세상에서는 무식장이가 되었고, 일찌감치 개화한 친정인 사직골 댁 서방님은 외국에 나가 공부도 하여 사업도 크게 하여 늘 언년이를 도와주었는데, 그 댁이 이사하는 바람에 소식이 끊어지게 되었다. 그 후 언년이는 6.25 난리가 끝난 지 몇 해가 되어 일흔의 거지 할멈으로 떠돌다 부자로 사는 사직골 댁 서방님을 우연하게 다시 만나 그 집에서 잘 살고 있었다. 표마리아 할머니(언년이)는 그녀가 키운 50세의 두 여성(딸)에 대한 소식을 듣고, 해후한다. 먼저 상전의 딸이면서 노비 신분으로 언년이의 딸로 성장한 간난이는 유학을 하고 귀국하여 대학교 학장을 하며 정 참판댁에 있던 언년이를 찾고 있었다. 언년이는 "천벌을 받을 년이 그로부텀 이 호강을 하고 있지요. 허나 그렇다고 업보가 끝난 것"은 아니었다고 상전으로 모셨던 그녀의 친딸과의 해후를 담담히 고해하고 있다. 즉, 사직골댁 서방님(회장님)댁의 가정부로 일하는 50세 전후의 아낙의 모습을 보고 안목 있고 범절이 높다는 생각을 하며 그녀의 음식상 위에 걸쳐진 손을 보게 되었다. 마디 하나가 잘라진 것 같은 손톱 없는 왼손 가운데 손가락을 보자 언년이는 등골이 오싹해지며 관자놀이를 호되게 맞은 것처럼 심한 현기를 느꼈다. 그 가정부가 자신의 딸이라는 것을 직감적으로 느끼는데, 정간난 학장의 다음과 같은 추가적 설명은 그녀들의 운명적 해후를 뒷받침해 준다.

"진지 잘 잡수셨어요. 마침 오늘은 밖에서 회식이 있어 뫼시구 들지 못해 죄송해요. 허지만 찬은 그대로 맛이 괜찮죠. 이번 아줌마는 드물게 좋은 사람인 것 같아요. 얌전하구 솜씨 좋구 말수 적구. 배운 건 없지만 그래두 괜찮은 집안의 사람인가 봐요 섭저리서 왔다는데 섭저리가 어딘지 몰라. ……"

그러나 표마리아 할머니는 자신이 키운 두 딸들에게는 정작 뒤엉킨 운명의 실타래를 풀어주지도 못하고 가슴에 안고 고해를 통하여 밝힐 뿐이다. 특히 그녀의 친딸에 대한 심사를 풀지 못한 채 10여년을 보내고 그대로 헤어지는 심경을 고해에서 다음과 같이 밝힌다.

"섭저리댁은 그로부터 10여년 육십이 넘어서까지 이 댁에서 에민 줄 모르며 이 죄 많은 천한 늙은이를 고여주다 너무 늙자, 가르치지 못해 미장이 일을 한다는 아들헌테루 가서 소식이 끊어졌사와요. 쇤네 가슴에는 또 하나의 못이 깊숙이 아프게 박히게 된 것이옵지요."

4. 맺는 글

이 글에서는 개화기에 태어나 엉겁결에 두 여인의 운명을 바꿔 놓아 평생을 죄책감 속에서 살아온 한 여종의 고해 성사를 통하여 구한말, 일제 강점기, 해방, 6.25를 지나 현대에 이르는 인간사 및 가정사를 추적해 보았다. 작품에 나타난 특징을 살펴보면 다음과 같다.

첫째, 여류작가 한무숙은 소설 언어에 격조 높은 표현과 묘사를 시도한 대단한 작가로 평가받을 만하다. 특히 서울 말씨의 표현을 통하여 표준어의 기본을 보여 주는 듯하다. 그녀는 서울 안국동에서 태어난 후 3달 만에 경상도로 이사하여 도내 여러 곳을 옮겨 살아 서울 언어에 적절하게 대응하지 못할 것이라는 지적에 대하여, 그녀의 수필집 〈내 마음에 뜬 달〉 내의 '서울 여인'을 보면 그녀의 언어는 서울의 표준말 바탕이라는 판단을 하게 한다. 성장기의 주위 경상 방언에서 간섭 현상은 약간 일어났지만, 모친의 지도와 본인의 노력으로 서울 말바탕을 잃지 않은 것으로 평가된다. 그녀의 시댁도 서울과 연천을 연고지로 한 집안이어서 계속 서울말을 썼다고 한다. 이러한 점들은 작품 속에서 잘 드러나고 있다.

둘째, 단편소설이라는 형식임에도 대하 장편소설에서 담을 내용을 압축적으로 보여주다 보니, 구성상 다소 어색한 장면들이 발견된다. 즉, 등장인물들이 구한말 개화기에 태어나 어린 시절을 보내며 정참판댁과 박대감댁을 중심으로 발생하는 상전들의 행태, 노비들의 위상과 생활상 등을 그리는데 초점이 맞추어지다가, 급진적으로 개화의 물결 속에 학교를 간다, 유학을 간다 하는 일들이 소문처럼 들려온다. 그리고 노비들도 전통의 틀에서 벗어나 성공한 자, 그렇지 못한 자 등으로 갈리는 가운데, 6.25를 지나 최후에 살아남은 자들이 모습은 이렇다 하고 서둘러 막을 내린 감이 있다.

셋째, 사람의 만남과 헤어짐의 중요한 일을 다분히 우연한 사건으로 처리하는 듯한 느낌이어서 조선시대의 전통소설의 형식을 보는 듯한 착각을 하게 한다. 즉, 언년이가 사업적으로 성공한 정참판댁 서방님을 우연히 만나 호강을 한다든가, 그를 통하여 노비신분으로 산 상전 딸인 정간난박사를 만나고, 이어서 상전으로 살아온 그녀의 친딸을 만나는 장면은 왠지 소설 구성의 정성이 부족한 듯하다. 그러나 이러한 점들은 단편소설의 형식을 취한 대가이기도 하다. 물론 작중인물들이 만나는 장면들의 우연한 사건처리는 소설의 구성 형식상 한 수단에 불과하고 작품이 말하고자 하는 본질에는 영향이 없다고 할 수도 있다.

넷째, 작품의 마무리는 당시 인물들의 성향을 반영하여 소극적으로 처리한 듯하다. 즉, 표마리아 할머니가 말년에 그 오랜 시간을 두 딸과 얼굴을 대하면서도 과거의 일들을 털어놓지 못하고 끝내 가슴에 묻은 채 때 늦은 후회만을 하는 장면은 너무 소심한 처리가 아닐지 모르겠다. 물론 고해성사를 통한 양심의 고백 형식이 작품의 스토리 전개와 부합된다고 할 수 있다. 그러나 두 여인에게는 엄청난 운명의 뒤틀림을 그대로 묻고 다른 방향을 통하여 울부짖는다는 것은 너무나 비인간적이다.

다섯째, 작품에서는 인간이 타고난 사주팔자는 어쩔 수 없다는 체념적이고 인생달관적 사고를 보여주고 있다. 즉, 상전의 아기는 어려운 신분사회의 역경을 이기고 유학을 다녀와 대학교수가 되어 경제적 사회적으로 잘 살고, 상전집 딸로 자랐던 언년이의 딸은 결국은 가정부로 살아가는 대조적 인간상을 통하여 인간의 힘으로는 운명을 거역할 수 없다는 작가의 의도가 내비쳐진 것으로 볼 수 있어 많은 토론이 요구된다. 또 다른 해석으로는 당시 개화 바람에 자유롭지 못한 양반집에서 전통을 고수하며 살아간 사람들에게는 기회가 적을 수밖에 없는 반면에, 노비 신분의 사람들에게는 세상살이의 판을 바꾸어보자는 적극성이 시대의 변화에 부합하여 성공의 기회가 많았음을 지적하는 것이기도 하다.

<한무숙 단편소설선집 2019년, 연천군향토문학발굴위원회>

Chapter 15

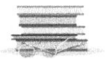

박완서의 장편소설 '나목'에 나타난 6.25 전쟁 중의 사회상과 모녀의 애증

1. 시작하는 글

　작가 박완서는 1950년 서울대학교 국문과에 입학했으나, 6.25 전쟁의 발발로 학교를 그만두고 미 8군 px 초상화부에서 근무했다. 이후 박완서는 서울생활에서 여러 가지 삶의 어려움을 경험하며, 그녀의 아픔과 상처를 글로 쓰겠다고 다짐하며 힘든 날들을 살아왔다고 회고한 바 있다. 그녀는 가족과 주변 사람들의 삶의 애환을 가슴에 품고자 글을 썼는데, 그러다보니 당연히 글을 통해 정제된 스토리는 가족과 이웃에 대한 따뜻한 사랑이 작품의 바탕을 이룬 자전적 성격의 소설이었다.[16] 마침내 1970년도에 그녀는 전쟁의 와중

---

16) 흔히 소설가가 되기 위해 문학적 소양을 바탕으로 하고, 좋은 스승의 지도를 받으며 오랫동안의 습작기간이 필요한 것으로 알려져 있다. 그러나 작가 박완서에게는 그러한 기회가 없었다. 박완서는 소설은 이야기라는 소박한 생각을 가지고 있었으며, 6.25 전쟁 당시 자신이 겪었던 젊은 시

에 미군 px에서 만났던 화가 박수근과의 교류 기억들을 토대로 삼아 장편소설 '나목'을 완성하여, 당시 여성 월간지 「여성동아」의 여류 장편소설 공모에 당선되면서 등단하였다. 그녀는 작품을 쓰며 자신이 겪었던 환난을 되돌아보고의 상처를 달랬다고 증언한 것으로 알려져 있다. 작가는 6.25 전쟁 중에 겪었던 당시의 사회상 등을 시작으로, 1970년대 산업화 이후 중산층의 허위의식 등을 사실적으로 작품화하여 동 시대를 산 사람들의 공감을 샀다.

그녀의 작품의 저변에 배열된 6.25 전쟁의 체험은 작품을 전개하는 단초를 제공한다. 1950년 6월 25일 새벽, 북한군이 선전 포고 없이 남침하여 사흘 만에 서울이 함락되었고, 이후 국군과 유엔군이 인천 상륙 작전을 통해 서울을 되찾고 38도 선을 넘어 압록강까지 진격하였다. 하지만 중공군의 개입으로 다시 서울을 빼앗기고 후퇴함으로써 많은 사람들이 삶의 터전을 버리고 남쪽을 피란을 떠났다. 이후 국군과 유엔군은 다시 서울을 수복하였지만 서울로 돌아온 사람들은 여전히 전쟁의 공포를 느끼며 불안한 생활을 한다. 이러한 전쟁의 불안한 기운이 박완서 작품의 곳곳에 포진하고 있다.

박완서 작가 역시 서울 수복 직전 오빠가 살해되고 가족도 수모를 당한 바 있다. 전란 중 오빠와 숙부를 잃은 박완서는 어머니, 올케와 조카들의 생계를 떠맡으며 미 8군 PX의 초상화부에 취직한다. 이곳에서 화가 박수근을 만나게 되고 후에 등단작이 되는 '나목'의 소재를 얻는다. 당시 박수근은 1·4후퇴 때 홀로 남쪽으로 내려와 미 8군 px에서 미군들의 초상화를 그려 주는 일을 하고 있었다고 한다.

이 글에서는 위와 같은 시대적 장소적 배경 하에서 탄생한 작품

절을 쓰겠다는 다짐을 이 소설을 통하여 실천하고 있다. 따라서 이 작품은 자서전적인 성격이 강할 수밖에 없다.

'나목'을 통하여 6.25 전쟁 기간 중의 서울생활의 모습, 남녀 간의 사랑, 가족제도의 실제, 모녀 간의 애증관계, 미군 px를 둘러싼 사회상 등을 눈여겨보기로 한다.

2. 작품의 줄거리

나목은 6.25 전쟁 중 황폐화된 서울에 남겨진 사람들이 느끼는 전쟁의 상흔과 그에 대한 애환을 그리고 있다. 구체적으로 '나목'의 장소적 배경은 아직 전쟁 중인 서울의 시내이며, 소설의 화자(narrator)이자 주인공은 이경이라는 스무 살의 여성이다. 이경은 어머니와 단둘이 폭격으로 한쪽이 무너진 고가(古家)에서 살아가며, 생계를 위해 미군 px의 초상화부에서 일한다. 그곳에서 이경이 미군들과 화가(환쟁이)들 사이를 통역하여 그림 의뢰를 받는 것이다. 그녀는 전쟁으로 대학을 가지는 못했지만 입시를 준비하며 영어를 어느 정도 하기 때문이라고 소개된다.

아직도 포탄 또는 폭격 소리가 들려오는 전쟁 중인 불안한 도시에서 이경은 자신을 둘러싼 분위기를 위태롭다고 느낀다. 물론 비교적 보수 좋은 일자리를 얻어 생계를 꾸려나가지만 그녀의 마음에 어두움을 드리우는 것은 전쟁 말고도 그녀의 어머니와의 관계다. 그녀의 어머니는 전쟁으로 두 아들을 잃은 후 정신을 거의 놓은 상태이며 하나 뿐인 딸 이경에게는 무심하다. 즉 혁이와 욱이라는 이경의 두 오빠를 폭격으로 잃은 뒤부터 두 모녀는 냉랭한 분위기에서 생활한다.

외로움과 절망감에 힘들어하던 이경은 어느 날 초상화부에 일하러 온 옥희도를 만나게 되는데. 옥희도는 초상화부의 다른 환쟁이들과는 다른 진정한 예술가 면모를 보여준다. 옥희도는 다른 환쟁이들처럼 영화 간판을 그렸던 간판쟁이가 아니라 진짜예술가라고 한다. 이경은 옥희도의 고독한 분위기에 끌리고 이어 사랑하게 된다. 하지만 옥희도에게는 현숙한 부인과 다섯 명의 아이가 있다. 그러나 그들은 아슬아슬한 사랑을 이어간다. 옥희도는 이경을 통해 진짜 그림을 그리고 싶다는 욕망을 느끼게 되고, 이경은 엄마가 아닌 다른 사람에게 관심을 두게 된다. 이경은 전쟁 속에서도 예술 세계를 꿈꾸는 옥희도에게 끌려, 그의 집을 방문하여 그의 작업실에서 말라 죽은 나무인 고목 그림을 보게 된다.

이경은 px에서 전기공으로 일하는 황태수와 교제를 하지만 사랑의 느낌은 오지 않아 실망감을 느끼기도 한다. 또한 지나치게 현실적인 전기공 태수와의 사랑을 피한다. 그러나 그의 형수의 적극성으로 관계가 현실성을 높여가는 중에 이경의 어머니가 돌아가시고 그 과정에서 자신의 집안 일로 생각하며 주도적 역할을 한 태수 형수의 역할로 황태수와 결혼한다. 그와 결혼 후 어머니와 살던 고가를 허물고 현대식 주택을 지었다.

전쟁 전 솜씨 좋았고 멋쟁이였던 이경의 어머니는 의치도 하지 않고 오로지 김치국만 주는 매정한 엄마로서 기억되었다. 이경은 끊임없이 엄마에게 사랑을 갈구하지만 엄마는 끝내 손 한번 잡아주지 않고 돌아가신 것이다. 이경은 "전쟁은 분명 미친 것들이 창안해낸 미친 짓 중에서도 으뜸가는 미친 짓이다."라고 절규하여 전쟁 중 가족을 모두 잃은 마른 마음을 드러내고 있다.

6.25전쟁이 끝나고 10년 뒤 이경은 남편 황태수와 함께 옥희도의 유작전에 가게 되었다. 그리고 자신이 예전에 옥희도의 집에서 보았던 나무 그림이 고목이 아니라 봄을 기다리는 나목이었음을 깨닫게 된다.

3. 작품에 나타난 6.25 당시 사회상과 가족관계

1) 남녀 간의 사랑-이경, 옥희도, 황태수의 삼각관계

주인공 이경은 옥희도와 항태수 사이에서 사랑의 경주를 한다. 예술가로서 옥희도를 사랑하지만 이루어질 수 없는 사랑이어서 결국은 절절한 사랑은 없었던 황태수와 결혼한다. 이들 3인간의 사랑이 작품의 주된 내용이 된다.

남녀 간 삼각관계가 된 황태수는 옥희도에 대하여 이경에게 "그림 밖에 모르는 분이라구. 화가져. 이번에 남하했으니까 이쪽에선 별로 알려지지 않았을지 몰라두 아는 사람은 알 겝니다. 일제 때 몇 번 선전(鮮展)에도 입선하고, 뭐 특선까지 했었다니까"라고 설명한다.

이경은 만난 지 얼마 되지 않아서부터 옥희도를 사랑한다고 생각하기 시작했고 그런 생각은 때론 아프고, 때론 감미롭고 어쩌면 두렵고 하여 어떤 뚜렷한 감정을 추려낼 수는 없어도, 그 생각에서 조금도 헤어나지를 못했다. 이경이 옥희도를 만나면서 사랑의 감정을 가진 모습을 작품에서는 다음과 같이 묘사하고 있다.

> "다음날 아침, 집에서 깨어 눈도 뜨기 전에 떠오른 것은 그 요람같이 완전한 신뢰와 휴식을 나에게 준 옥희도씨의 포옹이었다. 따뜻한 이불 속에서 그 훈훈한 가슴팍의 회상은 쾌적하고도 감미로웠다."

이경은 옥희도가 결근을 하자 조바심을 보이고 있는데, 그 초조해하는 모습을 작가는 다음과 같이 그리고 있다.

> "다음날도 또 다음날도 옥희도씨의 자리는 비어 있었다. 그가 없는 하루가 주체할 수 없이 길게 느껴지고, 그의 독특한 어리석지 않게 선량한 시선과 문득 마주치던 고통스러운 기쁨이 도저히 돌이킬 수 없이 먼 곳으

로 사라져 버렸다는 절망감에 시달리는 사이에 저녁나절이 되었다."

이경과 옥희도의 사랑이 깊어가면서 그들은 불안한 마음을 갖게 된다. 옥희도는 이경을 안으며 "가엾게 시리 …… 떨고 있군"라고 몹시 떨리는 음성으로 이경의 귓바퀴가 간지럽도록 가까이서 속삭였다. 이경은 그가 뭔가 두려워하고 있음을 느끼며 자신도 똑같이 그가 두려워하는 것을 두려워하고 있음도 느낀다. 옥희도는 유부남이어서 그들 남녀는 그들의 미래가 불안할 수밖에 없을 것이다. 그들 남녀의 불안한 모습은 이경의 고백을 통해 다시 드러난다.

"나는 그의 열기 앞에 전혀 무방비 상태인 채 그의 광포한, 그리고 못 견디게 슬픈 몸짓에 유순하게 나를 맡겼다. 그러나 내가 아무리 유순해져도 그의 동작에는 아무런 진전도 없었다. 나는 그에게 세차게 안겼다가 놓여나고 다시 안기고, 따가운 턱이 볼과 이마를 아프게 부비고 그런 몸짓이 그렇게도 슬플 수가 없었다."

위의 장면을 보아도 그들의 사랑은 한계를 가진 채 중도하차로 마무리 될 것이라는 것을 상호 인식하는 듯하다.

정초에 이경은 태수와 만나 데이트를 하고 그가 혼자 살고 있는 숙소를 방문한다. 그의 숙소에서 그에게 안겨 사랑을 받았으나 그녀의 어떤 부분도 그를 향해 열리지 않자, 그는 거의 몸부림 같은 세차고 흐트러진 동작으로 그녀를 달구려고 안타까워하고 있었다. 마침내 그는 다다미 바닥에 무릎을 꿇고 그녀의 치마폭에 얼굴을 묻고 "아아 이럴 수가 …… 경아, 이럴 수가 ……"하며 탄식 같은 신음소리를 냈다. 남자와 여자 사이에 일방적인 격정이 얼마나 무의미하고 참담한 것인가를 확인한 것이다. 잠시 후 그는 전등을 켜고

담배에 불을 붙이며 자신이 싫은지를 물으며 사랑행위를 접었다. 진정한 사랑이 느껴지지 않자 중단해버리는 태수의 의식에서 참담한 낙담과 함께 당시의 남녀 간의 사랑의 모습을 보는 듯하다. 물론 이러한 과정이 후일 혼인으로 진전된 결과를 보여 주고 있기는 하다.

이경은 태수에게 안겨준 절망감을 자신의 어머니로부터 발견한다. 자식들을 잃은 후 명절에도 만두를 만들어 달라는 요구에도 냉담한 어머니를 지켜보며 참담함을 느꼈던 그 상황이 태수가 "아아 이럴 수가, 경아 이럴 수가"하는 그 절망적인 신음과 무엇이 다를까? 그러면서 어떡하면 그를 향해 자신을 열 수 있을까 하는 생각을 하게 된다.

이경은 태수와 옥희도를 만나며 누구에게 사랑을 더 느끼는가? 태수에게 열리지 않는 달아오지 않는 것을 느끼지만 옥희도에게는 절절한 사랑을 느끼는 것으로 보인다. 그녀는 옥희도와 뜨거운 포옹을 한 후 태수의 가족과 만났다는 사실을 이야기 하며 "전 태수를 사랑하지 않는걸요. 저는 선생님을 사랑하고 있어요. …… 죽도록. 선생님도 절 사랑하시죠. 그뿐이에요. 딴 소리는 다 무의미한 군소리예요"라고 사랑을 고백한다. 그러자 옥희도는 "우리는 파국을 목전에 둔 모래성을 쌓고 있을 뿐이야. 나는 괜찮지만 경아를 파멸로 인도할 순 없어. 정말 어쩌려는 걸까? 나는 그만한 분별은 있어야 하는 건데"라고 자신을 책망한다.

결국 이경은 옥희도와의 사랑이 험난할 것으로 생각하는 듯하다. 그녀는 "이윽고 내가 먼저 그로부터 시선을 비껴 부연 불투명한 공간에 까닭 모를 한숨을 내뱉었다. 그는 어디까지나 후하게 자기를 나에게 나누어주려 들었을 뿐 그의 전부를 주려들지는 않고 있음을 알았기 때문이다. 더구나 그는 아주 중요한 부분을 나로부터 은닉하고 있음직했다."고 나름대로 그와의 관계를 분석한다.

이경이 옥희도의 집을 방문하여 그의 그림을 처음으로 보게 된다. 그 장면이 작품에 다음과 같이 소개되고 있다.

"윗방은 어둑한데 80호 정도의 캔버스가 벽에 기대여 놓고 있고 넓지 않은 방바닥은 온통 빈틈없이 어지러져 있었다. 테레빈유의 냄새가 확 끼쳤다. 나는 캔버스 위에서 하나의 나무를 보았다. 섬뜩한 느낌이었다. 거의 무채색의 불투명한 부연 화면에 꽃도 잎도 열매도 없는 참담한 모습의 고목이 서 있었다. 그 뿐이었다. 화면 전체가 흑백의 농담으로 마치 모자이크처럼 오톨도톨한 질감을 주는 게 이채로울 뿐 하늘도 땅도 없는 부연 혼돈 속에 고목이 괴물처럼 부유하고 있었다. 한발에 고사한 나무 - 그렇다면 잔인한 태양에 광선이라도 있어야 할 게 아닌가? 태양이 없는 한 발- 만일 그런 게 있다면 짙은 안개 속의 한발 …… 부채색의 오톨도톨한 화면이 마치 짙은 안개 같았다. 왜 그런 잔인한 한발이 고사시킨 고목을 나는 그의 캔버스에서 보았을까?"

예술가로서 옥희도의 부인의 자세나 입장표명이 나타나고 있는데, 그녀는 "그분이 살림걱정 없이 마음껏 그림만 그릴 수 있게 해 드리지 못하는 것이 학생한테도 부끄러워요. 원체 애들이 많아놔서 ……"라고 이경에게 말한다. 처음에는 사랑의 라이벌로 인식하지 않은 이경에게 한 말이다. 그러나 이경의 말투가 연적으로 생각되자, 부인은 공격적으로 "학생 따위가 불쌍해 해야 할 이유가 없어요. 난 적어도 20년이나 화가의 아내였으니까 알고 있어요."라고 강하게 대꾸하며, 이경이 "그분의 그림에서 그 절망적인 궁상을 못 읽다니"라고 공격하자, "궁상이 어디 나만의 책임인가요? 난 그분이 가난을 직접 피부로 느끼지 않게 방파제 노릇을 하기만도 벅차요"라고 토로한다. 이어 양자 간에 그림에 대한 날선 의견이 서로 교환된다.

옥희도의 아내가 "학생은 아직 어리고 그림에 무지해요. 울긋불긋해야만 좋은 그림이 아녜요"라고 타이르듯이 말하자, 이경은 "그림은 시각언어예요. 전 그 분의 그림을 보고 곧 그분의 빈곤과 절망을 읽었어요. 아주머니 좀 더 그분에게 삶의 기쁨을 줄 수도 있었을 텐데"라고 주장하며, "저라면 선생님이 죽은 나무등걸 따위를 그리는 걸 보느니 차라리 옷을 벗고 제 몸뚱이를 그리도록 하겠어요"라고 강하게 말하지만, 집에 돌아오면서 그녀는 옥희도의 기갈을 도울 수 없음을 깨닫는다.

이경은 옥희도의 부인을 미워하지 않았던 것은 전쟁 때문이었다. 전쟁이 모든 것을 종결지어 주리라는 생각 때문에 그런 일이 조금도 대수롭지 않았다. 그러나 다시 생각을 한다. 그녀는 전쟁을 조금쯤 두려워하며, 전쟁으로부터 자신의 행복을 지키기 위해 용감해질 수도 있어야겠다고 다짐한다. 그녀는 옥희도와 더불어 좀더 긴 사랑을 설계하고 싶었다. 그녀는 혼신의 힘으로 온갖 도덕적인 것을 배척해야만 한다고 믿는다. 그러나 현실의 벽을 넘지 못하고, 이경은 우여곡절을 겪으며 태수와 결혼하여 자신의 집을 허물고 2층 양옥을 짓는다. 가정을 이룬 이경은 "남편이 쓸모없이 불편한 고가를 해체시켜 우리의 새 생활을 담을 새집을 설계하듯이, 나는 아직도 그의 아내로서 편치 못한 나를 해체시켜, 그의 아내로서 편한 나로 뜯어 맞추고 싶었다."라고 의지를 다짐한다.

세월이 흐른 후 옥희도의 유작전을 남편과 함께 찾은 이경은 고목이 아니라 나목으로 보면서, 옥희도는 불우했던 시절 저 김장철의 나목처럼 살았음을 생각하며, 자신은 그 나목 곁을 잠깐 스쳐간 여인이었을 뿐임을, 그리고 부질없이 피곤한 심신을 달랠 녹음을 기대하며 그 옆을 서성댄 철없는 여인이었음을 깨닫는다. 아련한 과거로부터 자신을 찾아가는 과정으로 보인다.

2) 미군 PX와 지역경제-6.25 전쟁 중 서울의 모습

작품의 등장인물들이 활동하는 공간은 미군 px이며, 그 실루엣이 다음과 같이 그려지고 있다.

> "갑자기 환한 조명 속에서 펼쳐진 건너편 미국 물품 매장 쪽을 나는 마치 객석에서 무대를 바라보듯 설레는, 좀 황홀하기조차 한 기분으로 바라봤다. 언제 보아도 싫지 않은 '메이드 인 유에스에이'의 화사하고 매력적인 상품들, 그 풍요한 상품들을 후광처럼 등지고 서서 저녁 화장에 여념이 없는 세일즈 걸들, 나는 이런 것들을 바라보기를 즐겼다."

또한 px의 퇴근시 종업원들의 출입문으로 통하는 어둑하고 긴 복도에서 보초 순경들의 몸수색 차례를 기다리노라면 불쾌한 몸수색을 당하는 심정을 토로하는 장면이 나오기도 한다. 이어 미군이 금지하는 행위를 하다가 경고를 받는 장면이 다음과 같이 소개된다. 즉 태수는 전지다마를 빈 상자사이에 숨겨가지고 나가다가 들켜 경고를 받는다. 그는 도난행위도 아니고 달러주고 산건데 도둑놈 취급하는 것은 억울하다는 것이다. 그러나 px에서는 한국인이 달러로 물건을 사는 것도 금지되어 있었다. 태수는 다음과 같이 미군 시중을 드는 쇼리 녀석에게 불평을 털어놓는다.

> "남들은 도라꾸 띠기도 하는데 전지다마 한 상자로 걸리다니 창피해서. …… 밑천은 얼마나 들었다구. 전기용품매장의 수잔 정을 며칠 전부터 따라다녀서 처음 튼 거랜데 망신만 톡톡히 당했지."

작품에서는 px를 중심으로 갑자기 발달한 미군 상대의 잡다한 선물가게들-사단이나 군단의 마크를 수놓은 빨갛고 노란 인조 머플러, 담뱃대, 소쿠리, 놋그릇 등이 상권을 형성하고 있어 지역경제의 한 축을 담당하고 있다고 설명한다. px노무자에게 병역면제의 특전은 없었지만 군복을 착용할 수 있고 통근할 때 미군버스를 이용할 수 있어서 병역 기피자들의 만만한 온상이 되고 있다고 소개한다.

특히 작품에서는 주인공 이경의 근무지는 초상화부에 대한 당시 실상이 상세하게 그려지고 있다. 이경은 환쟁이라고 칭하는 화가들을 데리고 미군 병사들이 건네주는 사진을 보고 스카프에 초상화를 그리도록 한다. 초상화부의 모습이 다음과 같이 표현되고 있다.

> "네 명의 환쟁이들이 밥벌이로 하고 있는 이 초상화 그리기가 실상 이만치라도 바쁜 것은 고작해야 미군들 봉급날인 월말을 전후해서 일주일쯤이지 그 밖의 날은 그저 심심풀이나 면할 정도였다. 그림그린만큼 보수를 따져 받는 그들은 놀지 않고 한 장이라도 더 맡아 그리려고 비굴하도록 내 눈치만 살피는 처지였다."

초상화부 주인 최만길은 벌어들인 달러에서 매장 사용료로 2할을 제하고 원화로 환전하여 가져간다. 최만길은 환쟁이를 새로 데려올 때마다 불우한 예술가를 한 사람이라도 더 기회를 준다고 하며 그들을 위해 사업실적을 올리도록 힘쓰라고 이경에게 당부한다. 어떻든 환쟁이가 느는 대로 조금씩 사업이 번창해 가고 최만길의 수입도 덩달아 늘어만 갔다. 초상화부는 많으면 하루 200달러를 벌어들이는 것으로 소개되고 있다.

미군 px에서 일한 여성들에게는 미군을 따라 미국 가는 것을 절대적 목표로 생각하는 것 같지는 않았다. 대부분의 기지촌 여성을 대상으로 한 소설에서는 그녀들의 목표가 미군과 국제결혼을 하고 미국으로 향하는 것으로 그려지고 있지만 이 작품은 기지촌 여성들과는 차이를 두고 있다. 다만 유기부의 미숙의 토로 "꼭 미국이 아니라도 좋아. 그저 이 나라를 떠나고 싶어요. 전쟁이니 피난이니 굶주림이니 지긋지긋해. 궁상맞은 꼴 영 안 봤음 좋겠어"는 당시 전쟁 중의 서울의 절망스러운 모습을 보여주는 하다.

3) 가족관계-대가족제도의 붕괴

6.25 전쟁이 한창이던 당시 가족제도는 대가족제도로서 집안 항렬이 중요시되고 웃어른은 가부장적 권위와 함께 집안 경영에 대한 책임감을 느끼고 있는 듯하다. 또한 남존여비관념이 팽배하여 여자의 위상이 낮았다. 이경의 큰아버지가 방문하여 퇴근한 그녀를 앉히고, "계집애가 이렇게 싸다니다니. 취직은 무슨 놈의 취직, 망측하게끔. 곱게 들어앉았다가 시집이나 갈 것이지."라고 훈시를 하자, 이경은 "나는 큰아버지가 별로 나를 염려하고 있지 않음을 잘 안다. 다만 그는 그렇게 해야 한다고 생각했을 뿐이다. 젊은 애는 일단 트집을 잡아 나무라놓고 보는 것이 어른 도리라고 여기고 있었고, 특히 남자 없는 이 집안의 가장 가까운 웃어른으로서, 좀 까다롭게 참견하는 것이 우애와 의리가 두터운 집안끼리의 마땅히 할 일로 알고 있을 따름이었다.""라고 생각할 뿐이었다. 대가족제도의 분열을 보는 듯한 장면이다. 전쟁은 구질서를 파괴하고 신질서를 연다고 한다. 옳은 지적이다. 대가족제도의 붕괴조짐은 이경이 느끼는 큰 아버지의 다음과 같은 모습에서도 드러난다. 큰 아버지는 난리통에 하나도 다치지 않은 그의 아들딸의 이름을 나열하며 완전히 주름을 폈다. 순간 그는 거침없이 행복해 보였다. 우리 집의 처지와 자기들과를 비교함으로써 그의 행복은 완벽한 것으로 이경은 생각한다.

작품에서는 어머니가 큰아버지로부터 온 편지를 소개하고 있는데, 거기에서는 이경을 부산으로 내려 보내라고 하면서 조카딸 하나 대학 공부는 마쳐줘야 큰댁의 체면이 서겠다고 질책투로 말하여 당시의 대가족제도 하에서 집안어른으로서의 책임감을 드러내고 있다.

큰댁 사촌 동생 말이가 이경에게 보낸 편지에서도 자신의 집으로부터 신세를 지라는 제안에서 말하기를 "언니, 눈 딱 감고 신세를 져요. 우린 집안끼리가 아녜요. 엄마도 아빠도 작은댁을 도와드리는 것을 의무로 알고 계세요."라고 주장하여 대가족제도 하에서 큰집의 책임감을 알려준다.

큰댁 장남 진이 오빠는 군장교로 이경의 집에 들러 그녀에게 다음과 같이 말하여 역시 큰집의 책임감을 강조한다.

"큰아버지께서는 가장을 잃은 작은댁을 돌보는 것을 당연한 의무로 생각하고 계시지. 그래서 혹시 의무를 소홀히 했다는 비난을 훗날 친척이나 친지들로부터 들을까 두려우신 거야. 그래서 마리를 시켜서 편지도 쓰게 하고 또 나도 보내시고. 난 내 아버지의 위선을 너무도 잘 알고 있다."

그러면서 진이 오빠는 자신의 아버지의 말씀이 부질없는 듯이 생각하고 있는 듯 하며 다음과 같이 혼잣말처럼 뇌까렸다.

"아버지의 남한테 보이기 위한 인사치레나 성의조차 생략해도 무관하리라는 뜻이야. 제가 생활고로 양갈보가 됐대도 훗날 친척들이 우리를 비난하지도 않을테고, 우리의 체면에 영향을 줄 리도 없고...전쟁이 끝나면 사람들은 좀더 자기 일에 바쁠테고, 좀더 이기적인 게 판칠 테니까. …… 가족이란 개념도 좀더 축소될 거야. 조카딸쯤 안 돌본 걸 헐뜯는 양반은 아무도 없을 걸. 대가족제도의 호주의 권위는커녕 아마 사람들은 제 자식도 못 다스리게 될 테니까."

진이 오빠는 이어 장차의 젊은이들은 혈연이나 인습의 굴레를 부수기에 좀 더 대담하고 자기의 문제를 자기가 책임지기에 용감하고 성실해질 거라고 말한다. 진이 오빠의 얘기를 듣고 나서 이경은 자신의 생각을 다음과 같이 고백한다. 일련의 현상을 통하여 전통적 대가족제도의 굴레에서 벗어나고자 하는 젊은이들의 새로운 움직임을 보여주는 듯하다.

"난 오빠가 자유선언을 하기 훨씬 전부터 자유로웠으니까요. 큰댁 체면 때문에 내가 뭐 못한 것 있는 줄 아세요? 나는 내 문제만 생각하고 내 맘대로 살고 있어요. 앞으로도 그럴 테니 걱정 마세요. 생활비 보조도 이제부터 거절하겠어요. 내가 큰댁 속셈을 모를 줄 아세요. 치사하게 몇 푼 생활비가 아까워서 별별 소릴 다한 거죠? 좋아요. 안 받겠어요. 나도 돈쯤은 버니까."

이경은 어머니가 아들 둘에 대한 그리움으로 딸인 자신에 대한 기다림을 잊게 하고 있다고 생각한다. 이경은 오빠들의 유도복을 품에 품고, 사진을 보며 기타를 튕기며, 그녀의 목구멍으로 치밀어 오르는 연민인지 분노인지 모를 것을 감당할 수 없었다는 것이다. 절망감으로 전쟁 시기를 살아가는 어머니를 향하여 이경은 "엄마, 우린 아직은 살아 있어요. 살아 있는 건 변화하게 마련 아녜요. 우리도 최소한 살아 있다는 증거로라도 무슨 변화가 좀 있어야 할 게 아녜요."라고 소리 지르며 기존 의식에서 벗어나 가족관계에 생기를 불어넣기를 주장한다.

4) 전쟁으로 인한 모녀 간 애증 관계

작품의 시대적 배경은 6.25 전쟁시기이다. 전쟁에 대한 작품 속

인물들의 현실 인식은 어떨까? 전쟁은 현실을 두려움으로 가득 차게 하고 미래를 불안한 마음으로 바라보게 하여 모든 것이 불투명한 상태로 몰아가는 듯하다.

전쟁 중에 피난을 가지 못한 이경 어머니와 두 오빠 등 그녀의 가족은 인적이 드문 곳에 자리 잡은 가옥에 머물고 있었다. 전쟁 중 큰아버지와 군인 민이 오빠가 서울 이경의 집으로 피신을 해와 함께 머무르게 되자, 이경은 어머니에게 오빠들을 그 동안 사용하지 않던 행랑으로 보내고 그들이 쓰던 방을 큰아버지에게 주자고 제안한다. 어머니는 행랑이 내심 구석진 곳이라 그동안 사용하지 않아 눈길이 가지 않은 곳이어서, 상대적으로 안전한 곳으로 아들들을 보내게 되는 결과가 되어 안심하였다. 어머니는 옆에 자는 이경에게 "네 오래비들 장가들일까 보다. …… 장간 안 급할지 몰라도 손주는 급하다. 더구나 세상이 이래 놓으니 빨리 씨를 받아놓고 봐야지"라고 말하자, 그녀는 종족보존의 본능은 좀 미련하고 좀 잔인하다며 돌아누웠다. 전쟁이 어머니의 불안한 심리를 재촉하고 있는 것이고 동물적 종족에 대한 집착이 덜한 이경의 마음을 거슬리게 하는 장면이다.

갑자기 폭격이 이루어져 두 오빠들이 은거중인 행랑채에 포탄이 명중하여 그들 두 오빠는 조각이 나고 말았다. 그 충격으로 어머니는 안방에 눕고 이경은 건넌방에 눕고 말았다. 큰어머니는 이경에게 "어서 기운을 좀 차려라. 너까지 어떻게 돼봐라. 너의 어머니 신세가 뭐가 되나. …… 그래도 경아가 무사했기에 천만다행이지, 어쩔 뻔했누"라고 위로한다. 그러나 어머니는 한숨을 쉬며 "어쩌면 하늘도 무심하시지, 아들들은 몽땅 잡아가시고 계집애만 남겨 놓으셨노"라고 중얼거린다. 그 후 이경은 어머니를 될 수 있는 대로 피하고 있었다. 그녀는 "어머니를 보면 살아 있다는 것이 송구스러워 절로 몸이 오그라들고 고작 어머니로부터 피한다는 게 은행나무 밑이었다. 나는 나도 모르게 은행나무 밑에서 하루하루 어머니에 대한 미움을 키우고 있었다."라고 술회한다. 어머니의 남아선호에 대한 의식이 충격적이어서, 이경은 문득 전쟁이 나서 다시 휩쓸었으면 하는 좌절감이 엄습함을 느낀다. 그녀는 오빠들이 죽은 후에도 내 인생이 있다는 건 참을 수 있어도 내가 죽은 후에도 타인의 인생이 있다는 건 참을 수 없다는 생각을 한다. 그러나 다시 전쟁이 몰려왔으면, 지금의 나는 전쟁에 의해 구제받을 수밖에 없지 않은가? 이렇게 해서 비롯된 그녀의 전쟁에 대한 갈망은 하루하루 그 열도를 더해 갔고 전쟁이 끊임없이 되풀이되기를 바라는 듯 중얼거린다. 현실은 매일 전쟁이 금세 덜미를 쳐올 듯한 공포를 조장하고, 전쟁이 밀려오고 밀려가며 사람들을 죽여주는 상황이 지속되면서 피난짐을 쌌다 풀었다 했다. 전쟁의 공포 속에서 이경은 두 오빠에 대한 죽음도, '어쩌다 계집애만 살아 남았노' 하던 어머니의 탄식도 완전히 망각하게 되었다. 그것들은 이제 썩어 간 낙엽들의 것이지 자신의 것은 아니라는 것이었다.

5) 전쟁에 대한 인식

전쟁에 참전한 미군들의 불안함과 불확실성에 대한 정신적인 상태가 작품 속에서 나타난다. 두 명의 미군이 보여주는 전쟁에 대한 인식 수준이 이경의 설명을 통해 다음과 같이 소개된다. 어느 날 사진부에 나이 지긋한 미군이 천연색 가족사진을 내밀며 실크 바탕에 일가족을 함께 그려 달라고 주문을 하였다. 군복을 입은 그의 모습이 생소해 보였다. 세 딸과 부인이 들어있는 가족사진 속의 인물들과는 전혀 다른 모습으로 비쳐졌다. 이경은 전쟁이 이런 광경을 만들었다며 다음과 같이 상념에 젖어든다.

"그가 그의 행복과 단란을 버리고 살벌한 이국의 싸움터, '갓댐 철원', '갓댐 장단' 영하 30도의 이름 모를 고지 같은 데서 끊임없이 죽음에 직면해야 한다는 게 죄송해서 몸이 오그라들었다. 그가 만약 죽는다면 그 죽어야 할 명분은 무엇일까? 아아, 전쟁은 분명 미친 것들이 창안해 낸 미친 짓 중에서도 으뜸가는 미친 짓이다."

또한 작품에서 젊은 미군 병사는 동방예의지국이란 말을 인용하여 이경에게 전쟁 중인 나라의 여성을 다음과 같이 인식하는 자신의 입장을 털어놓는다. 이경은 동방예의지국을 함부로 입에 올리는 미군을 향하여 화를 냈다.

"난 적어도 이 나라를 위해 싸우러 왔어. 어쩌면 이 나라에서 내 생애를 마치게 될지도 몰라. 물론 그렇게 안 되길 바라지만. 좀 더 이 나라를 알고 싶어. 특히 이 나라 여자를. 그렇지만 이 나라 여자들이란 얼마나 두터운 터부에 둘러싸였는지, 이방인이 뚫을 수 없는 터부, 돈으로 살 수 없는 여자들이 지닌 터부를 통틀어 그렇게 본 것뿐이여. 잘못됐으면 용서해."

연인관계에 있는 이경과 황태수의 전쟁에 대한 시국 인식은 차이를 보이고 있다. 볼이 붉은 사내아이를 갖고 싶다는 태수의 희망찬 소망피력에 대하여 이경은 볼이 붉은 사내아이를 얻기엔 너무 긴 세월이 걸린다고 생각한다. 너무도 아득한 시간, 5년이나 10년쯤, 바로 산 너머쯤에 전쟁이 있는 이 살벌한 거리에서 5년이나 10년 후쯤을 꿈꾸다니 얼마나 미련한가라고 생각하여 전쟁으로 인한 미래의 기대를 상상하지 못하는 불안한 시대인식을 보여준다.

전쟁은 이경과 옥희도의 관계에서도 영향을 미치는 듯하다. 특히 그들의 미래에 대한 기대를 갖지 못하게 하는 요인으로 등장한다. 유부남을 사랑하는 이경은 미래보다는 현재의 사랑에 집중하자고 주장한다. 그녀는 "염려 말고 저를 사랑하고 가지세요. 어차피 저에겐 긴 미래가 없을 테니까요."라고 간절하게 말하자, 옥희도는 "무슨 소리야? 왜 그런 생각을? 나 때문인가?"라며 놀라운 반응을 보인다. 그러나 이경은 신들린 무당처럼 자신 있게 "선생님 때문이 아녜요. 전쟁 때문이에요. 이 미친 전쟁이 머지않아 우리들을 차례차례 죽일테니까요. 아무도 그 미친 손으로부터 놓여날 수는 없을걸요."라고 주장하여 전쟁이 그들 인생의 한계를 설정한 듯이 말한다.

전쟁으로 미군이 진주하여 한국 사회의 일원으로서 존재하게 됨으로써 자연히 한국 여성들과 관계를 맺게 되었다. 미군 영내의 px를 통하여 그리고 미군부대 인근에 형성된 기지촌을 통하여 여성종사자들은 미군과 관계를 맺으며 여러 후유증을 남기게 된다.

작품에서 이경은 문득 다음과 생각을 떠 올린다.

> "언젠가 미숙이가 미군과 정식 결혼을 해도 양갈보라고 할까 하며 근심하던 생각이 났다. 그 어린것도 결혼에 따른 두려움이나 동경보다는 남의 이목에 대한 두려움이 더 강했던 것이다. 그러고 보니 우리들은 얼마나 남의 시선에 예민한 족속일까. 양갈보, 실상 나라고 뭇사람의 그런 시선으로부터 초연한 배짱이 있을까"

실상은 그의 큰집 식구들은 미군 px 초상화부에 근무하는 그녀를 양갈보 부류로 인식하는 언사를 많이 하며 그녀를 구출하는 것을 집안 어른의 임무로 생각하는 듯한 상황이 연출되기도 한다. 당시 미군과 한국 여성의 관계는 드러내놓고 논하기에는 뜨거운 감자와 같은 조합이었다는 것을 보여준다.

4. 맺는 글

이 작품은 6.25 전쟁 중의 남녀 간의 사랑, 미군 px를 둘러싼 당시 서울의 모습, 가족 간의 갈등과 모녀 간의 애증관계 및 전쟁으로 인한 불안의식 등의 사회문제를 다루고 있다. 작가의 자전적 소설이기도 한 이 작품은 당시 사회상에 대한 매우 높은 사실성을 강점으로 한다. 이 작품에 나타난 현상들에 대한 제3자적 관점을 제시하고자 한다.

첫째, 작품의 결말은 종국에는 주인공 이경이 전통적 의식에서 벗어나지 못한 채, 얼떨결에 관계를 맺었던 미군 병사를 포함한 세 남자를 겪은 후, 현실적으로 가능한 황태수와 가정을 이룬 것으로 마무리 된다. 이러한 점은 작가를 비롯한 당시 세대가 현실적으로 전통적 가치관에서 벗어나지 못한 것으로 분석된다. 그런 점에서 볼 때, 작품에서 불발로 끝난 이경이 집착했던 옥희도에 대한 사랑은 전통사회에서 벗어난 신세대적인 인식변화가 아닌 아버지와 오빠들의 부재로 인한 가족제도의 붕괴에서 비롯된 것으로 추정된다. 또한 작품에서 전쟁으로 이경의 아버지와 오빠들이 부재한 상태에서 어머니와 딸의 관계가 이전보다 돈독해지기는커녕 오히려 이전에 볼 수 없었던 깊은 갈등 상태에 빠졌다는 점이다. 이경이 전쟁 중에 목격한 어머니의 절규 '어쩌면 하늘도 무심하시지. 아들들은 몽땅 잡아가시고 계집애만 남겨 놓으셨노'를 들은 이후, 어머니에 대한 환멸은 세대 간의 가치관 차이가 불러온 것으로 보인다. 따라서 모녀간의 갈등이 남존여비 등의 가족의식과 제도의 변화를 가져온 단초가 된 것이 아닌가 판단된다.

둘째, 이 소설의 제목인 '나목'은 등장인물의 심리를 대변해 주는 동시에 작품의 의미를 진지하게 생각하게 해준다. 옥희도가 그린 나무에 대한 의미를 해석하는데 있어서 이경은 평가의 변화를 보여준다. 즉 전쟁 중 옥희도의 어두운 집안 작업실과 전쟁 후 유작전에서 본 그림의 나무에 대하여 이경은 평가를 달리하고 있다. 이경이 전쟁 중 옥희도의 집을 찾아가 본 어두운 단칸방에서 '나무와 여인'이라는 그림을 보았을 때는 고목이라고 생각했으나 전쟁이 끝나고 안정된 후에는 그 그림이 봄에 대한 확신의 믿음이 있는 나목이라고 생각한다. 이는 이경이나 새로운 세대들이 그만큼 성장했음을 의미하는 것으로 볼 수 있다. 전쟁 당시에는 이경을 비롯한 많은 사람들의 마음이 황폐한 고목 같았을 것이고, 전쟁이 끝나고 시간이 흐른 뒤에는 나목은 이윽고 봄날에 줄기와 푸른 잎으로 성장한 나무가 될 것이라는 믿음을 반영한다. 의미를 확대 해석한다면 나목은 전쟁이라는 어려운 현실 속에서도 미래에 대한 희망의 삶을 준비하는 당시 시민들의 의지를 반영한다고 볼 수도 있다.

셋째, 이 작품은 6.25 전쟁체험을 다룬 박완서의 여타의 소설들과는 달리 전쟁은 시간적·공간적 배경을 제공할 뿐이어서 작품 구성에서 특수한 상황이나 소재로 받아들여지지 않는 듯하다. 즉, 작품에서는 전쟁의 잔혹성이나 후유증을 부각시키기 보다는 전쟁이 이경이나 옥희도에게 불안이나 공포라는 심리적 상황에 대한 제한 변수로 역할을 한다는 점이 두드러진다. 구체적으로 말하면 전쟁 중의 서울을 장소적 배경으로 하는 이 작품에서 전쟁의 현장이 직접적이고 구체적으로 드러나진 않으나 전쟁이 아직도 진행되고 있다는 사실은 이경을 비롯한 작중 인물들의 의식과 행동을 규제하고 있다. 예를 들면, 이경은 "적어도 대구나 부산 쯤 전쟁에서 멀고 집집마다 불빛이 있고 거리마다 사람이 넘치는 곳에 있고 싶었다."고 불안을 조성하는 전쟁에 대하여 희망을 갈구하는 장면은 전쟁이 심리적 제한 변수임을 지적한다.

Chapter 16

신경숙의 장편소설 '엄마를 부탁해'에 나타난 모정(母情)의 세월

1. 시작하는 글

작가 신경숙의 소설은 대부분의 1990년대 한국 소설과 마찬가지로 역사적이거나 시대적인 문제 및 이념의 문제보다는, 개개인의 삶과 그 내면세계의 문제들을 세밀하게 다룬다는 점에 그 특징이 있다. 즉, 작가의 작품들을 분석해 보면 흥미로운 점이 발견되는데, 그것은 그녀의 장편소설 부분에서 주인공들의 자살이나 자살과 유사한 죽음이 등장한다는 점이다.

'엄마를 부탁해'는 2007년 겨울부터 2008년 여름까지「창작과 비평」에 연재되어 깊은 관심을 불러일으킨 바 있다. 연재가 끝난 후 작가는 4장으로 구성된 연재원고를 수정·보완하고 제5장 에필로그를 추가하여 장편소설로 출간하였다.[17] 엄마는 항상 자신들의 손을

---

[17] '엄마를 부탁해'는 2008년 11월 국내 출간 이후 2012년에 200만부 판매를

뻗으면 닿는 거리에서 사랑을 주기만 하고, 그리고 당연히 그렇게 하는 존재로만 여겨지던 엄마가 어느 날 실종됨으로써 시작되는 이 소설은 시작부터 절절한 모정의 모습을 보여준다.

서울역 지하철에서 아버지의 손을 놓쳐 실종된 어머니의 흔적을 추적하면서 기억을 복원하는 과정은 독자들에게 아련한 자신의 과거를 생각하게 한다. 엄마를 추적하는 장면들은 그 자체로서도 팽팽한 긴장감을 느끼게 하며, 독자들로 하여금 엄마의 소매를 바짝 잡아야 하도록 독려한다. 작품에서 엄마는 실종됨으로써 가족들의 뇌리에 다시금 각인되고 더욱 소중한 존재로 다가온다. 엄마를 찾는 전단지를 서울의 곳곳에 붙이고, 신문광고를 내면서 생업조차 뒤로 하며, 엄마를 찾아 헤매는 자식들과 남편, 그리고 엄마의 시선으로 전개되는 각 장은 모정을 생각하는 마음으로 점철되어 독자들의 공감을 불러일으킨다. 즉, 딸(1장) – 큰아들(2장) – 아버지·남편(3장) – 어머니·아내(4장) – 딸(에필로그)로 이어지는 시점의 전환은 현실세계와 환상세계를 넘나드는 듯한 느낌을 가지게 한다.

각각의 관점이 바뀌면서 이야기가 전개될 때마다 가족들을 위해 희생해 온 엄마의 모습이 생생히 떠오른다. 무심코 지나쳤던 엄마의 삶, 즉 아내와 어머니이기 이전에 한 여자로서의 삶과 가족들의 마음을 섬세하게 그리고 있다.

작가 신경숙은 '작가의 말'을 통해서 이 소설을 쓰게 된 계기와

돌파하였고, 영국·프랑스·이탈리아 등 32개국에 판권이 팔렸다. 2011년 4월부터 미국에서도 판매되고 있으며, 초판 10만 부를 찍으며 기대를 받았고, 출간 하루 만에 아마존 전체 순위 100위권에 진입하는 등 뜨거운 반응을 얻었다. 아마존 상반기 결산에서도 편집자가 뽑은 베스트 10에 선정되었고, 〈뉴욕타임스〉 베스트셀러 순위 hardcover fiction 부문에서도 14위까지 오르며 호평을 받은 바 있다. 2012년 3월에는 아시아권에서 가장 높은 권위를 인정받는 '맨아시아문학상'을 수상하였다.

소망을 다음과 같이 밝혔다.

> "우리가 어머니를 이해하고 사랑하고 돌볼 수 있는 시간이 아직 남아 있음을 말하고 싶어서다. …… 오늘의 우리들 뒤에 빈껍데기가 되어서 있는 우리 어머니들이 이루어낸 것들을 어찌 다 헤아릴 수 있을까. 그 가슴 아픈 사랑과 열정과 희생을 복원해보려고 애썼을 뿐이다. 이로 인해 묻혀 있는 어머니들의 인생이 어느 만큼이라도 사회적인 의미를 갖기 바라는 것은 작가로서의 나의 소박한 희망이다."

작품에서는 각자가 간직한, 그러나 서로가 잘 모르거나 그냥 무시했던 엄마의 인생과 가족들의 내면이 애틋하게 그려진다. 각자의 내면에 자리 잡은 어머니의 이미지는 각각 다른 감동을 유발하기도 하지만 가족이나 혈육이라는 인연으로 단합하는 마음으로 연결된다.

이 글에서는 신경숙의 장편소설 '엄마를 부탁해'를 통하여 심연으로부터 진하게 솟아나는 모정의 모습을 가족 구성원별 관점에서 분석함으로써 핵가족시대와 1인 가족시대를 하나의 트렌드로 몰고 가는 듯한 세태에 시사점을 주고자 한다.

2. 작품의 개요 및 특징

작품은 생일을 맞아 아버지와 함께 자식들이 거주하는 서울로 상경한 엄마가 서울역에서 남편의 손을 놓쳐 실종되면서 시작된다. 다른 때와는 달리 그 날은 자식 중 누구도 부모를 마중 나가지 않았고, 한 평생 아내보다 앞서 걷던 남편은 한 번도 뒤돌아 확인하지 않고 혼자서 지하철에 오르고 말았던 것이다. 작품에서는 가족들이 실종된 엄마를 찾아가는 과정을 그리고 있는데, 각 장은 엄마를 찾아다니는 딸과 아들, 남편, 그리고 엄마의 시선으로 펼쳐진다. 작품에서는 가족들이 백방으로 노력하지만, 결국은 엄마를 찾아 내지 못하는 것으로 결말을 맺는다. 작품의 흐름은 어머니에 대한 자녀들의 애절함이 국면마다 나타나고, 엄마는 현실이 아닌 환상 속에서 자신의 발자취를 더듬으며 가까운 사람들 곁을 떠나는 회한 속의 여행의 순서로 이어진다.

작품은 네 개의 장과 에필로그로 구성되어 있으며, 각 장마다 큰 딸과 큰 아들, 그리고 아버지 등 엄마를 기억하는 주체가 다르게 나타난다.

첫째, 아내에게 기댈 언덕이 되어주지 못한 아버지는 국외자로 출발하여 차츰 가족구성원의 위치를 찾아 간다. 중심인물인 엄마에게 아버지는 하나의 거대한 산이었다. 아내가 마음대로 잔소리도 못하는 난공불락의 거대한 산이었다. 작품에서 아버지의 역할은 주인공 어머니의 비극성과 비참함을 극명하게 드러나게 해주는 악인의 역할이라고 볼 수밖에 없다. 그러나 아버지는 아내가 실종되어 텅 빈 집이 되어버리자 집안을 향하여 "대체 어디에 있소?"라고 울부짖음으로써 아내에게 그렇게 무섭고 카리스마 있는 산으로만 비춰지려고만 했던 과거의 허망한 마음을 후회하고 있다. 1인 가족시대나 독거노인시대라는 작금의 세태 하에서 이러한 유형의 많은 아버지들의 비명도 들리는 듯하다.

둘째, 큰 아들은 엄마의 인생역정의 출발점이자 사는 이유를 간직하고 있다. 큰 아들은 확실히 소설가인 딸보다는 현실적인 모습을 보여준다. 딸은 어머니를 찾는데 올인하지만, 큰 아들은 어느 순간부터 자신의 직장생활에 충실히 임하는 모습을 보여주기도 하며, 가끔씩 서울역에 나가 무감각하게 서 있는 모습에서 어머니에 대한 미안함을 드러내고 있다. 특히 큰 딸이 미혼이어서 한 가정의 가장이라는 의무를 이해 못하는 듯하다. 그러나 그는 한 어머니의 아들 이전에 한 가정을 꾸려나가는 가장의 현실적인 모습을 안타깝게 하소연을 한다. 또한, 아내와 자식들의 미지근한 관심 등이 가슴 아프게 다가오며 부부간의 갈등으로 이어지는 듯하다.

셋째, 딸들은 엄마의 자랑거리를 많이 가져 엄마는 늘 자부심을 가지고 살아가고 있다. 두 딸 중 큰 딸이 보다 비중 있는 인물로 등장한다. 큰 딸은 자식 중에서 엄마 찾는 일에 열정적이다. 이러한 점은 오빠인 큰 아들보다 자신이 어머니에게 잘 하지 못했다고 생각하는 자괴감과 미안함, 그리고 조금씩 알게 되는 자신에 대한 어머니의 사랑을 깨달으면서 비롯된다. 대부분의 사람들도 갑자기 어머니가 실종되는 사고가 발생하면 비슷한 분위기가 되지 않을까? 큰 딸은 로마 여행 중 바티칸 시국의 성 베드로 성당에서 자석에 이끌리듯 피에타상 앞에 서게 되고, 죽은 아들의 시신을 무릎에 누이고 내려다보는 성모의 모습을 보며 마치 엄마가 뒤에서 자신의 등을 쓸어내리는 것 같은 깊은 위로를 받게 된다. 큰 딸은 죽어서야 어미의 무릎에서 위로받으며 평화롭게 늘어져 있는 아들의 상을 보고 망연히 누군가에게 엄마를 부탁한다며 절박한 마음을 표출하고 있다. 그런데 큰 딸이 성 베드로 성당에서 간절한 기도를 하는 장면이 나타나고 있지만, 작품에서는 종교적 표현이 절제되고 있다는 점이 특이하다.

넷째, 둘째 딸은 어려서부터 공부를 잘 하고, 서울의 일류대학 약대를 나와 만족스런 가정을 꾸리며, 남편의 미국 근무에 동행하여 셋째 아이를 출산하는 등 평범한 가정을 유지하고 있다. 아이가 셋이다 보니 집안을 꾸미고 자신을 가꿀 여력이 없어 실종된 엄마를 찾아 나서지 못하고 있다. 그러나 자신의 심경을 밝히는 편지를 언니에게 보냄으로써 엄마를 찾아야 한다는 간절한 소망을 피력하고 있다.

다섯째, 자식들과 남편의 간절한 노력에도 실종된 엄마를 찾지 못한 채 9개월이 흘렀다. 작품에서는 엄마의 생사를 밝히지 않고, 작품의 4장에서 일인칭 화자로 내세워 일생동안 자신과의 인연이 되었던 곳들을 찾아 작별을 하는 것으로 그려지고 있다. 즉, 둘째 딸의 집, 평생 숨겨온 마음의 의지처가 되어주었던 곰소의 그 남자 이은규의 집, 남편과 시누이가 있는 집, 그리고 마침내 자신이 태어나 자랐던 박소녀의 진뫼 고향집을 차례로 돌며 세상과의 마지막 작별인사를 나누는 것으로 구성 되어 있다. 이 과정은 현실세계가 아닌 환상세계를 통하여 그려지고 있는데, 이미 흘러간 과거가 되어버린 엄마의 험난한 인생살이가 회한과 함께 격정적인 장면들로 펼쳐진다.

지금까지 문학을 비롯한 영화나 연극 등의 다양한 문화 매체 곳곳에서 소재로 삼았던 엄마 관련 이야기들과 비교했을 때, 이 작품도 가족을 위해 자신의 삶을 희생했던 엄마를 통해 지극한 모성애를 보여준다는 점에서는 차별성을 갖지 못한다. 그러나 '엄마를 부탁해'에서는 엄마가 태어날 때부터 엄마가 아니었음을 주입시키며, 그녀 역시 꿈이 있고 사랑을 알았던 한 소녀이고 여자였음을 이해시키려 노력하는 점이 특징적이다. 즉, 작품에서는 엄마가 아닌 한 여자로서의 삶을 강조하는 관점을 견지함으로써 억척스럽게 고향집을 굳건히 지키는 엄마를 다른 눈으로 바라보게 만든다.

3. 자식들의 모정 별곡

시골에서 자녀를 키워 대처로 내보내면 그들은 그곳에서 가정을 이루어 살며 부모에 대한 여러 방식의 효도이벤트를 벌인다. 도시에 정착한 초기에는 고향의 부모 생신을 챙기며, 명절에도 시골집을 방문하여 선물을 드리고 부모님께 효도 실적을 평가받고자 한다. 부모님은 외로움 속에 자녀들의 방문으로 사람 사는 모습을 가지는 시간이 유일한 행복이다.

> "…… 엄마는 식구들이 모이는 왁자한 상태를 좋아했다. 식구들이 모이게 되면 며칠 전에 새 김치를 담그고, 시장에 나가 고기를 끊어오고, 치약과 칫솔들을 준비했다. …… 가족들을 기다릴 즈음의 엄마는 동네 사람들이나 시장통에서 만나는 사람들과 얘기할 때 단연 활기를 띄었고 은근히 자부심이 배어나오는 몸짓과 말투를 보였다."

이런 모임도 세월이 흘러 부모가 도시로 나와 자녀들을 만나는 것으로 변화되었다. 심지어 도시에 올라와도 자녀의 집이 아닌 식당에서 식사하는 것으로 변화되었다. 작품에서 엄마의 실종도 부모 생신을 시골집이 아닌 자녀들이 모여 있는 서울에서 차려드린다는 계획 하에 부모님이 서울로 오는 과정에서 발생된 것이다. 엄마는 자식들과의 통화 시 "엄마는 자식들이 전화를 하면 어떻든 그 통화를 오래 지속하려고 안간힘을 쓰는 쪽이었다."라는 표현에서 보듯이 자녀에 대한 사랑이 안타까운 집착으로 변하고 있는 듯하다.

작품에 등장하는 인물들은 엄마의 실종과 관련하여 각자의 반응을 드러낸다. 엄마의 모든 소망과 꿈을 먹고 자란 큰 아들, 친구처럼 의지하며 부담 없던 큰 딸, 자식 기르는 기쁨을 알게 해준 작은 딸, 평생 살림의 책임을 떠안기며 밖으로만 돌던 아버지 등 가족들은 엄마의 부재를 통해 각자의 이야기를 아프게 쏟아낸다. 이야기 속에서 식구들은 각자 자기만의 엄마를 추억하고, 그 속에서 조금씩 낯설지만 진정한 엄마의 모습을 발견해간다. 엄마의 실종으로 무거운 기운만 흐르는 각 가정에서 모정에 대한 안타까운 심정이 다양하게 나타난다.

먼저 큰 딸의 경우를 보자. 그녀는 엄마에게 무심하여 엄마의 사랑을 눈여겨보지 않았던 기억을 다음과 같이 술회하고 있다.

> "언제부턴가 엄마 집에 가도 서너 시간 머물다가 곧 도시로 돌아오곤 했다. …… 엄마에게 오늘은 자고 갈 거야, 라고 대답했다. 그 때 엄마의 입가에 번지던 미소."
>
> "…… 자신이 하는 일이 엄마의 삶하고는 아무런 상관이 없는 듯이 여겨졌다. …… 엄마에게 자신에게 생긴 일에 대해서 길게 얘기해본 적이 언제던가. 언제부턴가 엄마와의 대화는 간소해졌다."

위와 같은 현상은 산업화와 정보화로 인한 도시와 시골의 생활의 격차에서 일어난다. 큰 딸은 도시에서 바쁘게 살기 때문에 상대적으로 긴장이 없는 시골의 어머니와는 정서적 격차가 발생하여 소원한 관계가 되지만, 일단 엄마의 모습과 어린 시절 추억이 오버랩 되면 어머니와 무한한 혈육의 관계가 회복된다. 이러한 장면은 최일남의 소설에서 흔히 발견되는데, 시골출신 서울 사람들이 어머니를 모시며 살지만 대화는 뜸하게 이루어져 어머니의 귀향 의지를 걱정하게 된다. 그러나 부모님 슬하의 어린 시절 일이나 고향 관련 얘기가 나오면 활기를 찾는 어머니의 모습을 발견하게 된다. 이 작품에서도 과거를 더듬던 큰 딸은 희생만 하면서 살아온 엄마에 대한 복잡한 마음을 토로하고 있다.

> "나는 엄마처럼 못사는데 엄마라고 그렇게 살고 싶었을까? 엄마가 옆에 있을 때 왜 나는 이런 생각을 한 번도 하지 않았을까. 딸인 내가 이 지경이었는데 엄마는 다른 사람들 앞에서 얼마나 고독했을까. 누구

에게도 이해받지 못한 채로 오로지 희생만 해야 했다니 그런 부당한 일이 ……"

다음으로 큰 아들의 경우를 보자. 엄마는 큰 아들을 각별한 정성을 쏟아 키웠다. 우리나라 전통적으로 장남에 대한 투자와 관심은 대단하기만 하다. 이 작품에서도 여전한 모습이다. 어머니는 그와의 대화 중 출생 시를 기억하며 다음과 같이 말한다.

"너는 내가 낳은 첫애 아니냐. 니가 나한티 처음 해보게 한 것이 어디 이뿐이간? 너의 모든 게 나한티는 새 세상인디. 너는 내게 뭐든 처음 해보게 했잖어. 배가 그리 부른 것도 처음이었구 젖도 처음 물려봤구. 너를 낳았을 때 내 나이가 꼭 지금 너였다. 눈도 안 뜨고 땀 ……"

엄마의 큰 아들에 대한 정성과 집념은 대단하며, 그러한 엄마의 진한 마음은, 큰 딸의 다음과 같은 엄마와 오빠 간의 오가는 편지에 대한 회상에서 나타난다.

"오빠의 편지가 오는 날엔 엄마는 밭에 있다가도 도랑에서 빨래를 하다가도 집에 들어와 우편집배원이 전해주는 오빠의 편지를 직접 받곤 했다. 그리고 큰 딸이 학교에서 돌아오기를 기다렸다. …… 편지를 읽어주는 큰 딸의 목소리를 한마디라도 놓칠세라 엄마의 귀는 토기처럼 쫑긋 세워져 있었다. …… 답장을 쓰기 위해 큰 딸이 편지지에 또박또박 엄마의 말을 받아 적을 때 엄마의 손등엔 굵은 눈물이 툭 떨어지곤 했다."

큰 아들은 집안에서 아버지 다음의 대접을 받았다. 아버지가 집을 나가면 아버지가 누리던 독자적 밥상의 혜택을 누리기도 하였다. 아들이 서울에 취업을 하여 집을 떠날 때 엄마가 겪은 작별의 슬픔과 고통, 그리고 염려를 지켜본 큰 딸에 의하면, 아들을 보내고선 엄마는 새벽마다 장독대의 장항아리를 닦았다. 그러한 광경을 지켜보며 큰 딸이 엄마! 하고 부르면 뒤돌아보는 엄마의 우직한 소 같은 눈에 눈물이 그렁그렁 고여 있었다고 큰 딸은 기억한다.

이어서 작은 딸의 경우를 보자. 그녀는 언니에게 보낸 편지에서 엄마에 대한 회한을 다음과 같이 적고 있다.

"특히 엄마의 힘이 어디서 나왔는지 나는 그걸 모르겠어. 생각해봐, 엄마는 상식적으로 한 사람이 할 수 있는 일을 하면서 살아온 인생이 아니야. 엄마는 엄마가 할 수 없는 일까지도 다해내며 살았던 것 같아. 그러느라 엄마는 텅텅 비어갔던 거야. 종내엔 자식들의 집 하나도 찾을 수 없는 그런 사람이 된 거야. ……"

"내가 엄마로 살면서도 이렇게 내 꿈이 많은데 내가 이렇게 나의 어린 시절을, 나의 소녀시절을, 나의 처녀시절을 하나도 잊지 않고 기억하고 있는데 왜 엄마는 처음부터 엄마인 것으로만 알고 있었을까. 엄마는 꿈을 펼쳐볼 기회도 없이 시대가 엄마 손에 쥐여 준 가난하고 슬프고 혼자서 모든 것과 맞서고 ……"

아버지는 엄마가 실종되고 나서 지나온 세월을 회고하며, 무거운 자괴감과 자책감 속에서 아내에 대한 애처로운 마음을 되뇌이고 있다.

"아내를 지하철 서울역에서 잃어버리기 전까지 아버지에게 아내는 형철 엄마였다. 아내를 다시 만나지 못하게 될지도 모르는 상황에 처하기 전까지는 그에게 형철 엄마는 언제나 그 자리에 있는 나무였다. 베어지거나 뽑히기 전에는 어딘가를 떠날 줄 모르는 나무, 형철 엄마를 잃어버리고 그는 형철 엄마가 아니라 아내를 실감하기 시작했다. 오십년 전부터 지금까지 대체로 잊고 지낸 아내가 그의 마음에 생생하게 떠올랐다. 사라지고 난 뒤에야 손으로 만질 수 있을 것처럼 육감적으로 다가왔다."

결과적으로 엄마는 가족들을 헌신적으로 뒷바라지 했다. 남편과 자녀들의 건강과 안녕을 돌보았으며, 특히 자식들이 모두 제대로 교육받을 수 있도록 했다. "공부를 많이 해야 다른 세상으로 갈 수 있다"는 신조를 갖고 있었고, 아들과 딸을 구별하지 않고 모두 학업을 마칠 수 있도록 도왔다. 정작 그녀는 학교 교육을 받아본 적이 없고, 글을 읽지 못한다. 특히 그녀는 자녀들의 학업적 성취와 사회적 성공을 위해 희생을 마다하지 않았는데, 자녀들의 성공으로 자신이 누릴 어떤 현실적 이익에 대한 기대가 아닌 자녀들의 성취와 성공 그 자체가 그녀 자신의 성취와 성공과 동일시된 것이 원동력이 된 것으로 보인다. 엄마에게 자식들은 모두 그녀의 일부이며 전부와 같았다.

4. 회한어린 모정의 독백

엄마는 자녀들과 남편을 절대적 대상으로 생각하고 자신의 모든 것을 불사르며, 헌신적으로 그들을 뒷받침해 왔지만, 정작 엄마의 정을 받은 가족들은 그녀의 감정이나 소망에 대하여 관심을 가져보지 않은 듯하다. 유감스럽게도 가족들은 모두가 무의식적으로 또한 당연한 사실로 엄마는 독자적 정체성이 없고, 처음부터 엄마라는 존재는 자신들을 돌보는 개체라는 환상을 가진 것으로 보인다. 자신들을 돌보는 것이 엄마의 존재 이유이며, 엄마의 즐거움이라는 것이다. 그러나 작품에서는 엄마가 실종되면서 이러한 환상은 현실에 부딪쳐 엄마도 한 인간으로서 가치를 부여 받아야 하며, 자신의 정체성을 간직해야 한다는 점을 주지시키고 있다.

즉, 엄마는 처음부터 엄마로 태어난 사람이 아니고, 가족을 위해 일만 하는 노동자도 아니며, 가족을 위해 사랑을 무한 리필하는 사랑의 화수분도 아니라는 점을 깨닫게 한다. 그러나 엄마는 자신의 고독과 수고의 대가를 바라는 것도 아니며, 조금도 이해해주지 못한 가족들을 향한 원망이나 책임 추궁도 없음을 다음 문장에서 나타내고 있다.

> "나는 몇 해 전에 세워 놓은 선산의 가묘로는 안 갈라요. …… 오십 년도 넘게 이 집서 살았응게 인자는 날 쫌 놔주시오. …… 그냥 나는 내 집으로 갈라네요. 가서 쉬겠소."

한 가족의 엄마로만 살아온 세월에 대한 착잡한 회한을 토로하는 대목에서 원망이 아닌 자신을 돌아보는 심사를 엿볼 수 있다. 엄마는 살아온 날들을 되돌아보며 인생의 회로애락을 되짚어보고 있다. "먹고사는 일이 가장 중하던 그때가 인생에서 행복한 때였다"고 회고한다. 가난한 시절 자식들을 굶기지 말아야 한다는 절박감으로 살아온 날들이 행복했던 날들로 기억된다는 점은 풍요로움이 반드시 행복을 가져다주지 못한다는 점을 지적해준다. 즉, 그녀의 자식들이 어린 시절이었을 때, 그녀의 양육을 필요로 하던 그 시기에 그녀의 역할이 요구되어 존재 이유가 있었다. 그 시절에 그녀의 자식과 남편으로부터 필요한 존재가 되고 사랑받는 그녀의 무의식적 소망들이 현실적으로 성취될 수 있었을 것이다. 그러나 자녀들이 성장하여 돌봄을 필요로 하지 않는 그들에게 엄마는 필요가치가 없어진 존재로 여겨졌을 것이다. 그러한 자녀들의 무의식적 환상 속에서는 엄마는 이미 오래 전에 폐기 처분된 대상이었는지도 모른다. 이러한 현실을 지켜보며 엄마는 자신이 살 가치가 없는 존재가 되었다는 무의식적 환상 속을 방황하고 있는지 모른다.

특히 작품의 제4장에서는 엄마가 환상 속에서 자신이 살아온 흔적들을 추적하면서 회고하고 평가하는 장면들이 전개된다. 새의 모습으로 등장하여 "이제 가야하는데 발걸음이 떨어지지 않네.", "바람결에 그 십자가가 쓰러져 있네.", "…… 나는 이제 갈란다."라고 환상 속의 존재가 되어 세상과 마지막 작별인사를 나눈다. 작품에서 새를 등장시킨 이유는 무엇인가? 작품의 1장에서 엄마가 제삿날 날아와 바가지 속의 쌀에 앉았다 가는 새를 제삿밥 먹으러 온 조상으로 여겼다는 데서 의미를 찾을 수 있을 것이다. 새는 언제든 날아서 다른 세상으로 갈 수 있는 존재가 아니던가? 그녀는 한 평생 다른 세상으로 향하기를 꿈꿔왔던 사람이다(류승화, 2014).

엄마는 평생 보살핌만 받고 가장의 역할을 제대로 못한 남편에 대하여 다음과 같은 심경을 밝힌다.

> "나는 내가 아픈 것을 형철이 아버지 당신에게 알리기 싫었네. 종내는 눈을 뜨는 순간부터 고통이 몰리기 시작하면서 밥도 제대로 못해주었으면서도 당신 앞에선 환자로 있기 싫었소. 그것 때문에 외로운 적이 많았네. 그때도 딸이 보낸 책이 있는 곳에 들어가 움직이지도 않고 드러누워 있었네."

엄마는 마지막으로 자신의 어머니를 향하여 살아온 날들에 대한 아쉬움을 토로한다. 그녀의 마지막 고백을 들으며, 엄마로서의 역할에 대한 고단함과 아쉬움을 절감하게 되는 듯하다.

"엄마는 웃지 않네. 울지도 않네. 엄마는 알고 있었을까. 나에게도 일평생 엄마가 필요했다는 것을."

엄마는 소박한 마음을 나누던 이은규를 생각하며 찾아 나섰다. 그는 오랜 세월 마치 상담사처럼 그녀가 너무나 감당하기 힘든 일이 있을 때 찾아가면 비판 없이 이야기를 들어주고 조언을 해주기도 하는 대상이었으나, 어느 날 홀연히 곰소라는 바닷가 마을로 떠나버렸다. 그녀는 그의 상실에 대해서 스스로를 자책하며 죄책감을 다음과 같이 토로한다.

"진짜로 내가 힘겨워 곰소로 달아난 거였다는 생각이 이제야 드네, 그러고 보면 난 당신에겐 참 나쁜 사람이었소. …… 당신에게 그토록 내 마음대로 해버린 걸 보면 말이요."

그러나 이러한 장면은 작품의 전체적 구도 하에서 부조화된 감이 있다. 즉, 엄마의 행적 중 이은규와의 관계는 이 작품에서 가장 조화되기 어려운 장면으로 보인다. 엄마에 대한 가족이 아닌 다른 남성과의 관계 설정은 절대 선(善)에 가까운 그녀의 행적을 폄하하는 다소 엉뚱한 발상이다.

5. 맺는 글

이 글에서는 실종된 엄마에 대한 자식들의 다양한 자책감 모습과 반응을 살펴보고, 이어서 남편의 입장에서 평생 소홀히 대했던 아내에 대한 자책감 토로 모습을 눈여겨보았으며, 또한 고달픈 일생을 보낸 엄마의 회고 등을 통해 영욕으로 점철된 모정의 세월을 지켜보았다. 작품의 전체를 통하여 엄마의 인생살이 모습과 가족들의 내면이 때로는 격정적으로 드러나는가 하면, 다른 한편으로는 인간애의 따뜻한 현장이 잔잔하게 그려지고 있다. 작중 인물들 각각의 반응을 바라보면서 피붙이 간의 정에 대한 공감을 하게 되는 내용들이 주류를 이루고 있으나, 다소간 토론을 전제로 하는 부분들도 여러 군데 눈에 띈다.

이하에서는 작품 분석을 통해 작품 속에 나타난 의도 및 특징을 짚어보고자 한다.

첫째, 작품 구성상 아들 둘과 딸 둘을 등장시키고 있으나 엄마를 찾는 과정에서 작은 아들의 엄마에 대한 회상이 제외되고 있어 미완의 느낌이 든다. 큰 아들은 엄마의 분신으로서 공무원을 거쳐 건설회사 간부이고, 큰딸은 성공한 소설가로서 왕성한 활동을 하고 있으며, 또한 작은 딸은 서울의 일류대 약대를 나와 세 자녀를 힘들게 키운다는 설명을 하고 있다. 그러나 작은 아들의 역할은 소개되고 있지 않은데, 그의 엄마에 대한 회상과 기억을 또 다르게 표현한다는 것이 자칫 중언부언 하는 사족이 될 수도 있지 않을까 하는 노파심의 발로인가?

둘째, '엄마를 부탁해'는 신경숙의 작품 중에서도 성공작으로 인정받지만 자칫하면 신파극이니 하는 비판이 나올 수 있으나, 식구들 간의 끈끈한 정의 묘사는 복받쳐 오르도록 감동적인 애절함을 느끼게 함으로써 작품의 가치를 인정하게 된다. 또한 엄마의 환상 속에서 자신의 행적을 되돌아보는 장면의 연출은 작품의 품격을 높이고 있다. 백낙청은 작품 해설에서 "딸, 아들, 남편 등으로 관점을 바꾸면서 한 장 한 장 펼쳐질 때마다 평생을 자신들을 위해 헌신해

온 어머니의 모습이 생생하게 되살아난다. 그러나 소설은 '남편과 자식밖에 모르고 산 옛날 어머니'를 복원하는 데 머물지 않는다. 그 어머니에게도 엄연히 실재했던 자신만의 욕구와 고뇌와 방황을 드러내는 마지막 한 방의 충격을 선사하고야 끝나는 것이다."라고 긍정적으로 평가한 바 있다.

셋째, 작품의 구성을 보면, 큰 딸의 관점, 장남의 관점, 아버지의 관점, 엄마의 관점의 순서로 이루어지며, 에필로그로 큰 딸의 관점 하에서 스토리를 마무리하는 형식으로 구성되어 있다. 각 장에서 화자(narrator)가 독특한 형식으로 등장하는데, 대부분의 소설과 다르게 화자가 '너', '당신' 등과 같은 2인칭 대명사를 사용해 작중 인물들의 행태를 소개한다는 점이 독자들을 긴장시키기도 한다. 일반적으로 작품 속의 화자가 작품 내 사건에서 역할을 담당하는 경우를 1인칭, 그렇지 않은 경우를 3인칭으로 구분하고 있지만. 작중 인물을 지칭하는 대명사가 2인칭으로 달라진 것이 이 작품의 스토리 전개 상 특징이다. 이에 따라 독자들은 마치 자기 자신이 소설에 등장하여 배역을 담당하는 것 같은 분위기에 동화되어 소설 속의 사건들에 몰입하게 된다.

넷째, 류승화(2014)는 작가의 의도대로 이 소설은 독자들로 하여금 엄마의 헌신과 희생에 대하여 그리고 엄마 역시 자신의 이름이 있는 한 사람이자, 한 여자였다는 것에 대하여 감동적으로 상기시키는 데 성공한 것 같다고 주장한다. 독자들은 마치 소설 속 엄마의 자식들이 가슴 치며 후회하고 자책하는 것처럼, 각자 자신들의 엄마를 향한 감사와 죄책감의 감정을 추스르느라고 마음 다 잡는 시간이 필요할 것 같다. 그러나 숭고한 모정의 세월을 보낸 작품 속의 엄마가 과연 가족들의 사랑이 부족하여 잠적해버린 것이라고 할 수 있는가? 류승화(2014)는 작품이 제시하는 모성적 모델로서의 인물에 대해 의문을 제기하며, 정신적 고통을 겪고 있는 엄마를 조명하였다. 그는 작품에서 드러나는 엄마의 말과 행동을 근거로 삶의 모습을 분석하고 그 내면의 숨겨진 의미를 찾아 정신분석적으로 해석하고자 하였다. 결론적으로 엄마가 심각한 우울증에 의해 결국 자살에 이르고 말았을 것으로 주장하고 있다. 이러한 주장은 가족들의 불찰과 자기중심적 생활방식이 엄마를 실종으로 몰고 간 원인인 것으로 짐작하게 한다. 종국적으로 엄마가 평생 동안 가지고 있던 모든 사건의 결과에 대한 책임감과 자기 비하의 원인을 규명하고, 또한 가족에게 헌신하면서 자신은 전혀 돌보지 않고 방치하는 성격적인 특성들의 연원을 이해하기 위해서는 그녀의 무의식의 세계와 내면세계를 깊이 분석하여야 할 것이다.

다섯째, 배경렬(2012)에 의하면 이 작품은 한 마디로 엄마에 대한 가족들의 처절한 고해성사라는 것이다. 평생을 자식과 남편에 대한 헌신과 배려의 고단한 삶을 살아온 엄마를 어떻게 그렇게 살도록 내버려 둘 수가 있었을까? 그러나 정말 엄마를 막 대하고 있는 것이 가족들의 생활 속에 나타나는 행동이나 언사들이다. 결국 가족으로 등장하는 너도, 당신도, 우리는 한없이 자책하며 저지른 죄를 고해성사하는 방법 이외에는 다른 길이 없다고 결론을 내리는 듯하다. 그리고 보면 소설 속 큰딸이 로마 여행길에 마침내 미켈란젤로의 피에타상과 만나고 그 앞에 무릎 꿇는 것이 우연일 수 없다. 이것은 죄와 구원을 둘러싼 죄책감의 몸부림이며, 또한 자식으로서 끓어오르는 애절함의 발로이리라.

<한맥문학 2019년 2월>

Chapter 17

신경숙의 장편소설 '아버지에게 갔었어'에 나타난 아버지의 일생

1. 시작하는 글

작가 신경숙의 작품 '아버지에게 갔었어'는 2020년 6월부터 12월까지 6개월간 「매거진 창비」에서 연재한 것을 수정·보완하여 새롭게 단행본으로 출간한 것이다. 작품에서는 주인공 여성이 자기 자식과의 이별이라는 불행을 겪은 상실감을 통해 비로소 자신의 아버지라는 실체를 연민의 정을 가지고 찬찬히 지켜보며, 과거와 현재의 가족 간의 관계를 절절하게 그려내고 있다.

특히 이 작품은 어머니의 입원으로 고향 집에 홀로 남은 아버지를 돌보기 위해 고향을 찾은 딸이 아버지의 지나온 인생 역정을 되짚어보면서 부정(父情)을 조명하고 있는 내용의 소설이다. 2008년 출간 후 베스트셀러로 관심을 모았던 '엄마를 부탁해'에서 어머니의 삶을 다루었던 작가가 아버지에 대한 삶을 소환하여 형상화한 셈이다. 이 작품은 6.25전쟁의 참상 속에서 인간의 실존 문제를 다루고 있으며, 당시 살아남기 위한 고난의 행적은 후일 트라우마로 남아 아버지의 일생을 뒤흔들고 있음을 딸의 입장에서 자각하게 한다. 또한 돈을 벌기 위해 간 서울에서 목격한 4.19혁명의 한 가운데서 순옥이라는 여성과의 만남이 아버지의 삶에 작은 한을 안겨준 것으로 보여진다. 화자(narrator)로서 작품 진행을 하고 있는 주인공인 '헌'은 몇 년 전 사고로 딸을 잃은 불행으로 인한 자신의 상실감을 계기로 아버지의 고통으로 점철된 삶과 대면하며, 자신은 그동안 아버지를 한 번도 개별적 인간으로 바라보지 않았다는 것을 고백하고 있다.

작가는 '작가의 말'에서 "여러 겹의 아버지의 목소리를 찾아내고 싶었다."며 "아무 이름 없이 한 세상을 살다 가는 아버지들에게 바치는 신경숙의 헌사로 읽어주시면 감사하겠다."고 작품의 성격을 설명하고 있다. 이글에서는 개별적 인간으로서 아버지의 실체적 모습을 자식들의 여러 관점에서 찾아내 분석해 본다.

2. 작품의 개요

딸을 잃고 수년 간 홀로 아픔을 어렵게 제어하며 힘겹게 살아가던 주인공 '헌'이 고향 J시를 찾는 것으로 작품은 시작된다. 오랫동안 찾아뵙지 못한 친정어머니가 치료를 위하여 서울에 머물게 되면서 홀로 고향집에 남겨진 아버지를 돌보기 위해서 고향에 온 것이다. 특히 아버지가 어머니를 서울로 보내면서 눈물을 흘렸다는 형제들의 전언에 자책감과 아픔을 억누를 길이 없어 고향을 찾는다. 아버지는 어려서 전염병으로 부모와 위로 3명의 형제를 여의고 장남 역할을 하며 살아왔으며, 6.25전쟁을 겪으면서 어머니를 만나 혼인을 하고 자신의 안일보다는 한 집안의 가장으로서 역할을 다하며 어려운 시절을 살아왔다. 가난하지만 따뜻하고 정감 넘치는 아버지로서 그리고 묵묵히 자신이 맡은 것을 해내는 책임감 있는 가장으로 설정되었다. 구체적으로는 어려운 여건 하에서도 자녀 6명을 대학까지 보내려고 노력을 해왔다는 면에서 아버지의 책임감은 대단한 것으로 평가된다.

오랜만에 만난 아버지는 6.25 전쟁의 참화로 인한 트라우마 영향으로 뇌가 잠들지 않는 상태로 밤마다 고통을 겪고 있다. 주인공 '헌'은 그런 아버지와 함께 지내며 지나온 가족사를 추억한다. 작품은 5장으로 구성되어 있다. 1장에서 주인공은 과거의 기억을 더듬으며 어린 시절의 일들을 되새겨본다. 2장에서는 그동안 변한 농촌의 환경을 눈여겨보면서 아버지의 지난 성장과정을 헤아려 보기도 한다. 특히 6.25 전쟁의 참화 속에서 살아남기 위한 처절한 생존 투쟁과정을 그리고 있다. 3장에서는 우사의 빈방에 놓여 있는 오래된 나무 궤짝 속에 담긴 편지들을 통하여 아버지의 삶을 들여다보고 있다. 특히 리비아 건설현장에 파견 중인 장남과 아버지 간의 편지 교환을 통한 대화는 아버지의 지나온 삶을 드러내고 있다. 또한 젊은 날의 정인(情人) 순옥과 관계도 나타나고 있다. 4장에서는 아버지와 가까이 지내던 사람들의 말을 통해 그동안 몰랐던 아버지를 만나게 된다. 즉, 둘째 아들이 화자인 주인공에게 아버지에 대하여 하는 이야기, 주인공의 어머니 정다래 여사가 바라보는 아버지의 모습과 정인 순옥과의 관계를 들려주고 있다. 그리고 6.25전쟁 중 만난 박무릉과의 관계를 소개하며 오랜 세월 동안 계속되어 온 두 사람의 관계를 적어 아버지를 이해하는데 도움이 되고 있다. 5장에서는 아버지에 대한 가족 구성원들의 다양한 이해와 염려가 소개되고 있다.

결과적으로 작가인 주인공이 자신의 불행했던 지난 몇 년을 뒤로 하고 고향의 아버지와 함께 지내며 아버지의 살아온 모습을 찬찬히 살펴본 기록물인 셈이다. 아버지로서의 한 일이 많은데도 자신이 한 일이 없다고 되뇌이며 그저 살아 냈을 뿐이라고 독백을 할 뿐이다.

작가는 이런 굴절 많은 한 인간으로서의 아버지의 삶을 주목하며. 여러 가족구성원들의 기억과 전언을 통하여 우리 시대의 위대한 아버지에 대한 감사의 말을 전하고자 하는 것이다. 또한 아버지도 처음부터 아버지가 아니었으며, 그저 자신의 삶을 충실히 살아내려고 노력한 인간이라는 점을 첨언하는 듯하다. 특히 아버지가 서울 남대문 시장의 한 식당에서 일하며 주인집 대학생 딸 순옥과의 만남과 인연 설정은 다소 의아했지만 아버지의 인간적 삶의 모습을 보여준 사건인 것으로 해석된다. 아버지는 순옥과 자신의 관계가 어울리지는 않았지만 나름대로 행복을 나누다가 자신의 누나와 아들의 손에 이끌려 집으로 돌아와, 이상세계에서 깨어나 현실세계로 나온 듯이 현실에 충실한 삶을 살아간다. 즉. 자신의 현실을 잊고 잠시나마 추구했던 개인의 행복을 뒤로 하고 다시 자신에게 주어진 가장의 삶을 살아간 것이다.

3. 아버지에 대한 관점

1) 화자인 '헌'의 시각

화자인 '헌'은 6남매 중 4째이며 장녀이다. 이 작품의 주인공으로서 스토리 전개를 책임지며 아버지에 대한 과거를 추적 및 점검하면서 아버지의 개별성과 가장의 면모를 말하고 있다.

아버지는 당시 생계 유지방법으로 농사일에만 전념하지는 않은 듯하며, 다양한 수단을 강구하며 가솔을 부양한 듯하다. 작품에서는

'헌'의 입을 통하여 아버지의 행적에 대하여 다음과 같이 적고 있다.

"…… 아버지는 가게 뿐 아니가 텃밭에 우사를 지어 소를 키우기도 하고 농사일이 없을 때는 엽총을 들고 새를 잡으러 다니기도 했다. 어느 땐 돈을 벌러 가겠다며 겨우내 집을 떠나기도 했다. 아버지가 돈을 벌어왔는지는 나로서는 알 수 없지만 볍씨에 싹을 틔워야 할 때엔 돌아와서 모판에 볍씨를 앉혔다. 문중 논을 짓는 일로만으로는 살아갈 수 없어 아버지가 안 해본 일이 없었던 것일 수도 있는데 어린 내 눈에는 한동안 아버지가 농부로 보이지 않았다. …… 다른 아버지들과는 달리 아버지는 농사일을 열심히 하지 않는다, 뭔가 다른 데 마음이 있는 분으로 각인되었다."

'헌'은 어린 시절 아버지가 자랑스럽지는 못한 것으로 인식하고 있었던 보이는데, 읍내로 통하는 다리 위에서 우연히 마주친 아버지를 모른 체하고 지나갔다고 회고한다. 그녀는 순간 아버지를 외면했다는 사실에 놀라 다시 고개를 돌려 아버지를 찾았으나 인파속으로 섞이는 아버지의 허름한 뒷모습, 사람들 속에서 한없이 작고 초라해 보이던 아버지, 깊은 실의에 빠져 다시는 일어설 수 없는 사람처럼 보이던 아버지의 뒷모습을 따라갔다고 기억한다. 훗날 그녀는 그 순간 아버지의 허름한 모습으로부터 눈길을 돌렸다는 죄책감을 심어놓았다고 가슴아파했다. 중학교를 졸업하고 집을 떠난 후에 다시 집으로 갈 적이면 기차를 타고 고향역에 도착할 즈음, 아버지가 오토바이를 타고 기차역으로 마중을 나왔다. 그녀는 그 때의 아버지의 모습을 다음과 같이 기억하고 있다고 술회한다.

"개찰구를 빠져나와 역광장으로 나오면 거기 오토바이를 세워둔 채 선글라스를 쓰고 헬멧을 손에 든 아버지는 다른 한 손을 쳐들어 흔들곤 했다. …… 매번 아버지가 쓴 선글라스가 낯설어 잠깐 멈춰 서서 아버지를 바라봤던 기억, 내가 자신을 못 알아봐서 멈춰 서 있는 줄 알고 아버지가 한 번 더 손을 흔들 때에 나는 아버지에게 다가갔다."

화자인 '헌'은 어린 시절의 아버지 모습을 소환해보면서 과거에 젖어보기도 하지만 아버지를 돌보기 위해 내려온 현실을 묵묵히 헤쳐 나가는 모습도 자세히 보여준다. 아버지의 현재의 모습이 다음과 같이 그려지고 있다. 이는 6.25전쟁을 겪으며 얻은 마음의 상처와 순옥과의 애절한 관계가 마음의 밑바닥에 앙금으로 자리잡은 것이리라.

"아버지는 자면서도 울고 있었다. 이마에 손등을 얹은 채로 이미 말라붙은 눈물 자국 위로 눈물이 흘러 아버지 광대뼈를 타고 내리다가 입가 쪽으로 흘러들기도 하고 콧대 쪽으로 타고 내리기도 했다. 나는 눈물을 흘릴 수밖에 없는 말해지지 않은 무엇이 아버지 심중에 자리잡고 있는 것인가."

작가는 2장 서두에서 '아버지 내면에 억눌려 있는 표현되지 못하고 문드러져 있는 말해지지 않은 것들'에 대하여 해명해야 할 과제로 염두에 두었다고 적어 아버지의 내면은 매우 복합적 요소들로 혼합되어 있다고 추정한다. 그러면서 아버지는 "사는 일이 꼭 앞으로 나아가야만 되는 것은 아니다. 돌아보고 뒤가 더 좋았으믄 거기로 돌아가도 되는 일이제"라고 말한다.

아버지는 쟁기질을 할 줄 알면 농사를 다 배운 것이라 했던 부친의 말을 실천했다. 전염병으로 형들을 잃고 장남이 된 아버지는 다시 전염병에 부모까지 잃고 고아가 되어, 아버지의 외가에서 아버지를 불러 송아지 한 마리를 손에 쥐어주었다. 송아지가 종자돈이 되어 농사를 이루게 한 것이다. '헌'은 언제나 아버지가 농사일에는 서툰 사람이라고 생각해왔으나 생각과 달리 아버지는 열네 살에 송아지를 기르고 열다섯에는 소의 힘을 빌려 논과 밭을 가는 쟁기질의 명수가 되었다고 한다. 아버지는 열네 살에 어두운 벽을 응시하며 이제 나는 가장이라 이 집을 떠날 수 없다는 생각을 했다는 것이다. 이 집이 자신의 코에 구멍을 뚫고 코뚜레를 걸어놓아서 자신은 이제 이 집이 이끄는 대로 살아가야 한다고 생각했다.

6.25전쟁이 터지자 아버지는 만 17세 전이라 징집을 피해도 기피자가 아니며 집안의 장손이니 어쩌든 살아남아 집을 지켜야 한다고 했다. 아버지는 당시를 회고하며 '집에 지킬 것이 뭣이 남아 있었간디. 지킬 것이라곤 소 한 마리 뿐이었는디'라며 허탈하게 웃었다. 아버지는 소집령을 받았지만 집안의 장손은 살아남아야 한다는 경찰인 자신의 숙부에 의해 귀가 조치되고, 나중에는 오른 손 검지를 절단하여 징집을 피할 수 있게 되었다. 아버지의 뇌가 잠을 자지 않는다는 말을 처음 들었을 때 '헌'은 전쟁 중에 아버지의 손가락이 잘리던 순간이 떠올랐다고 한다. 아버지의 뇌를 잠 못 들게 하는 것이 꼭 그 순간인 것만 같았다. 아버지의 뭉툭한 오른쪽 검지 손가락을 보면 기묘한 슬픔이 밀려오곤 했다는 것이다.

전쟁 중 낮에는 국군이 밤에는 인민군이 들어오게 되자 어제까지도 같은 마을 이웃이었던 사람들의 편이 갈라졌다고 한다. 낮에는 국군이 저쪽 사람들과 내통하는 자가 없는 지 살피고 밤에는 인민군이 저쪽 사람들 편이라고 생각되는 자들을 색출해내서 처형했다. 아버지는 그때를 생각하면 아직도 고통스러운지 어깨를 움츠리고 등을 구부렸다. 아버지는 사람이 무서웠던 적은 그때가 처음이었다고 했다. 누가 무슨 마음을 품고 있는지 알 수가 없었다고, 그것이 가장 무서웠다고 토로한다.

'헌'은 아버지가 자식들 중 가장 의지하는 이는 누가 봐도 큰오빠라고 단언한다. 우리 가족 중에서 그걸 모르는 이는 없다. 아버지가 큰오빠를 부를 때는 자식을 부르는 것 같지가 않다. 친구를 부를 때처럼 우정이 느껴진다. 아버지가 큰오빠에게 가장 많이 한 말은 '미안하다', 그리고 '그거 내가 해야 할 일인데'일 것이다.

아버지는 경영마인드를 가지고 있는 듯했다. 가게를 운영한 경험이 있어서라고 할 수도 있다. 우사에서 소를 키우며 데리고 있는 웅에게 '웅이의 송아지'라는 팻말을 만들어 우사의 송아지 한 마리의 목에 걸게 했다. 웅이의 몫을 챙겨주어 자신의 재산을 불려가는 현실을 보게 하여 성과급제도를 실천한 셈이다. 또한 웅에게 앞으로 살아가려면 마을을 떠나 읍내로 가야하며 그러려면 글을 읽을 줄 알아야 한다고 일렀다. 읍내에는 할 일이 많고 일을 하면 돈을 벌 수 있고 그 돈으로 집을 살 수도 있다고 알려주었다.

웅이가 떠난 후 낙천이 아저씨가 왔을 때도 송아지가 아니라 황소의 목에 '김낙천'이라는 팻말이 걸렸다. 역시 낙천은 자신의 이름으로 명패가 걸린 황소를 바라보곤 했다. 아버지는 소값 파동으로 시위가 벌어졌을 때를 회고하며 자신이 시위현장에 있을 줄은 몰랐었다고 말한다. 전쟁을 겪은 아버지는 사람들이 몰려다니고 집단적으로 행동하는 것을 두려워했다. 너무나 절박하여 말을 해야 싶어서 나서긴 했어도 앞장서게는 되지 않더라는 것이다.

2) 장남인 큰오빠의 시각

주인공 '헌'은 우연히 우사의 나무궤짝 안에 있는 아버지가 큰오빠와 주고받은 편지를 발견하면서, 아버지의 삶을 한층 더 이해하게 되었다. 그 편지들에서 아버지의 자식에 대한 마음, 개인적인 생각들이 진솔하게 드러나고 있었다. '헌'은 오빠가 보낸 편지를 받으며 읽은 아버지의 심정을 엿보게 하는 장면을 다음과 같이 고백하고 있다.

"어떤 곳은 누렇게 얼룩이 져서 글씨가 뭉개져 있기도 하고 물방울을 떨어뜨렸다가 손으로 쓸어낸 것처럼 사인펜 자국이 저 위까지 흐르듯 번져 있기도 했다. 물방울? 아 …… 나는 무릎이 꿇려지는 기분이 되었다. 이 편지를 읽으며 아버지가 흘린 눈물방울이 번진 자국이란 생각이 들어서 손바닥으로 글씨가 번진 자리를 쓸어보았다. …… 오래 전 낯선 나라로 파견근무를 나간 젊은 남자가 책상인지 숙소 침대 바닥인지에 엎드려서 편지지를 앞에 놓고 두고 온 나라 고향의 아버지에게 굵직한 사인펜으로 편지를 쓰는 모습을 상상하는 건 뜻밖에 내 마음을 흔들었다."

아버지는 리비아 파견근무를 앞두고 송별인사를 하러 온 아들에게 안 가면 안 되냐?고 물으면서 이유를 "니가 여기에 없다고 생각하니 겁이 나네. …… 미안하구나. 내가 능력이 있었으면 너가 그 먼 곳으로 가지 않아도 될 것인데"라고 자책하는 마음을 토로하고 있다.

오빠는 자신의 공백으로 아버지가 느낄 불안을 덜어주기 위해 열심히 편지를 쓴 것으로 보인다. 무뚝뚝한 편인 오빠가 선택한 편지쓰기는 그때의 아버지에게 큰 위로가 된 듯 했다. 아버지는 오빠에게 편지를 제대로 쓰기 위해서 한글을 배우러 다닌다고 쓰기도 했다. 아버지의 편지를 통하여 오빠의 마음을 알게 되었다. 즉 오빠는 결혼을 하면서 소 일곱 마리를 아버지에게 사드리면서 결혼을 해서 가정을 이루면 자유롭지 못 할 것 같아 이 소들을 길러 동생들 학비에 보탰으면 한다는 것이다. 대기업 입사하면서 공무원 퇴직금을 불린 돈이라고 했다는 것이다. 이런 아버지에게 오빠는 다음과 같이 편지를 보냈다. 아버지의 마음과는 차이가 느껴지는 좀 가벼운 멘트로 느껴진다.

> "저는 그때 아버지가 소를 살 수 있게 도와드리는 것으로 동생들 학비를 마련해야 한다는 부담에서 빠져 나온 것입니다. 그깟 소 몇 마리로 말입니다. 제게 이런 속셈이 있었다는 걸 아버지가 아셨을 턱이 없겠지요. …… 아침저녁으로 쇠스랑을 들거나 장화를 신고 허리를 굽혀 소들이 내뿜는 더운 입김과 소들이 싸놓은 똥 속에서 일하시는 모습을 뵙고 돌아올 때면 소를 기르도록 권유한 저 때문에 아버지가 저 고생인가 싶어서 마음이 편치 않았습니다. …… 등록금이 셋이 겹칠 때도 있었는데 아버지께서 틀림없이 맞춰 주실 때면 저는 아버지가 존경스러웠습니다. 그렇게 지키신 소들인데 제 소라니요"

큰 오빠는 아버지에게 보낸 편지에서 자신이 누렸던 장남으로서의 대우를 다음과 같이 적고 있다. 한 세대 전의 장남의 역할과 책임은 무엇인가? 오늘 21세기의 치열한 경쟁사회에서는 짐작하기 어려운 일이다.

> "어머니는 늘 그러셨지요. 포도가 한 송이 있으면 반을 뚝 떼서 따로 두시고는 이것은 큰형 것이니 손대지 말라고. …… 지금 생각해보면 민망하지만 그런 일들이 잦아서 저에겐 자연스러운 일이라 그런가보다, 했는데 동생들에겐 그게 매우 큰 특혜로 보였던 모양으로 지금도 가끔 원성을 듣는 답니다. 헌이는 가끔 제게 장남 힘들지? 하면서 어렸을 때 엄마가 복숭아 큰 거 오빠만 줬잖아, …… 국도 오빠 먼저 떠주고. …… 그 대가라고 생각해, 하더라구요."

3) 둘째 아들의 시각

화자인 '헌'은 둘째 아들의 아버지에 대한 시각을 파악하기 위하여 인터뷰하는 형식을 취하고 있다. 먼저 둘째 아들은 동생 헌이로부터 아버지에 대하여 얘기를 해보라 해서 며칠 아버지생각을 골똘히 했는데 구체화하기가 어려웠다고 말한다. 어머니에 대해서는 할 얘기도 많은데 아버지 얘기를 하라니 난감한 기분이 든다고 하였다. 작품에서는 둘째 아들의 기억을 중심으로 그와 아버지의 접점을 찾아낸 결과를 기술하고 있다.

근년에 와서 아버지는 우리가 하자는 대로 따르기만 했지 무엇을 하자고 먼저 말하는 법이 없었다. 다만 선산에 가는 일만은 예외였다. 우리가 성장하여 집을 떠난 후 장마가 지거나 태풍이 오면 논보다 먼저 선산에 가보는 게 아버지의 일이었다. 아버지는 선산에 갈 때는 옷장에서 가장 좋은 옷으로 차려입고, 여름에는 양말까지 갖춰 신고 모자를 챙겨 쓰고 하셨다. 차에 오를 때는 어디 소풍 가는 것처럼 얼굴에 화색이 돌고, 차안에서 옛날이야기를 하셨다. 이러한 아버지의 모습들은 장남으로서 조상을 모셔야 한다는 책임감의 발로라고 할 수 있을 것이다.

또한 둘째 아들은 고향집에서 살던 어린 시절의 일들을 기억해내기도 하였다. 아버지에게 서운한 생각이 들곤 했다는 것이다. 어렸을 때부터 집안 분위기가 형 위주로 돌아가는 걸 봐와서 그렇겠지. 아버지 시대에는 장남에게 많이 기대하고 나중엔 또 많이 의지하는 게 자연스런 일이었다고 봐야지. 아버지는 어디 나갔다 집에 오면 집 안을 휘휘 둘러보곤 했는데, 그게 형을 찾는 거라는 걸 우리 형제들 중 모르는 이가 누가 있었나. 아버지는 늘 형을 찾았다.

그러니 형도 힘들었겠어. 형은 어떤 상황에서도 잘못되면 안 된다는 압박을 받았을 거 아니냐. 집안에 맏이가 곧아야 동생들도 곧

게 자란다는 말을 형은 내가 태어날 때부터 계속 들었을 것이다.

아버지가 형과, 동생이 사는 가리봉동을 방문했을 때 단칸방에 잠시 앉았다가, 흑석동 당숙네로 10년 전에 빌려준 돈을 받으러 가서 처참한 살림을 보고, 오히려 연탄과 쌀을 사주고 집으로 허탈한 모습으로 돌아와 둘째에게 슬픈 얼굴로 다음과 같이 말했다. "네가 형을 도울 수 있으면 도우라"고 하더라. 늘 아버지로부터 형에게 물어보라, 형이 하라는 대로 하라. 같은 말을 듣다가 형을 도우라는 말을 듣게 되니 나도 모르게 무릎이 휘청거렸다.

내가 해양대학교에 가겠다고 했을 때 아버지가 놀라며 형한테 물어봤냐고 하여 물어보지 않았다고 하니 아버지가 무척 당황했다. 해양대학교 나오면 뭐가 되느냐고 물었을 때는 내가 당황했다. 역시 장남에 대한 신뢰와 의지가 대단함을 엿보게 한다.

아버지가 겨울 초입에 맨 먼저 한 일은 가족들 치수대로 산 털신과 내복을 자전거에 싣고 와서 마루에 풀어놓았던 것으로 기억된다. 털신 한 켤레와 내복 한 벌씩 짝을 맞춰서 마루에 쭉 진열해놓고 우리들이 자기 것을 가져가게 했다. 물론 우리 집은 가난했다. 가난뱅이 아버지가 농사지어서 자식 여섯을 모두 대학 공부시키겠다는 꿈을 꾸는 이상 가난하지 않을 수 가 있겠나. 형도 공무원하면서 야간대학 다니는데 내가 일반대학에 가겠다고 할 수가 없다라고. 이것도 둘째의 마음이기도 하다. 나 자신만 생각하지 못하고 이리저리 살피는 것 말이다.

어느 때인지 형수네 부모님이 형네 먼저 와 계셔서 둘째인 우리 집에 주무시기로 했는데, 형네 집이 아니라 밤에 주무시지 않고 서성거리시며 어색해 하시는 것이었다. 우리 집에 주무시는 것이 형네와 뭐가 다른가 원망도 들고 나도 잘 할 수 있는데. …… 싶은 야속한 마음도 들고 했다.

대학입시에 실패한 후 자전거로 무전여행을 떠날 때, 봉투를 주셨는데 앞장에 밥 굶지 마라고 쓰여 있었으며, 봉투 안에는 구겨진 지폐가 들어 있었다. 무전여행 중 사흘 만에 간첩으로 몰려 담양경찰서에 억류되자 아버지가 신원 확인 차 달려와 해명하였다. 아버지는 "마음이 어질고 착해서 지 어머니가 힘들어 보이니까 여동생을 등에 업어 기른 아이이며 형과 동생 틈에서 지 할 말도 제대로 못하고 늘 양보하며 눌려 지내는 놈인데 무슨 간첩이냐. …… 해양대학교에 떨어지고 나서 자전거 여행에 나섰는데 무슨 간첩이냐."라고 아들을 감쌌다. 담양경찰서에서 풀려 나오니 밤이라 여관에 방을 잡고 목욕을 하면서 서로 등을 밀어주었다. 아버지는 나보다 키만 작은 것이 아니라 등도 좁고 팔꿈치도 패어 있고 목 아래에는 꿰맨 자국이 있고 무릎 뼈 앞쪽은 화상 자국이 있고. …… 상처에 비누칠을 해서 문지르는데 마음이 이상했어. 아버지와 단둘이 했던 유일한 여행이었다. 아버지와 여관 마당에 놓인 평상에 앉아 맥주를 마셨다. 아버지가 맥주를 들이켜더니 "너는 어째 그리 생각이 많냐? 너하고 싶은 대로 하며 살아라, 눈치 보지 말고. 나는 네가 뭣이든 하고 싶은 일을 함서 살면 좋겠다." 이어서 아버지는 사람같이 제대로 살려면 우선 공부를 많이 해야 한다고 하시더라. 대학에 꼭 가야 한다고 아버지처럼 살아서야 되겠냐? 아버지는 가난한 시골살이에서 벗어날 수 있는 유일한 길은 대학에 가는 것이라고 하더라. 맥주를 마신 탓인지 서울에서 갈치조림집에서 일하며 그 집 딸과의 만나던 얘기도 많이 했는데, 대학생이라는 여자를 공부를 많이 한 사람으로 불렀다.

이튿날 자전거 뒤에 나를 태우고 아버지는 집으로 돌아왔다. '헌'과의 인터뷰 형식의 답변으로 아버지에 대해 생각을 해 볼 수 있는 시간을 가졌다.

4) 어머니(정다래)의 시각 - 순옥과의 관계

어머니 정다래는 고향집에 머물며 아버지를 돌보고 있는 딸에게 아버지의 병세에 다음과 설명하여 준다.

> "지금쯤은 인자 너도 알게 되었겠네. 어느 때 너그 아버지 주무시다가 어디로 사라지지야? 그거 숨는 것이다. 여태 뭐슬 그르케나 못 잊어서 그러는 건지 모르겄다. 그런지 오래되었다. 너그 아버지 뇌경색으로 쓰러지고 난 뒤부터인 거 같어. …… 잠자다가 잠구새가 생기더만 무슨 꿈을 꾸는지 헛손질을 하다 고통스러운 소리를 냄서 벌떡 일어나서는 어디론가 숨는다. 정신이 들면 암것도 기억을 못 히야. 기억을 못하니 첨에는 나한티 엠한 사람 잡는다고 안힜냐. 쓸데없이 너들한테 말하지 말라고 신신당부를 하는디. …… 그러고 보니 우리는 언부턴가 서로 아그들한테 말하지 말라는 말을 가장 많이 하고 살었네."

어머니는 아버지가 가끔씩 집을 비울 때가 있다고 말하며 그때마다 놀라게 하는 것은 나간다는 말을 하지 않는다. 다만 쌀독이 있는 광 천장 모서리에 돈 봉투를 꽂아놓고 집을 비운다는 것이다. 돌아올 때까지 그걸 쓰고 있으라는 것이었는데 넉넉하지는 않았지만 학교에 낼 돈이나 비상으로 쓸 수 있을 만큼은 넣어두고 나갔다. 가장으로서의 책무를 항상 염두에 둔 행동으로 해석할 수 있겠다.

어머니는 아버지의 정인(情人) 순옥과의 관련된 이야기를 다음과 같이 들려주고 있다.

> "한번은 그 봉투에 돈이 너무 많이 들어 있었다. 돈이 크니까 꼭 너그 아버지가 안 돌아올 생각으로 집을 나간 것만 같어서 봉투를 가지고 너그 고모를 찾아가 내팽개치며 너그 아버지 집 나갔다고 고모가 찾아

서 데리고 오라고 울고불고 했네. 그 무렵에 자꾸 편지가 왔어. 그 편지를 읽는 너그 아버지 얼굴이 나로서는 처음 보는 얼굴이었다. 내가 뭔 편지냐고 물으니까는 얼버무리는 것도 이상했고 잊을 만하면 편지가 또 오는 것도 이상했고 그 편지들을 어데다 두는지 암만 찾아도 찾을 수 없는 것도 이상했어야."

당시 순옥은 집으로 찾아와 어머니로부터 누구냐는 말을 듣자 아버지를 서울에서 만난 적이 있는데 큰 도움을 받았다고 얼버무렸다고 하였다. 아이들 아버지는 집에 없으니 누구냐고 계속 추궁하자 김순옥이라고 하였다. 아버지가 귀가하여 김순옥이 누구냐고 묻자 자전거에서 내리다가 놀라 넘어질 뻔 했다는 것이다. 어머니의 회고는 이어진다. 아버지가 서울에 갔다가 왔을 때가 가장 오래 집을 비웠을 때라는 게 떠올랐어. 가장 오래 집을 비웠는데 전처럼 가져오던 돈도 없었고 운동화라든가 하는 선물도 없었고, 뜻밖에 북하고 북채를 사 가지고 왔으며, 게다가 보름쯤은 앓아누워 있었어. 이후 아버지는 고모와 어머니로부터 심한 질책과 항의를 들으며, 순옥과의 관계를 정리하고 이후 집을 비우는 일이 없이 농사에만 전념하여 우수 농업인으로서 인정을 받았다.

순옥과의 관계는 작가가 자신의 가족사를 소설로 형상화 과정에서 슬쩍 집어넣은 것이 아닌가 짐작된다. 이러한 근거는 작가로 등장하는 '헌'이 아버지 친구인 박무릉을 찾아 대화를 하는 과정에서 찾을 수 있다. 즉, 그로부터 아버지에 대하여 다음과 같은 이야기를 듣는 과정에서 힌트를 얻을 수 있지 않을까?

"자네 아버지는 자네가 거짓말을 한다는 생각이 든다고 하더만, 거짓말이라고는 모르던 딸인데 글을 읽어보면 거짓말이 많다고 하더라고. 내가 그건 거짓말이 아니고 상상력이라고 해주었지."

5) 박무릉과의 관계

박무릉은 아버지가 해방 이후부터 알고 지내며 6.25 전쟁을 통하여 생사를 같이 한 오랜 지인이다. 아버지의 지금 겪고 있는 여러 가지 어려움을 이해할 수 있는 인물이다. 엄혹한 정권 하에서 운동권 활동을 한 셋째 오빠를 숨겨준 아버지의 오랜 친구이다. 그런데 작품에서 그의 등장은 작품 전개에 필수적은 아닌 것 같다. 다만 그의 입을 통하여 체험적인 주장들이 전해지는 점을 눈여겨 볼만하다. 다음은 그를 찾아간 '헌'이에게 해준 말이다. 인간의 신념이나 체제의 이념이라는 것이 얼마나 부질없는 것인가를 외치는 듯하다.

"편백은 불에 타지 않는 나무지만 잘 잘리지도 않아서 목재가 귀할 때도 사람들이 찾지 않았으나 지금은 편백이 자랑이지. 살균작용이 뛰어나다고 알려진 뒤 아주 귀히 알더군. 세상의 기준은 이처럼 한곳에 머물러 있지 않소. 필요에 따라 변화하지. 당연한 것 아니겠나. 그러니 신념이라는 게 얼마나 부질없는 것인가."

박무릉은 '헌'과의 대화에서 아버지의 자랑스런 딸인 '헌'에 대한 생각을 다음과 같이 전해주고 있다. 박무릉이 아버지의 심중을 반영하여 드러내는 강력한 주문인 것으로 판단된다.

"인간이 살아가는 시간 속에는 기습이 있지. 기습으로만 이루어진 인생도 있어. 왜 이런 일이 내게 생기나 하늘에다 대고 땅에다 대고 가슴을 뜯어 보이며 막말로 외치고 싶은데 말문이 막혀 한마디도 내뱉을 수도 없는 …… 그래도 살아내는 게 인간 아닌가. 자네 아버지는 자네 옆에 그저 있어주고라도 싶은데 자네가 옆에 오지도 못하게 한다며 고통스러워했네. 자네가 죽은 사람처럼 기척이 없다고 애태웠지. ……

사람으로는 내 인생의 하나뿐인 동무가 자네 아버지네. 아버지가 자네 옆에 있게 해주소. 힘든 것도 같이 보고 별도 쬐고 열매도 줍고 눈도 쓸고 그러소. 자네 얘기도 하고 아버지 얘기도 좀 들어줘. 달리 무엇을 더 할 수 있겠는가."

'헌'은 자신이 아버지의 얘기를 들으려고 한번이라도 노력한 적이 있었던지 자문해본다. 자신이 핀란드에 갔을 때 그 나라의 사람들도 자신의 이야기에 귀를 기울여주는데, 정작 자신은 아버지의 말도 제대로 들어본 적이 없다는 생각, 아버지의 슬픔과 고통을 아버지 뇌만 기억하도록 두었구나 싶은 자각이 들었다고 자탄한다. 말수가 적은 아버지라고 해도 허심탄회하게 말할 수 있는 딸이 되어주었으면 수면장애 같은 것은 겪지 않았을지도 모른다는 생각이 들었다.

6) 아버지의 마무리 발언

아버지는 '헌'에게 자신이 말하는 것을 적도록 말하고 나서, 자녀들에게 남기는 것들을 구술하였다. 첫째 승엽에게는 외투와 나무궤짝 안의 편지를, 둘째 홍이에게는 북하고 북채와 전축을, 셋째에게는 시계와 술 한병(로얄 살루트)를, 넷째 헌이에게는 헛간에 세워둔 새 자전거를, 다섯째 이쁘에게는 내 선글라스를, 여섯째 막내에게는 우사를 허물고 난 텃밭을 각각 남긴다고 하였다. 헌이 엄마 정다래에게는 자신의 통장을 남긴다고 말하였다. 그리고 아내 정다래에게 다음과 같은 말을 남긴다.

"정다래, 당신은 나한테 열매만 보여줬네. 일생을 내게 열매만 갖게 하느라 얼마나 노고가 많았는가. 미안하고 감사했네. 정다래의 그늘이 얼마나 넓었는지를 그때마다 말로 하지 못한 것이 후회되네. 내가 자주 대꾸를 안 하는 것으로 화를 돋운 거 잘못했네. 당신은 내가 무시해서 그런다 했지만 아니네. 젊은 날 더 많이 옆에 있어주지 못한 일을 돌이킬 수 없어 괴로워 그런 거였으니 용서하소."

자식들과 아내에게 자신의 삶이 짙게 밴 물건들을 남기며 살아온 인생살이를 나지막이 읊조리는 아버지의 모습에서 마치 유언과 같은 느낌이 들어 숨죽여 귀 기울이게 된다. 아버지는 전하는 말을 한 후, 딸에게 "살아냈어야, 용케도 너희들 덕분에 살아냈어야"라고 말했다. 이는 어린 시절 전염병으로 위로 형 셋을 잃고, 부모님을 잃으며 장남으로 살며 지내온 세월과 6.25 전쟁의 와중에서 겪어야 했던 질곡 같은 한 많은 시간을 잘 이겨내고, 마침내는 이를 악물며 자식 여섯을 대학까지 보냈다는 대견함과 안도감을 자식의 기록을 통하여 입 밖으로 흘려보낸 것이 아닐까?

4. 맺는 글

이 작품은 한 가정의 가장인 아버지로서의 책임감을 간직하며 살아낸 전통적 아버지의 모습을 체험적으로 그리고 있다. 노년의 아버지의 모습은 우울하고 애달프게 보이기도 하지만, 가슴 저리게 다가온 건 아버지 자신의 삶에 대한 통찰과 자식들에게 한없이 내주고도 더 내주지 못해 미안하다는 절절하고 아름다운 부정(父情)이 서려있는 지난 세월의 흔적들 때문이리라. 진한 아버지의 애정에 부응하여 자식들 또한 아버지에 대한 연민과 신뢰가 너무도 두텁고 진지하여, 한 시대를 가족 간 우애와 결속력을 다지며 살아온 모습의 전개가 잔잔한 감동과 아름다움으로 다가온다. 작품에 대한 특징을 보면 다음과 같다.

첫째, 작가는 익명의 한국 아버지들의 내면에 숨어 있는 부정(父情)을 드러내어 보임으로써 한국형 가족서사의 뿌리를 탐구하고자 하는 듯하다. 특히 이 작품에서는 한국소설에서 그간 찾아보기 어려웠던 '아버지'의 삶을 형상화하여 페미니즘 소설과 대비되는 관점을 제공한다. 여성작가의 시각으로 아버지의 역할과 위상을 바라보았다는 점이 또 다른 특징을 갖는다고 지적할 수 있다. 그리고 아버지의 인생 역정을 통하여 6.25 전쟁, 4.19혁명 및 5.18 광주항쟁 등의 한국 현대사의 굴곡을 바라다보았다는 점이 보다 구체적인 감동을 준다.

둘째, 한국형 가족서사의 이슈로서 아버지뿐 아니라 가족 전체의 관계에 대한 과제를 독자들에게 제시하는 듯하다. 아버지와 함께 가족 구성원들의 나이 들어가며 아버지를 기억하는 장면들을 연출하여 우리 모두의 이야기임을 지적한다. 화자인 주인공 '헌'이 딸 불행으로 인한 가족들과 격리된 의식을 희석화 해가며, 큰 오빠의 장남으로서의 짐과 위상을 비중 있게 받아들여 아버지의 실체를 이해하는데 도움을 주고 있다. 그밖에 자식들 각자의 부모에 대한 마음가짐을 각자의 관점에서 바라봄으로써 가족의 결속력과 관계설정을 이해하는데 도움을 준다. 특히 큰 오빠의 '이제 부모의 보호자가 되는 일을 두려워하지 말자"는 외침과 아버지의 '용캐도 너희들 덕분에 살아냈어야'하는 술회는 삶의 방식에 관계없이 독자들의 가슴을 깊이 울리는 말이다. 결론적으로 이 작품은 인간 본연의 따뜻함이 느껴지는 한국의 아버지에 관한 이야기였고, 그 아버지의 자식이면서 누군가의 부모이기도 할 독자들에게 공감과 위로를 줄 가족관계 설명서라고 할 수 있겠다.

<한맥문학 2021년 8월>

Chapter 18

신경숙의 소설 '감자 먹는 사람들'에 나타난 딸의 아버지에 대한 상념(想念)

1. 시작하는 글

작가 신경숙의 소설을 읽어보면 완전한 허구가 아니라 그녀가 겪었던 삶에 바탕을 두고 있음을 알 수 있다. 즉, 출생하여 중학교까지 지낸 고향에 대한 추억, 산업현장에서 주경야독하던 일 및 부모님에 대한 기억 등이 작품의 소재로 활용되었다. 또한, 과거와 현실을 넘나들면서 현실적이고 객관적인 사건들을 독자들에게 전달하고자 하는 작가 특유의 전개 방식을 흔히 사용하고 있다.

우리는 매일 부모님을 떠올리지만 막상 대면하게 되면 마음과는 다르게 퉁명스러워짐을 느낀다. 또한, 부모님을 생각하는 현실 하에서는 뭐가 그렇게 바쁘고, 뭐가 그렇게 힘든 것인지 뒤섞인 마음을 추스르지 못한다. 각자의 복잡한 여건에서도 먼 후일에 오늘을 회고해볼 때 후회하지 않도록 노력하는 삶을 끌고 가겠다고 작정해보지만 실현 가능성은 생각만큼 높지 않음을 절감한다.

작품 '감자 먹는 사람들'은 병상에 계신 아버지를 지켜보는 가슴 아픈 상황에서 화자인 내가 딸자식으로서 느끼는 감정들과 스쳐지나가는 추억들을 윤희언니라는 인물에게 보내는 편지 형식으로 구성된 소설이다.

작품의 제목인 '감자 먹는 사람들'은 네델란드의 빈센트 반 고흐(1853-1890)를 위대한 화가로서 명성을 얻게 한 최초의 걸작품이다. 이 그림은 노동으로 정직하게 수확한 양식을 나누는 농부 가족의 모습을 담고 있다. 이 그림에 대해서 고흐는 동생 테오에게 "몸소 일하며 정직하게 식량을 구하는 사람들의 모습을 그리려 했다."고 설명했다. 당시 아직 산업이 발전하지 못해 노동력은 남아돌아, 임금으로 한 끼 식사도 만들기 어려운 시절이었다. 고흐는 빈곤하고 열악한 환경에서 농부들의 일상을 표현하여 진실을 표현하고자 한 것으로 보인다. 즉, 고된 노동 후 감자와 차로 단출하게 저녁식사를 하는 가난한 농민의 삶을 사실적으로 그린 것으로 이해되는데, 그림을 들여다보면 작은 등불 및 5명의 가족, 어둠에 잠긴 좁은 판잣집, 감자 한 접시, 차와 함께, 그림 속 식구들 각자 다른 곳을 보고 있는 것으로 구성되어 있어서 가족의 단절감도 나타나고 있는 것이 아닌가 해석되기도 한다.

소설에서 고흐의 '감자 먹는 사람들'은 주인공이 고향 친구였던 유순이의 전화를 받으며, 자신이 광화문의 판넬 가게에서 구입하여 현관문에 붙여놓은 것을 쳐다보았다는 장면으로 노출된다. 작품에서 이 그림에 대하여 "그들은 희미한 등불 아래서 허름한 옷차림으로 낡은 탁자에 둘러앉아 감자를 까먹고 있었다. …… 하루분의 노동을 마치고 저녁식사를 하는 것일까? 저녁식사가 몇 알의 감자일까? 그래도 그들의 표정은 무척 풍부했다. 태양 아래의 감자밭이 그들 얼굴 위로 펼쳐져 있는 것 같았다. 비참에 억눌릴 만도 한데, 오히려 그들의 표정은 인간에 대한 깊은 공감을 드러내고 있었다."라고 설명하고 있다. 어려서 농촌에서 자란 작가는 그림을 자신감 있게 감상할 수 있지 않을까? 이 그림에 대하여 많은 사람들이 칙칙하고 음울한 분위기를 지적하는데, 작가는 밀레의 만종을 연상시키는 매우 감동적인 언사를 내놓고 있다. 그런데 작품의 전개에서 왜 '감자 먹는 사람들'로 제목을 붙였을까하는 점은 얼른 와 닿지 않는다. 물론 작품의 말미에서 주인공이 아버지와 함께 고구마를 수확하는 아주머니를 보며, 아버지의 고구마 수확에 대한 언급과 어머니와의 통화에서 자신의 과거에 기반을 둔 고구마와 감자 수확기를 생각하는 장면이 소개되지만, 이외에는 작품의 전반에서 어떤 은유적 표현도 삼가고 있는 듯하다. 이 글에서는 아버지의 병상을 지키며, 아버지의 지난 모습에 대한 기억들을 소환해내는 딸의 모습을 관찰하면서 부녀지간의 애정을 다시 생각해 보기로 한다.

2. 작품의 개요

작품의 주요 등장인물을 보면 화자이면서 주인공인 '나'와 병상에 계신 주인공의 아버지, '나'의 선배인 윤희언니, '나'의 어릴 적 친구인 유순 등으로서 이들은 '나'의 진행에 따라 작품에서 역할을 담당한다.

작품은 화자인 '나'의 시선으로 전개된다. 먼저 주인공인 '나'는 과거 음악 방송 프로그램의 리포터로 활동했으며, '가을비'라는 노래 1집 앨범을 냈지만 상업적으로 실패한 무명 가수이다. 지금은 뇌수에 석회질이 돌아다니는 병으로 병상에 계신 아버지를 간호하다가 문득 자신의 선배인 '윤희 언니'에게 자신의 처한 현실에 대한 감정을 담은 편지를 쓰면서 작품의 서두를 시작한다. 다음으로 나의 아버지는 11살이라는 어린 나이에 부친을 여읜 인물로서 평생을 고향에서 성실한 농사꾼으로 살았지만 말년에 뇌에 석회질이 떠다니는 병을 얻어 고통스런 시간을 보내고 있다. 이어 윤희 언니는 '나'의 선배로서 '나'가 라디오 음악 프로그램 리포터로 일할 때 프로듀서로 처음 인연을 맺었다. 서른다섯의 젊은 나이에 남편을 먼저 떠나보내는 아픔을 겪었다. 그리고 유순은 '나'의 어린 시절 친구로서 여덟 살 때 '나'와 헤어진 후 20년 만에 '나'의 노래를 듣고 수소문 끝에 '나'를 만난다. 그녀는 소아 당뇨를 앓고 있는 세 살배기 아이를 두고 있다.

　작품의 발단은 비 오는 날 주인공 '나'는 아버지 병실 창가에서 서서 비가 오는 광경을 지켜보다 아버지 자신과 '나'의 가족들의 고통스러움을 현실로 받아들여야 하는 안타까움을 생각하며, 슬픈 과거와 오늘의 현실을 되돌아보는 장면으로 출발한다. 아버지는 열한 살의 어린 나이에 부친을 여위고 평생을 성실한 가장으로 자식들을 양육하고 교육을 시켜왔다. 아버지는 병이 현재와 같이 심해지기 전에는 자식들이 살고 있는 도시로 이사를 하시라는 권유를 여러 번 받았으나 선산과 문중 전답이 있는 고향을 지켜야 한다는 고집과 사명감으로 완강히 거절하였다. 아버지는 돈을 마련하여 조상들의 묘비를 세우는 일에 전력을 다하여 마침내 자신의 부친 묘비를 세우고 의무를 다한 안도감에 젖는 모습을 보여주었다. 아버지는 7년 전에 발병하여 고향의 도시에서 치료를 받았으나 다시 병이 깊어지면서 병원에 입원하게 되어 '나'는 아버지 병상을 맡아 지키며 과거의 회한에 젖어든다. 아버지는 젊은 시절 심청가 등의 소리를 좋아하며 멋진 목소리로 창의 한 대목을 멋들어지게 뽑아내며 인생의 한 시절을 보내셨지만, 자식들을 키우면서 그런 활동을 그만두셨다. 이제 늙어 병세는 점점 악화되어 의미 있는 의사소통이 힘든 상태가 되었다.

　'나'는 아버지를 간호하던 중 어느 날 병원 세탁실에서 누군가 넘어지는 소리를 듣고, 세탁실로 가보니, 그곳에서는 입원 중인 남편의 똥 묻은 속옷을 빨던 아주머니가 눈물을 흘리고 있었다. 병상의 아주머니 남편은 공사장 인부로 일하다가 사고로 머리를 다친 후 어린아이 지능수준이 되어버렸다는 것이다. 아주머니는 '나'를 붙잡고 서러운 눈물을 흘렸지만 '나'는 아무런 말이나 도움도 줄 수 없는 상황 하에서 아주머니의 사연을 듣기만 할 수밖에 없었다.

　어느 날 '나'는 어린 시절 헤어졌던 유순의 전화를 받는데, '나'는 여덟 살 때 헤어졌던 금촌댁 아기를 보던 유순을 기억해낸다. 전화를 받고 '나'는 문득 현관에 걸려 있는 고흐의 그림 '감자 먹는 사람들'을 바라본다. 그림 속에서 현실의 고단한 생활 하에서도 인간에 대한 깊은 공감을 나타내고 있는 인물들의 표정을 읽는다.

　'나'는 유순의 제안에 따라 덕수궁에서 그녀를 만나서 그녀의 세 살 배기 아이가 소아당뇨로 투병 중이라는 안타까운 말을 듣는다. 유순은 어린 시절 서울로 떠나는 자신에게 신고 있던 색동고무신을 벗어 주었던 것을 잊지 못한다며 '나'에게 고마움을 표했다. 그리고 짧은 만남 후 헤어질 때 유순이가 봉투 하나를 내밀었는데, 그 봉투 속에는 구두 상품권이 들어 있었다. 구두 한 켤레를 교환할 수 있는 정도의 가액이었다.

　'나'는 서른다섯의 나이에 남편을 병으로 떠나보낸 윤희 언니의 불행한 일에 대해 생각하며 심란한 마음을 달랜다.

　'나'는 아버지의 병실을 지키고 있던 어느 날의 밤에 독백처럼 자신이 살아온 세월에 대해 이야기하는 아버지를 어둠속에서 바라본다. 아버지는 병상을 지키는 내가 자고 있다고 생각하면서 계속 독백을 이어간다. 아버지는 조실부모하고 배운 것도 없어서 아예 말을 하지 않고 살아가기로 다짐했다고 털어놓는다. 내가 자지 않고 깨어있는 것을 알면 아버지가 입을 다물어버릴 것 같아 '나'는 자리에 가만히 누워 아버지의 연극배우 독백과 같은 이야기를 듣는다. '나'는 어린 시절 아버지가 겪었을 고통을 들으며 아버지의 인생에 대한 뜨거운 감정을 느낀다. '나'는 쥐죽은 듯 조용한 병실에서 달을 보면서 지난날의 기억들을 더듬어본다. 여러 생각나는 얼굴들이 떠오른다. 아버지는 '달이 떴네.'라는 말에 광분하던 중년 남자였다. '나'는 기획음반사 일행과의 술자리에서 중년 남자가 울면서 "사랑이란 못해준 것만 생각나는 것"이라고 말했던 것이 생각난다.

일주일 후에 있을 정밀검사를 기다리던 날, '나'는 아버지와 함께 병원을 산책하다가 근처의 밭에서 고구마를 캐는 아주머니를 발견한다. 아버지는 그녀에게 "고구마는 비가 온 다음에 캐야 한다."고 자신의 전문성을 드러낸다. 곧바로 병실로 돌아온 아버지는 시골집 어머니에게 전화를 해서 고구마를 캤는지 확인하고 고구마를 캐지 않았으면 자신이 내려가 캐겠다고 말을 한다.

작품에서는 병상에 계신 아버지의 간호에 관한 이야기와 함께 윤희 언니, 같은 병원의 다른 환자 보호자, 홍수로 딸을 잃은 중년 남자 및 자신을 찾아온 유순의 슬픈 사연들이 소개된다.

3. 작품 속에 나타난 불행의 편린들

1) 아버지에 대한 상념의 편린

아버지는 젊은 시절 창에 몰입하여 지내시기도 했지만 자식들이 커가면서 농사일 등을 열심히 하여 교육을 시켜야 한다는 일념으로 가장으로서 역할에 전념하였다. 그러나 아버지는 좀처럼 자신의 속마음을 드러내지 않았으며 자신에 관한 이야기도 하지 않았다. 그렇다보니 병상에서의 아버지가 어느 날 밤중에 이야기하는 광경은 '나'에게는 매우 어색하게 느껴졌다. '나'는 병실에서 힘겹게 살아온 아버지의 삶에 대한 다음과 같은 독백을 들으면서 아버지의 살아온 과거를 이해하게 된다.

"너그들이 생기고부터는 세상이 덜 무섭고 조금은 만만해 비더라. 나는 암말도 않고 너그덜 가르치는 일로만 살았어야. 누가 시비를 붙여도 속으로 그맀다. 내 자식들이 핵교 다니고 있으니께 너그덜이 나한테 그리봐야 암 소용없다. 한때 집을 버리고 다르게 살고 싶은 적도 있었다. 근디 양친 잃고서 그토록이나 무섭든 내 맴이 나를 붙들더라. 내가 다르게 살자고 너그덜을 무섭게 할 수가 없드라. 나는 가진 것은 없으니께 어떡해든 핵교에 보내서 배울 만큼은 배우게 혀서 지 걸음들을 걷게 해주야지. …… 그 생각이 마음조차 다물게 하더라. 입 다물고 또 입다물고 말았던 내 맴이 내 병이다. 그것이 내 머릿속을 그르케 만든 것이여. 너기 엄메조차 나한티 어찌 그르케 말을 안허냐고 답답히서 살지를 못허겄다고 해도 나는 암말도 안허는 거시 세상을 살아가는 무기였다."

작품에서는 병상의 아버지를 바라보며 지나온 세월을 되새겨보는 자식의 심경을 애잔하게 묘사한 다음과 같은 구절들은 독자들의 마음을 울린다.

"아버지를 보고 있으면 나는 모든 인간이 지니고 있는 지나간 과거에 쓰라림을 갖게 됩니다. 누가 실루엣으로 서 있는 저 과거를 저버릴 수 있겠어요. 결국 오늘도 내일의 과거일 텐데. 그런데도 때로는 갑옷 같은 과거에 저항을 느끼기도 합니다. 그 옷만 벗어 버리면 숨통이 트일 것 같은 때도 있습니다."

작가는 죽음을 겪었거나 죽음을 겪어야만 하는 인물들을 통해 인간의 삶이란 결국 고통과 아픔이라는 것으로 점철되어 있으며, 그것이 우리의 삶이 가진 숙명적 불행이라는 사실을 일깨운다. 또한 다음과 같은 주인공의 안타까움을 통하여 아버지의 고단한 인생의 말미를 보여주는 듯하다.

"아아, 저절로 눈이 감깁니다. 부친의 육체가 지니고 있는 가난했던 과거, 병이 침투한 현재, 이젠 당신 혼자서 흙으로 돌아갈 미래라니요. …… 못해 준 것만 생각나는 것이 사랑이라면, 나는 여태껏 사랑도 한 번 제대로 못해 본 셈입니다."

아버지의 삶의 방식에 대하여 자식들이 뭐라고 말하기는 어려우나 각자가 자신의 입장에서 아버지의 사고에 대하여 한마디씩 던지면서 자식으로서의 체면치레를 하는 모습이 작품에서 다음과 같이 나타난다.

"칠년 만에 재발한 아버지의 병에 가장 놀란 분은 어머니인데 우린 부친이 쓰러지기 이틀 전에 술을 마셨다는 고모님의 말씀을 듣고 모두들 어머니를 쳐다봤다. 마치 부친의 병을 재발시킨 게 어머니나 된다는 듯이. 설마 아버지의 병이 오로지 이틀 전에 마신 술 때문이기야 하겠냐만은, 어디다 대고 원망할 데가 없는 우리들은 어머니이기 때문에 괜한 화를 내는 것이지. …… 여섯 명이 돌아가면서 한 마디씩만 해도 여섯 마디. 그 원망 속에 부친의 건강에 대한 염려만 실려 있는 건 아니었다."

위의 장면에서 보듯이 여섯 자녀들은 평소 아버지의 병을 잊은 채 지내다가 단 한 번의 기회에 어머니를 지목하고 불만을 표출하여 자신들의 죄책감을 면하려는 엉뚱한 퍼포먼스를 선보이고 있는 듯하다. 그러자 어머니는 서운하여 "너희들은 지난 칠년을 아버지 병을 잊고 살았겠지마는 나는 니 아비가 숨소리만 이상하게 내도 가슴이 철렁한 세월이었다."고 하시며 눈물을 보일 때 모두들 입을 다물었다. 어머니는 아버지와 단둘이서 시골집에서 밤을 맞는 걸 두려워하시며, 한 번도 도시에 살아본 적이 없지만 이따금 우리가 살고 있는 도시로 터전을 옮겨오고 싶다는 희망을 내비치곤 하여 혼자 사는 불안감을 드러냈다. 그러나 아버지는 돌보아야 할 선산과 문중 전답들이 있는 그 마을을 조금도 떠날 생각이 없고, 오히려 그곳에 새 집을 짓고 싶어 하셨다. 어머니 마음속에는 자신이 자식을 여섯씩이나 길러놨는데 뭣 때문에 혼자 너희들 아비 임종을 지킨다 말이냐 하는 의지가 들어 있는 듯하다.

주인공 '나'는 아버지의 일생에 대하여 넋두리 하듯 속삭인다. 부친의 육체가 지니고 있는 가난했던 과거, 병이 침투한 현재, 이젠 당신 혼자서 흙으로 돌아가야 할 미래를 생각하며, 다음과 같이 지난날들을 회고한다.

"…… 아버지의 탄력 있는 젊은 목에서 뽑아 올려지던 그 소리들, 부친이 당신의 영혼 속에 스며들어 있는 소리를 누르고 이 누추한 삶에 주저앉을 수밖에 없었던 건 쑥쑥 발목이 굵어지고 있는 우리 형제들 때문이었을 테지요. 그렇게 좋아하던 낡은 가죽북을 선반에 올려놓았던 건 자식들 앞에선 오로지 현재와 미래에 충실할 수밖에 없어서였겠지요. …… 문득 지난 생애의 자취를 한묶에 싹 문질러버리고 울고 계시는 겁니다. 왜 내가 여기에 있느냐? 하면서요."

작품에서는 아버지를 향한 자식들의 절박한 마음이 진솔하게 나타나고 있다. 부친의 의식 없는 날이 계속되자 오빠는 넋 나간 사람처럼 중얼거리며, "아버지, 살아만 주세요. 이젠 잘할게요."라며 간구하는 모습을 보인다. 나는 이 세상의 많은 남자들 중에 저 사람이 오빠라는 것이 믿음직스러웠다. 비록 울고 있는 연약한 모습이긴 해도 그를 이해하려고 애쓰게 된 건 그때부터인지도 모르겠다는 생각이 들었다. 우리 형제들은 십 수 년 전에 도시로 떠나온 후론 아버지라는 존재는 무슨 상징처럼 언제나 그곳에 계시는 분이었지 이 세상에 안 계시는 분은 아니었다고 회고한다.

2) 지인들의 가족관계에 대한 상념의 편린

주인공 내가 아버지의 병실을 지키면서 기억에 떠오른 인물들, 그들은 지난 세월 동안 모두 고통스러운 삶을 겪으며 살아내고 있는 사람들이다. 서른다섯에 남편을 병으로 먼저 떠나보내고 홀로 딸을 기르며 살아가는 윤희언니, 공사장 인부로 일하다 사고로 뇌를 다쳐 어린아이가 되어버린 남편을 4년 동안 간호하고 있는 '아주머니', 소아 당뇨를 앓고 있는 세 살배기 아이를 둔 유순, 홍수에 딸을 잃은 중년남자, 이들은 모두 가족의 불행과 죽음이라는 삶의 고통 앞에서 아파하고 고뇌하는 인간들이다.

제일 먼저 떠 오른 사람은 윤희언니로 지목된다. 주인공 내가 아버지의 병상을 지키며, 어렴풋이 윤희언니를 상대로 편지를 쓰고 있는 것으로 느껴진다는 것이다. 윤희언니는 병약한 근친이 풍기는 이 초라하고 가련한 냄새를 알고 있을 것 같은 느낌을 공유하는 것이라 생각된다. 윤희언니가 방송국에서 프로듀서로 있는 음악 프로그램의 리포터로 함께 일할 적에 꼭 언니가 지금의 아버지처럼 울곤했다는 것을 기억한다. 언니와 함께 있던 시간이 많았기에 어쩔 수 없이 우는 모습을 나에게 보이게 되면 언니도 내 아버지처럼 얼른 고개를 돌리곤 했다. 언니는 첫 번째 앨범을 낼 수 있게 음반회사 사람들을 만나게도 해주었으며, 언니 이모가 경영하는 레스토랑에서 노래를 부를 수 있도록 주선해주었다. 언니의 남편은 위암이 발병하여, 아이를 낳기 전에 수술을 하여 경과가 좋은 듯 했으나 병이 재발하여 그렇게 5년을 병상의 남편과 살았다고 하였다. 그 사람의 어머니조차도 남은 사람 그만 고생시키고 조용히 눈을 감아주었으면 할 정도로 상황이 힘들었고 상태도 좋지가 않았다고 한다.

언니가 출근할 적마다 남편은 앙상한 메마른 손으로 언니의 손을 잡아주곤 했다는 것이다. 그렇게 손을 잡히고 나면 하루분의 영양분을 공급받은 것같이 하루를 버틸 수가 있었다고 한다. 그의 어머니마저도 자신의 회생을 믿지 않게 되었을 때, 남편은 언니에게 "여보 날 포기하지 말아줘. 당신마저 나를 포기하면 정말 죽을 것 같아."라고 말하기도 했으며 언니도 단 한 번도 남편을 포기하지 않았다. 언니는 결혼한 지 여섯 해 동안 남들같이 살아본 것은 6개월뿐이라서 남편이 먼저 떠나는 것을 받아들일 수가 없었다는 것이다. 남편이 죽은 후에야 언니가 그 사람을 지켜주고 있었던 게 아니라, 그 사람이 언니를 지켜주고 있었다는 것을 알았다고 고백한다. 병상에서의 모습으로라도 그 사람이 살아 있어주기만 했으면 좋겠다고 회고한다.

아버지 병실을 지키던 중 세탁실에서 누군가 넘어진 모양인지 무언가 부서지는 소리가 나고 바로 울음소리가 들려 세탁실에 가보니, 누군가 넘어진 게 아니라 옆 병실 환자의 아내 되는 사람이 빨래를 하다가 빨래를 내팽개치고는 울고 있었다. 그 아주머니는 병원 내 있는 성당에서 만나 알고 지내는 관계이다. 아주머니는 남편이 공사장 인부였는데 4년 전에 건물 꼭대기에서 굴러 떨어지는 목재에 머리를 얻어맞고 뒤로 넘어진 후로는 어린아이가 되어버렸다고 한다. 남편은 아무 것도 기억을 못하고 먹는 것밖에 모르며 소변과 대변을 가리지 못하여 언제나 보호자가 있어야 한다. 아주머니는 평소 밝은 웃음을 잃지 않고 지냈으나, 친정어머니와 시어머니가 각각 맡아 기르는 큰아이와 둘째아이를 만나고 오자, 남편이 바지에 똥을 가득 싸놓고 뭉개고 있는 것을 빨다가 나를 보자, 그나마 눌러 참고 있던 울음을 터트린 것이다. 아주머니는 잠긴 목소리로 "내가 죄가 많은 사람이에요. 하느님을 섬기면서도 하느님 말씀을 지킬 수가 없다구요."라고 하소연한다. 나는 그 순간 병원 엘리베이터 안에 붙은 문구를 떠올렸는데, 거기에는 "마음이 슬픈 자는 행복하다. 그는 위로받을 것이다."라고 적혀 있었다. 그날그날의 기분에 따라 그 문구는 울분을 돋우기도 하고 기쁨을 주기도 한다는 것이다. 작품에서는 결론적으로 그 말씀이 인간으로서는 어찌해볼 수 없는 속수무책의 막다른 슬픔에 빠질 때 비빌 언덕이 되어 가슴을 쓸어내려주기도 한다고 풀이한다.

아주머니는 눈물이 가득 고인 눈으로 나를 쳐다보며 "내가 나쁜 년이지요?" 하면서 마치 신부님 앞에서 고해성사를 하듯이 "오늘만 그런 게 아니랍니다. 매일 매일이 그랬어요. 매일매일 차라리 죽었으면 하고 바라지요. 그러고는 죄스러워서 성모님 앞에 무릎을 꿇고 기도를 한답니다." 라고 '나'에게 말한다. 아주머니는 절망적으로 말하기를 남편이 회복되어봐야 갈 곳은 공사뿐이라며 눈물을 흘린다. '나'는 멋쩍게 서 있는 일밖에 없었으며, 아주머니를 위로할 말이 없었다고 토로한다.

오래 전에 헤어졌던 유순의 전화를 받고 20년도 넘는 그녀와의 만남이 이루어졌다. 2년 전부터 '나'를 찾았는데, 식당에 틀어놓은 라디오의 추억의 노래에서 내가 부른 가을비라는 노래를 듣고, 방송국과 음반회사를 추적하여 내 전화번호를 알아내었다는 것이다. 유순은 안양에서 작은 한식당을 한다고 하며, 덕수궁 정문에서 만나서 반가움을 나누었는데, 그녀는 오랫동안 서서 일한 사람만이 가질 수 있는 건강한 종아리를 가지고 있었다. 세상의 습진 곳을 참 굳세게도 헤치고 걸어 나온 힘이 그녀의 종아리에서 느껴졌다. 덕수궁을 한 바퀴 돌고나서 은행나무 밑의 나무의자에 자리를 잡았다. 유순은 눈물을 흘리며 지금까지 '나'를 잊은 적이 없다고 말한다. '나'는 그녀와의 곽거 기억을 더듬어본다. 유순이가 기억하고 있는 '나'는 여섯 살 유순이에게 삶은 감자를 건네주었고, 다락에 잠을 재워주었으며, 거지라고 놀려대는 마을 아이들 속에서 유일하게 제 편이 되어주었다고 기억을 말해준다.

임목이가 식모라고 놀리는 것을 그러지 말라며 편을 들어준 것 등을 고마운 기억이라고 말한다. '나'는 유순이가 금촌댁네 아이들을 등에 업고 있었다는 기억밖에 없었다. 또한 금촌댁은 걸핏하면 유순이를 쥐어박았고, 저녁밥을 주지 않았으며, 걸핏하면 방에서 내쫓았던 것으로 기억한다. 유순이는 젓갈장수가 금촌댁내에서 하룻밤을 묵어가면서 몰래 두고 갔다고 하며, 이후 서울에서 식당을 하는 금촌댁 동생에게 보내져 잔심부름을 하며 중학교 까지 교육을 시켜주었으며, 자신이 야간고동학교를 졸업하고 식당에서 만난 남편과 결혼을 하여 이젠 살만하게 되었다는 것이다. 그녀가 서울로 올 때 내가 색동 코고무신을 준 것이 '나'를 한 번 만나보고 싶다는 마음이 간절했다는 것이며 이제 만났으니 행복하다는 것이다. 유순이 '나'에게 다음과 같은 마음을 전했다. 즉, 꼭 한번만 만나봤으면 원이 없을 것만 같던 '나'를 만났으니 행복하다는 것이다. '나'는 유순이가 행복하다는 말을 너무나 분명하게 발음해서 아찔했다. 행복하다고 그렇게 분명하게 말하는 사람을 만나본 것이 너무 오랜만이었다. 그러나 유순은 행복한 환경은 아닌 것 같다. 자신의 슬픔을 잊고 신세진 사람에 대한 고마운 마음을 가지며 행복하다고 하는 심성은 너무도 아름다운 것 아닌가? 사실은 유순이 세 살 배기 아이가 소아당뇨로 병원에 입원 중이라는 말을 하며, 자신이 모르게 지은 죄가 아이에게 간 모양이라고 말을 한다. 오랜 시간 이야기를 나눈 동안 그녀에게 닥친 불행에도 불구하고 오랜 친구를 만나 고마움을 전하며 행복하다고 말하는 그녀를 보면서 나는 그만 할 말을 잊었다. 헤어질 때 유순이가 아주 조심스럽게 봉투하나를 주며 사양하는 나에게 꼭 주고 싶었다고 말한다. 헤어져 귀가 길에 봉투속의 것을 보니 금강 구두티켓 12만원이라고 씌어 있었다. 어린 시절 색동 코고무신 받은 것을 빚으로 생각한 모양이다.

주인공 '나'는 어느 날 늦은 귀가 시 우연히 음반기획자 일행을 만났다. 그들은 전작이 있어 적당히 취한 상태이었으며 동석을 하자는 등 실랑이 끝에 근처 호텔 스카이라운지의 창가에 자리를 잡았다. 일행 중에는 처음 보는 중년의 남자도 끼여 있었는데, 그는 자리에 앉자마자 탁자에 얼굴을 묻고 있었다. 나는 창밖 하늘을 보게 되었는데, 둥근 달이 떠 있어서 무심코 '달이 떴네'라고 중얼거리자, 그 중년 남자가 피로한 얼굴을 들어 밤하늘의 둥근 달을 한참 멀거니 바라보다가, 막 울고 나서 나한테 네가 달에 대해서 뭘 아느냐고 손가락질을 하면서 엉엉 소리 내어 울었다. 그의 사연은 이렇다. 그 남자는 남매, 달님이라는 여자 아이와 해님이라는 사내아이를 두었는데, 그 중 달님이가 학교에 다녀오다가 강에 설치된 임시 다리를 건너다 그만 실종된 사건이 있었다. 그 중년 남자에게는 인생의 큰 고통으로 남아있는 것이다. 그는 다음과 같이 울부짖는다.

"…… 당신이 부른 노래를 들으니 사랑에 대해서 꽤나 아는 척하던데 당신이 알아? 사랑이 뭔지나 알아? …… 사랑이란 그렇게 말이 많은 게 아니야. 못해준 것만 생각나는 것이 사랑이라구. 그걸 당신이 알

기나 해? ……그런데 말야 이젠 얼굴도 생각이 안 나. 얼굴이 생각 안 난다구."

달님이 엄마는 아직도 달이 뜨는 밤이면 집안의 불을 다 끄고 달빛이 온전히 집안으로 스며들어오게 한다는 것이며, "우리 달님이가 왔네" 하면서 슬픔을 기억한다는 것이다. 여기에 추가하여 작품에서 주인공 '나'는 "못해준 것만 생각나는 것이 사랑이라면, 나는 여태껏 사랑도 한번 제대로 못해본 셈이다"라면서 중얼거린다. 지난날들에 대한 회한이 어린 가슴 아픈 분위기가 연출된 듯하다.

4. 맺는 글

이 작품은 아버지의 병상을 지키는 주인공 '나'가 윤희 언니에게 보내는 편지 형식의 소설로 인간의 존재(생)와 소멸(사)에 대한 애잔한 마음을 보여주고 있다. 주인공 '나'는 혈육과 지인의 불행한 사건을 그저 받아들이기 어려운 현실 하에서 문득 윤희 언니에게 편지를 쓰면서 그간의 간직했던 상념의 편린을 털어 놓는다. 하필 고해성사의 주관자로서 편지의 대상이 윤희 언니인 것은 남편의 죽음을 경험하여 서러운 마음을 가슴에 담고 있어서 병상의 아버지를 지키고 있는 '나'와 깊은 정서적 유대감을 공유하기 때문이다. 이 작품의 특징을 살펴보면 다음과 같다.

첫째, 작품에서는 주된 내용으로 병상에 계신 아버지의 모습과 어머니의 고통스런 심사 등 가족 구성원들을 비롯한 지인들, 윤희 언니, 유순이, 중년 남자의 불행한 삶의 궤적을 다루고 있다. 작가는 서간형식으로 윤희언니를 통하여 자신의 가슴 아픈 가정이력을 사실적으로 고백함으로써 독자들의 일반적 수용성(general acceptance)

을 높이고 있다. 작품에서 등장인물들이 겪은 사연들은 사람들이 일반적으로 겪는 것들이며, 때로는 털어버리지 못하고 간직한 채 살아가야 하는 것들이다. 작품은 인간의 숙명적인 불행한 사연들에 대한 깊은 상념의 편린들을 독자들에게 내보여서 공감을 얻고 있다. 또한 "마음이 슬픈 자는 행복하다. 그는 위로 받을 것"이라는 성당 엘리베이터 안에 붙어있는 문구를 인용하여, 아픔을 겪는 사람들에게 비빌 언덕을 제공함으로써 희망의 분위기를 전달하고 있다.

둘째, 제목 '감자 먹는 사람들'이 작품의 전반을 반영하는지 생각해볼 문제다. 다만 작품 전반을 통하여 고흐의 그림과의 관련성과 시사점을 제시하는 장면은 명확히 제시되지 않고, 아버지가 과거의 수확하던 시절을 회상하며 귀거래사와도 같은 다짐을 하는 모습으로 대신하는 것 같다. '감자 먹는 사람들'은 고흐가 그린 초기 작품 중에서 비교적 큰 화판에 여러 사람을 그려 넣은 최초의 그림이다. 당시 고흐는 밀레처럼 농촌의 애환을 그리는 농민 화가로 인정받았다. 작가는 작품 말미에 주인공이 아버지를 부축하여 병원 공터에서 한 여인이 고구마 캐는 장면을 보여주고 있다. 아버지는 고구마 캐는 아주머니를 보고 어둡게 "고구마는 비가 온 다음에 캐야 쓰는디요."라고 말씀하시자 "나는 감자도요."라고 추가한다. 그러자 아주머니는 "그런 일은 상관 말구 아저씬 아프지나 말아요. 늙으면 그저 건강하게 있어주는 것이 자식들 도와주는 것이라구요."라고 응답하여 감자 먹는 사람들의 언저리를 맴도는 듯하다. 아버지는 어머니와의 통화에서 "나는 오늘같이 가을볕이 좋은 날, 밭에서 고구마를 캐다가 그렇게 갈라네. 늦봄 볕이 따사로운 날 감자를 캐다가 가만히."라고 말씀을 한다. 이러한 아버지의 소박한 모습을 그린 장면들은 고흐의 그림에서 풍기는 분위기를 반영한 것이 아닐까 짐작을 해본다.

셋째, 아버지의 병이 재발하여 병상에서 되돌아보는 아버지의 삶과 지인들이 겪은 죽음으로 인한 불행을 생각하며, 작가는 죽음 또한 인간의 숙명이며, 끝없이 반복되는 자연의 순환적 질서라는 윤회적 가치관을 피력하고 있다. 작품의 다음과 같은 대목에서 작품의 의도가 드러나는 듯하지만 작품 말미에서 너무 허무주의로 흐르는 것은 아닌가 하는 쓸쓸한 앙금이 남는다. 물론 작품에서는 주인공이 다른 삶을 사는 새로운 증인들에게 노래를 통하여 희망을 전달함으로써, 그들의 생을 빛나게 하고 또한 자신의 삶이 의미가 전달될 것이라는 기대를 가지며 결말을 맺는 듯하다.

"내가 이미 누군가의 존재를 잊었듯이, 나의 존재를 기억할 나의 증인들도 사라지겠죠. 나의 아버지를 시작으로 해서 이제 나는 끝도 없이 나의 증인들을 잃어갈 것입니다. 가을이 끝나가는 저 하늘에 잠시 모였다가 흩어지는 저 구름처럼, 결국은 아무 것도 남지 않겠죠. 존재의 무(無). 그러나 끝없는 순환. 한편에서 나의 증인들은 사라지고 다른 한편에서 나의 증인들은 태어나고 …… 다시는 돌아오지 않을 것들 앞에서 노래를 부르고 싶은 욕망이 더 강해지는 건 또 어인 까닭인지."

<한맥문학동인회사화집 2022년(22호)>

Chapter 19

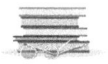

이승우의 단편소설 '나는 아주 오래 살 것이다'에 나타난 가정폭력의 후과(後果)

1. 시작하는 글

　작가 이승우는 1959년 전남 장흥군 관산읍에서 출생하였으며, 서울신학대학교를 졸업하고 연세대학교 연합신학대학원을 중퇴하였다. 현재 조선대학교 문예창작학과 교수로 재직하고 있다. 그는 1981년 「한국문학」 신인상에 '에리직톤의 초상'이 당선되어 등단하였고, 1991년 '세상 밖으로'로 제15회 이상문학상 우수상을, 1993년 '생의 이면'으로 제1회 대산문학상을 수상했고, 2002년 '나는 아주 오래 살 것이다'로 제15회 동서문학상을 수상하였다. 이어서 2007년 '전기수 이야기'로 제52회 현대문학상, 2010년 '칼'로 제10회 황순원문학상을 받았다. 2009년 '식물들의 사생활'이, 2013년 '그곳이 어디든'이 프랑스 갈리마르의 폴리오 시리즈 목록에 올랐다. 카뮈, 사르트르, 오르한 파무크와 어깨를 나란히 했다는 해석을 낳기도 한다. 이 때문에 프랑스에서 가장 높은 평가를 받고 있는 한국 작가로 보인다. 그리고 2013년 '지상의 노래'로 제44회 동인문학상, 2019년 '캉탕'으로 제27회 오영수문학상, 2021년 '마음의 부력'으로 제44회 이상문학상을 수상했다.

작가는 종교적 색채를 바탕으로 하여 인간의 내면세계를 치열하게 탐찰하는 작품을 부단히 계속해 오고 있다는 평가를 받는다. 이 작품에서는 1997년 당시 경제 위기를 맞아 사회에서 퇴출당한 한 기업인의 정신분열증을 다루고 있으나, 작가의 진의는 가정폭력이 본인의 불행은 물론 가족들의 인생에도 중대한 영향을 미친다는 점을 그리고 있다. 구체적으로 어린 시절 아버지의 폭력에 시달려 심한 트라우마를 겪는 한 기업인의 아픔을 적절하게 그리고 있다. 작품을 통하여 가정폭력은 자녀들에게 후과로 남는다는 점을 내비치고 있다.

2. 작품의 개요

1997년 IMF 경제위기로 인한 소위 신자유주의(주주자본주의) 사회가 도래하면서, 우리 사회는 양극화 현상을 보이며, 현실적으로는 절망에 빠진 사람들을 도처에서 발견할 수 있었다. IMF 외환위기로 인해 파산한 기업인들, 직업을 잃은 사람들, 가족 간의 신뢰를 잃은 사람들, 미래의 희망을 잃은 사람들. 역사의 어느 시기이든지 그러한 사람들이 존재했겠지만 당시 경제위기 하의 와중에 심한 절망감을 느낀 사람들이 특히 많았던 시기라고 할 수 있을 것이다. 문학이 절망감에 사로잡힌 자의 상처와 치유에 대한 묘사를 통해 휴머니즘을 앙양하는 것이라면, 그들의 상처와 내면을 진실되고 충실하게 살펴보는 것도 문학의 중요한 역할이라고 할 수 있다. 이러한 의미에서 기업실패자의 절망과 가정사를 다룬 이승우의 '나는 아주 오래 살 것이다'를 눈여겨볼 필요가 있다. 이 소설은 기업파산으로 인한 세상과 지인들로부터 받은 상처와, 어린 시절의 가정폭력 후유증으로 인해, 좁은 공간에 칩거 형태로 빠져버린 주인공의 내면을 리얼하게 표현하고 있다는 점에서 그 문학적 기교와 가치를 인정받을 수 있을 것이다.

작품에서 주인공은 외환위기와 구조조정으로 인하여, 자신이 운영하던 기업이 파산상태에 직면하고, 노조와 채권단으로부터 모욕까지 받으면서 회사를 빼앗겨 하루아침에 빈털터리가 되는 불행을 겪었다. 그는 자신의 인생이 그렇게 끝나리라고는 한 번도 생각해 보지 않았던 터라, 그에게 이러한 상황의 변화는 정신분열 증상을 가져와, 불면증과 자폐증, 타인에 대한 공격성과 같은 돌출적 행동을 일으킨다. 주인공의 딸은 아버지의 심리적 공황상태를 극복하도록 돕기 위해 여행을 주선한다.

그 후 아내와 함께 떠난 단체여행에서, 그는 돌출적 행동으로 기이한 체험을 하게 된다. 그는 우레산 산행 시간 중 일행에서 떨어져 혼자 암자를 지나 산 속으로 들어간다. 산 속을 걸어가던 중 그는 우연히 사람 한 명이 겨우 들어갈 수 있는 동굴을 발견하고, 그곳으로 들어가 동굴 속의 두 갈래 길에 위치한 좁은 공간에 몸을 누이게 된다. 불면증으로 시달림을 당하는 그가 실종 소동을 일으킬 만큼 그토록 오랜 시간 동안 홀로 떨어져, 산 속의 어두운 동굴에서 4시간 동안 편안한 수면을 취하였다. 믿기 어려운 현상을 어떻게 설명할 수 있을까? 그는 그를 위해 만들어진 특별한 공간에 제대로 들어앉은 듯한 친밀감을 느낀 것으로 설명된다. 그는 언젠가 한 번 그 동굴에 간 적이 있는 것과 같은 스스로 착각에 빠진다. 당시의 그의 현실은 세상으로부터, 그리고 타인으로부터 완벽히 차단된 고립된 장소를 필요로 했으며, 그 동굴은 그에게 가장 편안한 공간이었던 것이다. 이는 기업파산과 사회로부터 받은 상처로 인해 스스로를 유폐시키고자 하는 주인공의 심리를 상징적으로 보여주는 광경으로 설명할 수 있다. 거기에 더하여 어린 시절 아버지의 폭력을 피해 다락의 좁은 공간을 찾았던 트라우마도 기본적인 몫을 한 것이라.

　주인공에게 닥친 위와 같은 사실은 대부분의 사람들의 경우에도 역시 비슷하게 나타날 수 있을 것이다. 불행한 일로 상처를 받거나 현실의 여건이 힘들 때면 어떤 누구와도 말하기 싫어지고 자신만이 점유할 수 있는 공간을 원하게 될 것이다. 특히 다른 사람으로부터 방해를 받지 않는 차단이 완벽하게 이루어질 만한 그런 공간을 찾게 되고 그 공간에서 위로를 받으면서 안도감과 안락함을 느끼게 될 것이다. 주인공이 동굴 속의 갈레 길에 위치한 터널 속에 들어가서 편안하게 오랜 시간 수면을 취한다 해서 이러한 행위가 정신 이상이라고 하는 것보다는 그의 행동에 대한 기저를 지배하는 그 심리를 독자들은 이해할 수도 있을 것이다.

　더구나 주인공은 어린 시절 경제적 무능력자인 아버지가 술에 취할 때마다 난폭해져, 폭력을 당하는 경우가 빈번한 아픔을 가지고 있다. 그때마다 그는 아버지의 폭력을 피해서 벽장 속의 뒤주 속에 숨어 지내던 과거의 아픈 체험을 가지고 있다. 독자들도 어릴 적 부모님으로부터 꾸지람을 들으면 다락방에 들어가 피신하다가 잠을 들기도 했던 기억이 있을 수도 있을 것이다. 잠깐 사이에 다락방에서 잠을 자고 깨어나면 다시 평화가 찾아온 듯한 편안함을 느끼게 된다. 주인공은 어릴 적 아버지의 폭력을 피해 다락방의 뒤주 속에 숨어서 느꼈던 안도감을 아주 오랜만에 우연히 들어간 동굴 속의 공간에서 누웠을 때 그 편안함을 다시 느껴 본 것으로 추측된다. 바로 그가 좁은 동굴에서 느꼈던 안정감과 자신이 만든 직육면체 조형물 속에서 느끼는 편안함에 대한 심리적 뿌리가 어린 시절의 가정폭력에 기인한 것으로 볼 수 있을 것이다.

그러나 작품에서는 주인공이 재현하는 편안함 추구는 사회와 가정으로부터는 단절을 가져와 자신이 고립된다는 점을 보여준다. 자신은 현실도피로 상처치유의 기분 좋은 안락감을 가질 수 있지만 사회로부터는 정신질환자로, 가족인 아내와 딸은 점점 더 그를 멀리하고 정상적으로 응대하지 못하게 된다. 결국 그만의 선호하는 좁은 공간에서 지내며 '나는 아주 오래 살 것이다'를 중얼거리는 그는 가정폭력의 후유증을 앓고 있는 정신질환자로 내몰릴 수밖에 없을 것이다.

3. 기업실패자가 겪는 가정폭력의 후유증

1) 1997년의 경제위기에 따른 기업파산

당시의 경제위기는 흔히 IMF 외환위기로 불린다. 우리나라의 외환이 급속도로 인출되어 보유액이 절대적으로 부족하여 국제적 결제능력을 상실해가는 위기에서, IMF로부터 구제금융을 받고 국내 경제정책에 대한 통제를 받았던 시절을 의미한다. 이런 위기로 인하여 많은 기업이 도산하였고, 그에 따른 많은 사람들이 실업자로 추락하였으며, 많은 기업인들이 몰락의 길을 걸었던 시절이다.

구체적으로 외화차입금이 많은 기업, 각종 기계설비 등에 대한 리스기업, 원자재 수입기업 등은 대부분 파산하였다. 작품에서는 주인공이 어떤 업종에 종사하여 어떤 문제로 파산하여 노조원들에게 당한 악몽으로 모멸감을 느끼고 있는지 알 수 없으나 작품의 분위기로 보아서는 1987년 6월 항쟁으로 봇물처럼 터진 시기와 유사한 기업환경을 느끼게 한다. 그 시절에 노사분규로 인한 가치관의 혼란으로 많은 기업인들이 봉변을 당하거나 응징을 받은 사실이 널리 알려진 바 있다. 1997년 경제위기 이후에는 노사갈등보다는 기업의 파산과 실업자의 양산, 중산층의 몰락으로 인한 가치관의 대혼란과 같은 격동기의 사회모습을 보여주고 있다. 작품에서는 1987년 6월 항쟁 전후의 모습을 보여주는 듯하다. 구체적으로 작품 속의 경제광경을 보기로 한다.

주인공은 기업인으로서 경제위기를 피하지 못하고 파산하여 몰락의 심연으로 떨어진다. 작품에서는 그의 기업경영 실패원인으로 다음과 같이 설명하고 있다.

> "해외 시장을 넓히겠다는 의욕을 가지고 국내외에서 무리하게 자본을 끌어들인 것이 발목을 잡을 줄은 몰랐었다. 외환위기와 구조개혁 바람이 불면서 그의 회사는 채무비율이 너무 높은 악성 기업이 되었다. 과감한 해외투자는 재산도피의 수단으로 매도되었다. 수습을 위한 계열사를 처분하고 인원을 줄이겠다는 방안을 내놓았지만 힘에 부쳤다. 계열사 매각은 흐지부지 시간만 흘러갔고, 인원감축은 노조의 격렬한 저항을 불러일으켰다. 그들은 그를 악덕 기업주로 간주했고 회사를 파산으로 몰고 간 무능한 경영자로 내몰았다."

그는 경제위기 하에서 기업을 살려보려고 시도한 노사간 대화와 협상에서 실패하였으며, 그로 인하여 정신적 충격으로 재산파탄에 이어 심리적 파탄상태에 까지 이르렀다. 그러한 일련의 과정을 작품에서는 다음과 같이 담담하게 서술하고 있다.

> "노조원들과 담판을 짓겠다고 들어간 농성장에서 그는 달걀 세례를 받았고 옷이 찢겼으며 무릎꿇림을 당했다. 세상에 태어나서 처음 당하는 수치와 굴욕이었다. 이 수치스러움은 '무릎 꿇어, 무릎 꿇어, 이 쌍놈아' 하면서, 그의 머리를 탁탁 치면서 '더러운 자식' 하면서 누군가

침을 뱉었다는 기억은 밤만 되면 되살아나 그를 괴롭혔다."

그러나 주인공의 위와 같은 수치와 굴욕은 거기서 끝나지 않았다. 계속되는 수치와 모멸감으로 불면증이 생기고 그로 인하여 가족들도 괴로움을 당해야 했다. 그의 수치를 가져온 사건을 작품에서는 다음과 같이 그리고 있다.

"그날 정부와 채권단은 그의 경영권을 박탈하는 결정을 내렸다. 하루아침에 회사를 빼앗긴 그는 빈털터리가 되었다. 그는 자기의 인생이 그렇게 끝나리라고는 한 번도 생각해보지 않았었다. 불쑥불쑥 치솟는 울화를 이기지 못하고 밤에 깨어 일어나 괴로워하며 벽을 치고 술을 마시고 소리를 지르게 될 줄은 정말 몰랐었다."

2) 기업파산에 따른 정신분열

작품에서 주인공은 치밀어 오르는 울화를 어쩌지 못하고 괴성을 지르거나 쿵쿵거리며 걸어 다니거나 쾅쾅 소리 나게 벽을 치는 바람에 아내와 딸도 덩달아 잠을 이루지 못했다고 설명하고 있다. 그의 아내와 딸은 그가 정신질환의 증세를 보이지 않을까 노심초사했고 그의 신경을 건드리려고 하지 않도록 애를 썼다. 그의 아내는 정신과 의사를 찾아가 상의를 하자, 의사는 갑작스런 환경변화나 스트레스가 원인이라는 하나마나한 소리를 들려주었다고 한다.

그의 이상한 증상은 인간관계에서도 나타난다. 커피숍에서 본 과거 거래 은행의 전무는 그를 외면하였다. 그의 기업이 제대로 굴러갈 때는 고향이 이웃이라며 형님으로 부르며 지낸 사이다. 붙임성 있게 대하며 자신의 조카 취업부탁도 하던 사람이 그를 못 본 체하며 나가버리자 이를 참지 못한 주인공은 쫓아나가 목덜미를 잡고

면상을 향하여 주먹을 날리었다. 그러자 은행 전무는 '교양머리 없이'라는 말을 뱉었다. 이에 격분한 그는 '니놈이 그럴 수 있어? 나 아직 안 죽었어, 임마'라면서 소란을 피우는 촌극을 벌이기도 했다. 그날 사건 현장에서 딸 선영이가 울상을 짓고 서 있는 풍경을 보자, 그는 울화가 일순간에 사라지면서 치욕을 느끼고 얼음장이 등골을 오싹하게 하는 듯했다. 그는 참담한 기분을 애써 삼키는 딸의 한없이 가라앉은 목소리를 잊을 수가 없다고 한탄한다. 집으로 돌아오는 택시 안에서 선영이가 아버지에게 불쑥 여행을 제안하여 작품은 본격적으로 진행된다.

3) 기업파산자의 안식처

주인공은 그의 딸 선영이의 주선으로 아내와 함께 단체여행길에 오른다. 그는 여행 시간 내내 다른 사람들과 어울리지 못하다가 사흘째 되는 날 우레산 등산 프로그램에 따라 암자를 거쳐 산 속으로 들어간다. 다른 여행객들은 산 위에서 산 아래에 펼쳐지는 단풍을 감상하는 시간에 그는 일행 중에서 떨어져 암자 뒤 산신각을 지나 혼자 숲속으로 들어갔다. 작품에서는 그가 어딘가 사람이 찾을 수 없는 곳으로 사라져 버리고 싶다는 충동을 느낀 것은 아니었을까? 하는 추측성 주석을 달고 있다. 그래서 그의 심연 한구석에 그런 욕구가 자리 잡고 있었을 것이라고 추정해보는 것도 터무니없다고 말할 수는 없을 것이다. 그리고 자기의 인생이 끝났다는 깊은 절망감은 세상으로부터 자신을 고립시키는 칩거의 형태로 나타났던 것이다. 그는 자폐의 어둠속에 스스로를 가두고 있었던 것이다. 이러한 심리상태는 그가 산을 오르던 중 동굴을 발견하고 동굴 속으로 들어가 두 갈래 길에 자리한 움푹 패인 공간을 발견하고 그리로 들어가 누웠다는 사실에서 입증된다. 그는 오랫동안 깊은 잠에 빠지며 편안한 안식을 느꼈다고 한다. 꿈도 없이 깊은 잠을 잔 것이다. 참으로 오랜만에 깊은 잠을 오랫동안 잔 것이라고 작품에서는 강조한다.

그가 오랜 시간 동안 집합하기로 한 버스로 오지를 않자, 버스는 예약된 식당으로 가고, 여행사 직원이 경찰에 연락하여 의경 1소대가 와 암자 스님의 안내로 수색한 끝에 동굴 속에서 그를 찾아내는 것으로 여행의 끝을 맺는다. 동굴 속에서 나온 그는 아내에게 다음과 같이 설명한다.

"나도 기대하진 않았어요. 거기 그런 데가 있는지는 몰랐는걸요. 그랬는데, 그 안에 들어가자 잠이 쏟아졌어요. 오랜만에 찾아온 참으로 편안한 잠이었어요. 그것뿐이에요."

그는 그 후 가끔씩 혼자 배낭을 메고 우레산으로 갔다. 동굴에서 그는 열두 시간씩, 심지어 어떨 때는 스무 시간씩 잠을 잤다. 그가 편안한 잠을 잤지만 그의 가족들은 불안할 수밖에 없었을 것이다.

주인공은 집에서 바둑책을 읽었다. 그의 아내는 무슨 책을 읽든지 그런 건 중요하지 않았다고 한다. 그녀에게는 남편이 책을 읽고 있다는 사실만이 의미 있게 받아들여졌다. 남편이 만든 그 이름 붙이기 어렵던 공작품도 그럴 듯하게 보여. 희망이 있는 것으로 생각되었다. 곧 밤에도 잠을 잘 자게 될 것 같았고, 방문을 열고 밖으로 나올 것 같았고, 사람들과 섞여 농담도 하게 될 것 같았고, 예전의 활력과 기운을 되찾을 것 같았다는 기대를 갖는다. 그의 가족들은 그가 목수학교에 가서 대패와 톱을 배운 걸 다행이라고 생각했다. 불면증은 아직 여전했지만, 그에게서 동굴에 대한 유혹을 지워 낸 것만 해도 상당한 성과라고 평가했다. 그러나 그들의 믿음이 희망고문으로 다가왔음이 곧 드러났다. 즉, 어느 날 아침 그가 식사하러

오지를 않아 그의 아내는 불안한 마음으로 그의 방안으로 들어갔지만 보이지를 않았다. 작품 속에서 밝히지는 않았지만 그는 지하실에서 만들어 방에 들여놓은 직육면체의 조형물 속에 들어가 잠을 잔 것으로 보인다. 그의 아내는 사색이 되었고, 그녀의 딸도 그의 아버지 방에서 그 장면을 본 듯이 사색이 된 것으로 보여 그가 정신질환을 심하게 겪는 것으로 판단되었다.

4) 몰락 기업인의 가정사

작품의 후반부에 주인공의 어린 시절 성장과정에서 겪었던 가정사가 소개된다. 그의 아버지는 경제적 무능력자로 처가의 지원에 의존하여 살림을 꾸려가는 처지였다. 그러기에 그의 아내에게 온순하게 처신하며 지냈으나 술만 먹으면 폭력적으로 변하여 그의 아들을 불러 세워 괴롭혔다. 그의 아들은 벽장으로 숨어 아버지의 폭력을 피하려 하였으며, 특히 벽장 안에 있는 뒤주 속에 들어가 숨어 잠을 자기도 하였다. 처음에는 갑갑하던 뒤주 안이 시간이 지나면서 오히려 견딜만해졌고 나중에는 안락하게까지 여겨졌다. 그의 당시 상황을 작품에서는 다음과 같이 소개하고 있다.

> "그날 이후 아버지가 술에 취해 늦게 귀가한 날이면 나는 언제나 벽장 속으로 들어갔고, 뒤주 속으로 들어갔다. 뒤주 속에 들어가 문을 닫고 몸을 웅크리고 있으면 근육과 신경이 이상스레 느슨해지면서 기분 좋은 안락감이 찾아왔다. 그럴 때 나는 어김없이 잠속으로 빨려 들어갔다. 꿈도 없는 깊은 잠을 잤다. 아버지와 상관없이도 벽장 안에 들어갔다. 낮에도 뒤주 속에 들어갔다."

결과적으로 기업이 파산하여 정신분열증을 보이듯이 행동하는 그의 모습은 그의 아내와 딸을 당황스럽게 하나, 이미 어린 시절 아버지의 폭력적 행동에 대응하여 형성된 것으로 보이며, 이러한 과거의 트라우마를 이해하여야, 아내와 함께한 여행에서 우레산 동굴 속으로 들어가 깊은 잠에 빠진다거나 집안에 그가 만들어 놓은 직육면체 조형물 속에서 잠을 자고 책을 읽는 등 일상을 보내는 기이한 행위를 받아들일 수 있을 것이다. 이 작품이 의도한 것은 아니겠지만 가정폭력의 불행한 현장과 후과(後果)를 목격하게 된다. 그의 어린 시절을 살펴보아야 파산한 주인공의 현재의 문제를 풀어주는 열쇠를 손에 쥐게 될 것이다. 그는 하루의 대부분을 자기가 만든 조형물, 그 직육면체 안에 들어가 보냈다. 밖에 있을 때는 불쑥불쑥 치밀어 오르던 울화도 그 안으로 들어가면 눈 녹듯 사그러 들었다고 한다. 밖에 있을 때는 살 희망이 생기지 않았지만, 그 안에 들어가면 그런 생각도 나지 않았다. 그 때문에 그는 그 안에 들어가야 했다. 대개는 잠을 잤지만 책을 읽기도 했다. 나중에는 과자나 빵과 같은 간식을 먹기도 했고 맥주나 커피를 마실 수도 있게 되었다. 어느 날부터는 그 안에 누운 채 일기도 썼다. 그 좁은 공간에 하나씩 물건이 쌓여갔다. 작가는 그런 생활을 하는 그의 심리상태에 대하여 다음과 같이 기술하고 있다.

> "그는 그 안에서 나오지 않으려고 했다. 그의 세계는 그가 들어가 누운 널의 크기만큼 작아졌다. 그렇지만 그는 불행하지 않았고 불편하지도 않았다. 어린 시절에 그는 아버지와 상관없이 벽장 안에 들어갔었다. 낮에도 뒤주 속에 들어가 시간을 보내곤 했었다. 그때도 불행하지 않았고 불편하지 않았었다."

그러나 작품에서는 그의 과거 가정사로부터 기인한 현재의 불행을 이해하지 못하는 그의 아내와 딸의 모습을 다음과 같이 안타깝게 그리고 있다. 아직까지는 그들 가족 간의 상호이해가 이루어지지 않는 평행선의 모습이 눈에 선할 뿐이다.

> "아내와 딸은 되도록 그의 방에 들어오지 않으려고 했다. 그들은 널 속에 들어가 누운 채 모든 시간을 보내는 아버지와 남편을 보고 싶지 않았다. 그것은 그들에게는 곤욕이었고 고통이었고 슬픔이었다. 그들은 언제나 그를 이해하고자 했고, 이해할 수 있다고 생각했지만, 그러나 결코 그를 이해할 수 없었다."

4. 맺는 글

이 작품은 한 기업인의 어릴 적 아버지로부터 겪은 가정폭력의 트라우마가 기업실패 후 그 현상을 고스란히 드러낸 과정을 다루고 있다. 경제위기에 나타나는 단순한 세태고발 소설을 탈피하여, 정교한 정신분석학적 고찰과 모티프 분석이 요구되는 섬세한 심리소설로 발전시켰다는 특징을 보여준다. 이 작품에 대한 구체적 분석과 시사점을 짚어보면 다음과 같다.

첫째, 기업인으로서 주인공이 기업실패로 종국에는 가족과 사회로부터 자폐적 행동을 보이는 상황을 리얼하게 그리고 있다. 그가 유년시절, 술에 취할 때마다 난폭해지는 아버지의 폭력을 피해서 벽장 속의 뒤주 속에 숨곤 하던 아픈 체험이 기업파산 후 그 후과를 드러내는 것을 그리고 있다. 즉 그가 단체여행 중 우레산 동굴 속에서의 편안한 잠을 자는 느낌으로 다시 구현되었던 것이다. 작품 속에서 "뒤주 속에 들어가 문을 닫고 몸을 웅크리고 있으면 근육과 신경이 이상스레 느슨해지면서 기분 좋은 안락감이 찾아왔다. 그럴 때 나는 어김없이 잠 속으로 빨려 들어갔다"는 어릴 적 회상 장면은 바로 그가 우레산의 좁은 동굴에서 느꼈던 안정감의 심리적 기저를 설명해주는 것으로 분석된다.

둘째, 주인공이 기업파산 후 가족의 권유로 목수학교에 다니면서 배운 기술을 활용하여 만든 공작물은 그의 기저에 깔려있던 자폐적 증상의 소환물이라고 볼 수 있다. 최종적으로 그가 만든 조형물은 그 자신이 들어갈 수 있는 기묘한 직육면체 형태의 나무통이었다. 그것은 어릴 적 다락방에 있던 뒤주를 연상시키는데, 그는 그곳에서 하루의 대부분을 보낸다는 점이다. 작품에 의하면 '밖에 있을 때는 살 희망이 생기지 않았지만, 안에 들어가면 그런 생각도 나지 않았기' 때문에 그가 그런 행동을 보인다고 설명하고 있다. 결과적으로 어릴 적 다락방 뒤주로 시작하여 단체여행 중의 동굴 및 자신이 제작한 직육면체 나무통은 그에게 편안함을 가져다주는 칩거의 여정 수단이다. 작품 전개상 동굴의 모티프를 통해서 가족과 사회로부터 유배당한 기업실패자의 처절한 심리상태를 안타깝게 보여준다. 그러한 불행에 대한 처방전은 무엇인지 작가는 묻고 있는 듯하다.

셋째, 이 작품을 통하여 경제적 기반이 인생의 행복에 요구되는 충분조건은 아니지만 필요조건은 된다는 것을 동의하게 된다. 주인공이 어린 시절 경제력 없는 아버지의 가정폭력으로부터 시달려 그로 인한 후과가 성인이 되어 나타나고 있다. 또한 주인공이 기업의 실패를 맛보면서 가족들에게 정신분열증을 보여주는 것도 경제적 기반이 무너졌기 때문이다. 즉 경제력이 없는 아버지가 술 취해 아들에게 행사하는 폭력의 트라우마가 주인공으로 하여금 혼자만의 안락함을 추구하는 자폐적 환경에 빠져들게 하고, 기업이 파산하여 사회로부터 격리된 수모로 작용하여 혼자만이 있는 장소와 시간을 선호하도록 상승작용을 일으킨 것이 이 작품의 주요 내용인 듯하다. 결과적으로 경제적 기반이 극단적으로 흔들려 본인은 물론 가정이 흔들린 것으로 보인다.

<서정문학 2023년 여름호>

Chapter 20

최일남의 소설을 통해 본 1970년대 가족 구성원과 가정부의 관계

1. 작품의 배경

최일남은 1932년 12월 29일 전북 전주에서 출생하여 전주사범학교를 거쳐 서울대 국어국문학과를 졸업했다. 사회 경력으로는 민국일보 문화부장, 경향신문 문화부장, 동아일보 문화부장과 논설위원 등을 역임하여 소설가라기보다는 언론인이라는 평가를 받을 만 하다고 할 수 있다. 그는 1953년 〈문예〉지에 「쑥 이야기」가 추천되고, 1956년 〈현대문학〉에 「파양(爬痒)」이 추천되어 등단하였다. 이후 1960년대까지는 언론인 역할에 충실하여 작품 활동이 미진하다가 1970년대 들어 다시 작품을 발표하였다. 한참 동안 언론인으로 일하면서 세상살이를 날카롭게 지켜보며 작품 구성에 대한 모티브를 발견해낸 것으로 보인다. 1970년 이후 발간한 작품집으로는 1975년에 〈서울 사람들〉을 발행해낸 이래, 〈타령〉(1977), 〈손꼽아 헤어보니〉(1979), 〈홰치는 소리〉(1981), 〈너무 큰 나무〉(1981), 〈거룩한 응달〉(1982), 〈누님의 겨울〉(1984), 〈장씨의 수염〉(1986), 〈그때 말이 있었네〉(1989), 〈히틀러나 진달래〉(1991), 〈하얀 손〉(1994), 〈아주 느린 시간〉(2000), 〈석류〉(2004) 등을 발간하였다.

그의 작품에 대한 전반적 특징으로는 도시에 비해 상대적으로 낙후된 고향의 모습과 그 고향을 떠나 출세한 시골 출신의 도시인들이 느끼는 부채의식 등을 주요 내용으로 한다는 점을 들 수 있다. 즉, 1970년대 들어 농경사회가 해체되고 급격히 산업화와 도시화로 생활의 변화가 극심한 과정에서 체험한 일들을 역사적 맥락 속에서 관찰하여 풍자와 해학으로 써내려간다는 점에서 최일남의 작품 세계는 1970년대의 사회 변동에 대한 문학적 자산이라고 할 수 있다. 그의 작품들은 가난과 관련된 문제를 직설적 표현으로 들추어내기보다는 풍자와 역설의 기지로 엮어내는 관계로 조남현(1988)은 최일남을 박완서와 함께 "건전한 윤리 의식을 프리즘으로 삼아 1970년대 세태와 풍속을 풍자적으로 또는 비판적으로 그려낸 채만식의 후예"라는 평가를 한 바 있다.[18]

산업화 과정에서 가난한 고향을 떠나 산업현장에서 가족과 자신의 생계를 위하여 고된 일을 마다하지 않은 여공들의 생활을 다룬 많은 작품들이 있다. 최일남은 도시화 과정에서 농촌을 떠나 산업현장으로 가지 않고 도시 중산층 및 상류층 집안의 가정부로 진출한 여성들의 존재를 주목하고 있다. 그는 '점순이'(1975)와 '너무 큰 나무'(1977)에서 당시 존재감이 없는 식모(가정부)가 바라보는 도시 중산층과 상류층 사람들의 생활상을 그리고 있다. '점순이'는 중산층 집안의 가장이 일찍 퇴근하여 맞이한 공무원의 호구조사를 계기로 가정부인 점순이의 존재를 인식하게 되면서 가정부의 세계를 찬

---

[18] 조남현, "한국현대소설 사략", 『한국문학 개관』(어문각, 1988) 참조.

찬히 바라보는 작품이다. 반면에 '너무 큰 나무'는 가정부가 화자(narrator)가 되어 가정부의 관점을 드러내며 자신이 일하는 집안을 관찰하는 작품이다. 두 작품 모두 가정부의 존재감을 부각시키는 방법으로 당시 중산층과 상류층 집안 분위기를 그리고 있다. '점순이'는 가장의 시각에서 가정부에 대한 동정과 관심을 그리고 있으며, '너무 큰 나무'는 가정부의 관점에서 상류층 집안에서의 식모의 위상을 노출하면서 가장인 사회 명사의 이중적 속성을 풍자적으로 그리고 있다.

가정부는 개인 가정에 고용되어 식사, 청소, 세탁, 장보기 등의 가사노동을 하는 여성으로 정의되는데, 1970년대까지도 도시의 많은 가정에서 어린 여성을 가정부로 고용하여 가정살림을 꾸려갔으나 상대적 저임금과 비인간적 대우 등으로 그들은 대우가 나은 다른 일자리를 찾아 옮겨 다녔다. 이후 가정부 일은 파출부로 명칭이 바뀌어 입주가 아닌 시간제 파트타임으로 되고 임금도 높아졌으며, 2000년대 들어서는 조선족 동포를 비롯한 외국인이 자리를 차지하고 있다. 지금은 금전적 대우나 사회적 대접 면에서 여건이 향상되어 하나의 직업인으로서 인정을 받고 있으나 1950-1970년대는 비인간적 대우가 심했다. 최일남의 두 작품에서 대상으로 하는 시기는 1970년대 중반이므로 가정부의 대우가 낮은 시기이어서 가족구성원으로서 인정도 받지 못하는 경우가 많았던 시절이다.

이 글에서는 최일남의 두 작품에 나타나는 등장인물들의 대화나 작가의 지문을 토대로 1970년대 가정부들의 집안 내에서 존재감이나 대우 면에서 그들의 위상은 어느 정도였으며, 그들이 집안의 어른인 가장과 가족관계를 보는 눈은 어떠하였는지를 간접적으로나마 점검해보기로 한다.

2. 작품의 개요 및 문제의 제기

1) 점순이

이 작품은 가정부가 식구가 아닌 집안의 비품이나 소도구의 하나쯤으로 여기던 집안의 분위기 하에서, 화자(narrator)로 등장하는 가장인 나는 어느 날 일찍 퇴근하여 가정부의 존재를 인식하면서 그녀가 합당한 대우를 받지 못하고 있는데 대한 마음의 부담감에서 스토리가 시작되고 있다. 방에서 낮잠을 자던 중 응접실 쪽에서 들려오는 남녀의 대화소리에 잠이 깨어 들려오는 소리를 들은 즉, 호구조사를 나온 공무원의 질문에 멈칫거리면서 주춤주춤 아내가 대답하는 모양이었다. 호구조사원이 말미에 식구수를 점검하던 중 식모는 없는지 묻는 것이었다. 아내는 식모를 가정부로 정정하여 부르며 점순이를 생각해내고, 성을 몰라 그녀를 불러 확인한 후, 차점순이라고 조사원에게 알려주는 목소리가 들렸다. 가장인 나는 이미 오래 전부터 우리들 자신의 생활 속에 같이 들어와 있는 그녀를 오늘 새삼스럽게 발견한 것이다. 점순이의 성이 차가라는 것도 새삼스러운 발견이었다. 즉, 점순이는 지금까지 우리 집 생활 속에 있었고 그리고 또한 없었던 존재로 인식되어온 것이다. 가정부는 아내가 첫애를 낳을 무렵부터 두기 시작하였으니 십이삼 년째 되는 것으로 생각이 들었다. 가장인 나는 이튿날 퇴근하면서 점순이 생각이 나면서 과자 한 봉지를 사들고 와 대문을 따주는 그녀에게 먹으라고 주었다. 점순이는 순간 놀라고 당황하여 얼굴이 새빨개졌다. 나는 무슨 큰 잘못이나 저지를 것처럼 체신머리 없이 약간은 가슴이 두근거리기까지 하였다. 그러나 점순이는 그 과자봉지를 아내에게 갖다 주었는데, 그녀로서는 주인아저씨의 행동이 엉뚱하기도 했을 것이고, 내심 놀라기도 하였을 것이다. 이러한 상황에서 작품에서는 선물을 준 가장의 감정을 다음과 같이 표현하고 있다.

> "그러고 보면 설혹 점순이가 그걸 받았다손 치더라도, 그래서 어쩌자는 건지, 내 자신의 마음도 잘 설명할 수가 없었다. 다만 지금까지 까맣게 잊어버리고 살아오던 한 식구에 대한 새삼스러운 관심내지는 교류 같은 것을 꾀해 보자는 얄팍한 심정이 그런 행동을 취하게 한 동기인 것도 같은데 그러면서도 마음 한구석에는 얼시구 대단한 인도주의자 하나 나왔군. …… 하는 자신에 대한 비꼬움이 도사리고 있었다."

과자봉지 사건이 있은 며칠 후 가장인 나는 엉뚱하게도 여자화장품 몇 가지를 사들고 나섰다. 점순이에게 전달방법을 고심하던 중 아내가 처가 쪽 저녁모임에 참석하게 되어 화장품을 전달할 기회를 가지게 되었다. 그날 퇴근하여 점순이의 방으로 들어가 나이가 몇이며, 양친은 계신지를 묻고는 화장품을 전달하고 방을 나왔다. 화장품을 사들던 때보다도 그것을 전해준 지금 마음이 더 씁쓸했다. 아내에 대한 불편한 마음이 떠오르기도 하고 무엇보다도 점순이를 기쁘게 하기 보다는 자신의 얄팍한 동정심을 충족시키려는 어떤 자위행위 따위가 싫어졌다.

점순이에게 화장품을 건넨 지 이틀이 지난 후 아내가 퇴근 시간에 맞추어 회사근처 다방에서 불러내 다짜고짜로 "당신 이게 무슨 짓이우? 나잇 살이나 자셔 가지고" 하면서 몰아세웠다. 화장품을 전달한 것을 아내가 알고 한 바탕 따지러 온 것이다. 아내는 점순이가 "아저씨가 우습다"고 말하더란 전언까지 덧붙이면서 오늘 나갔다고 한다. 순간 가장인 나는 마음속 저 밑바닥에 흐르는 어떤 허망함을 어쩌지 못했다. 어찌 보면 가장의 그 동안 한 식구에 대한 무관심을 만회하고자 하는 심연의 순수한 생각이 현실적 관념 벽에 부딪쳐 정신이 번쩍 드는 사건일지도 모른다.

2) 너무 큰 나무

이 작품은 가정부인 나를 화자로 내세워 사회 명사 집안의 이중적 행태를 고발하고 있다. 주인아저씨는 꼭두새벽부터 밤 열한시가 다 될 때까지 하루도 집에 머무르는 일이 없으며, 다른 식구들도 차려다 준 밥상을 물리기가 바쁘게 모두가 어디론가 향하곤 한다. 대학생인 큰 아들은 하루 종일 나다니다가 아버지보다 한 시간 쯤 일찍 들어오며, 고3짜리 큰 딸은 학교에서 돌아오기가 무섭게 수학, 영어, 국어 과외 공부를 번갈아 하느라고 집에 붙어 있지를 않는다. 중학교 1학년인 막내딸도 바빠, 하교해서 가방을 던져 놓고는 자기 키보다 큰 첼로를 힘들게 안고는 어디론가 나간다. 주인아주머니도 무척 바빠서 아침에 식구들이 모두 나가고 나면 어김없이 전화를 붙잡고 늘어지다가 약속을 만들어 바쁘게 차려입고 어디론가 나간다. 작가는 가정부 눈에 비친 당시 주인집 모습에 이어 집밖의 거리 상황을 다음과 같이 묘사하고 있다.

"…… 그 짧은 거리에서 보는 사람마다 어쩌면 그렇게 발걸음이 바쁜지 모르겠더라. 옛날 우리 시골에서처럼 흐느적흐느적 걷는 사람은 눈 씻고 볼래야 볼 수가 없고, 모두가 모두 쇳소리가 나게 쌩쌩 걷더라."

작품에서는 1970년대의 여유 있는 집안 가정주부들의 모습이 가정부의 눈을 통하여 나타나고 있다. 즉, 가정부는 주인아주머니의 생활상을 토대로 추측하기를 "주부가 살림을 꾸려 나가자면 할 일도 많고, 살 것도 많고, 계도 여러 구찌 들었을 테니까 자연히 외출도 잦아지겠지만 반드시 그렇지만도 않은 모양이다. 한 집에 살다 보면 말을 안 해도 대충 나로서는 짐작이 가는 것이다. 내 알량한 육감으로도 아주머니는 꼭 긴요한 볼일이 생겨서만 나가는 것이 아닌 것이다. 그날의 화장의 정도, 옷 모양으로 얼추 아주머니의 행방을 때려잡을 수 있는데, …… 아주머니의 외출은 볼일 반, 바람 쏘이고 친구 만나 입 놀리는 일이 반반인 것이다."라고 당시 중상류층 주부들의 모습을 그리고 있다.

주인은 사회 명사로서 우체부도 집주소가 대충 나와 있어도 우편물을 어김없이 배달하며, 주소가 없는데 어떻게 아셨느냐는 가정부인 나의 놀라는 말에 서울에서도 알아주는 명사 댁인데 그걸 모르냐며, 사람 얕보지 말라고 도리어 핀잔을 줄 정도이었다. 장난감 공장을 차려 돈 많이 벌어 외제차를 타고 다니는 이웃집 아저씨도 허리를 구십도는 너무하고 칠십도 쯤 꺾어서 인사를 하는 것을 보면서 가정부인 내가 집안에서 겪는 주인아저씨 모습과는 너무 차이가 난다는 것이다. 또한 텔레비전에도 뻔질나게 나오고 신문에 사진과 글이 나오는 것은 예사이다. 잡지사 같은 데서도 기자와 카메라맨이 찾아와서 아저씨의 말씀을 열심히 적고 열심히 사진을 찍어가는 일이 드물지 않다. 작품에서는 사회 명사로서 주위 사람들로부터 존중을 받는 주인아저씨라는 인물의 이중성이 그 집안 가정부의 눈을 통하여 구체적으로 그려지고 있다. 주인아저씨는 남을 대할 때와 흉허물 없는 식구를 대할 때의 태도가 너무 다르다는 것이다. 식구들을 대할 때는 물론 심지어 가정부인 나에게까지도 툭 터놓고 지나가다가도 일단 상대가 바깥사람이면 칼로 베인 듯이 싹 태도가 달라진다. 예를 들면, 사회생활을 하자면 서로 입장을 바꾸어 이해하여야 하는데, 그러자면 우선 피차간의 대화가 필요하다는 것이고 우선 가정에서부터, 특히 부모와 자식 간에 흉허물 없이 터놓고 대화를 하여야 한다는 것이다. 그러나 주인아저씨가 집에서 식구들과 터놓고 얘기를 나눈 것을 본 적이 없다. 분명히 여러 사람이 본 아저씨가 진짜고 나는 촌무지렁이라 내가 비뚤어지게 아저씨를 잘못 보고 있는지에 대한 고민이 깊어감을 토로할 수밖에 없다. 아저씨는 퇴근하여 집안으로 한발자국 들여놓은 걸음걸이부터 사뭇 흐트러져 바깥에서의 걸음걸이와는 영 딴판이다. 모르긴 해도 자기가 맡은 배역을 실수 없이 치르려고 잔뜩 긴장해 있던 배우가 자기 소임을 마치고 무대 뒤로 돌아올 때가 그렇지 않나 싶다.

이러한 사회 명사의 이중적 태도에 대하여 가정부인 나는 멀리서 보면 아름답던 산도 막상 그 속에 들어가 보면 뭐가 뭔지 모르듯이 나도 너무 아저씨의 곁에 가까이 있어서 어떤 때는 무엇이 아저씨의 정체인지 잘 모를 때가 많다. 오히려 좋은 점 보다는 헬렐레한 구석이 더 자주 눈에 띄어서 속으로는 사람 볼 줄도 모르는 스스로를 책망하는 것이다. 큰 나무의 바로 밑둥에 서서 보면 그 나무의 꼭대기가 안 보이듯이 지금의 자신의 위치가 그렇지 않나 싶다고 얼버무린다. 결론적으로 작가는 한 사회 명사의 집안 내에서 겪는 가정부의 눈을 통하여 지식인의 사적 생활상과 공적 생활상의 심한 부조화를 꼬집고 있다.

3. 작품에 나타난 1970년대 가정부의 위상

최일남의 작품들은 주로 시골출신으로 도시에 정착한 중산층의 고향에 대한 향수와 출세한 사람들의 허위의식을 다루고 있다. 우리 사회에서 다소 소외된 가정부를 대상으로 한 작품은 찾아보기가 어려운 상황에서 식구로서 가정부를 다룬 '점순이'와 '너무 큰 나무'는 너무나 인간적인 시도임에 틀림없다. 오늘에 이르러서는 가사를 담당하는 하나의 직업군으로서 분류될 수 있으나, 1970년대는 입주하여 그야말로 식구로서 가사를 담당하였지만 정작 가족구성원들로부터는 식구로서 제대로 존중 받지 못하는 처지였다. 구체적으로 당시의 가정부의 위상을 작품분석을 통하여 알아본다.

1) 가장의 입장에서 본 가정부의 위상

가장의 입장에서 가정부의 위상을 다룬 작품은 '점순이'이다. 작품에서는 가장을 비롯한 가족구성원들이 가정부를 식구로서 인식하지 않고, 식구들의 의식 밖에서 맴돌고 있는 장독대나 사닥다리 등과 같은 존재로서만 생각하고 있는 듯하다. 호구조사에서도 식구로 떠올려지지 않고 무수히 들고 나고 하는 타인으로 인식되었을 뿐이었다. 그들의 존재는 작품에서 다음과 같이 관심 밖의 인물로 묘사되고 있다.

> "한해 두해를 한지붕 밑에서 살다가도 어찌 어찌하여 보따리 하나 싸들고 안녕히 계세요. 오냐 잘 가라, 헤어지는 인사를 나누고 대문을 꽝 닫으면 그만, 다시 피차 별 볼일 없는 타인이었다. …… 그 동안 우리 집을 드나든 가정부가 대여섯 명은 너끈히 될 것 같은데, 나는 그들의 이름을 하나도 기억하지 못하고 있다. 아내도 기껏 한 두 아이의 이름 밖에는 기억해내지 못할 것이다. 나는 이름은 고사하고 그들 중 어느 하나의 얼굴도 기억해 낼 수가 없다."

가장인 나는 일하는 아이(가정부)들 문제는 완전히 아내의 소관으로 털끝만치도 관심을 기울이지 않았다. 가정부의 들고 나는 일을 하찮은 일로 간주하여 마음을 쓰지 않는 것이 가장의 본분을 지키는 것이라고 생각하였다. 그러던 어느 날 집에 일찍 들어와서 호구조사원의 하는 말을 듣고, 갑자기 주변의 살림살이나 생활환경 가족 따위를 되돌아보는 데서 가정부인 점순이를 의식하게 되었다고 묘사하여 그녀의 위상이 인간적 대접을 받지 못한 것으로 보인다. 즉, 가장은 자신의 식구가 다섯인 것으로 알고 있다가 동거인이라는 이름의 가정부가 하나 더 붙어서 여섯 식구라는 것을 실감하였다. 그러나 또 하나의 식구에 대해서는 너무나 아는 것이 없다는 생각이 들자, 점순이에 대한 미안한 마음 등과 같은 복잡한 심경에 이르게 하여 두 차례에 걸쳐 선물을 전달하지만 그의 마음속 생각은 그대로 받아들여지지 않았다. 오히려 아내로부터는 불순한 행동으로 비난받았고, 점순이로부터는 음흉한 남자로 치부되는 억울한 오해와 함께 배척을 받았다.

　1970년대는 가난한 농촌의 소녀들이 가족의 생계를 분담하거나 책임질 역할을 담당하기 위하여 도시의 중산층과 상류층의 가정부로 들어와 가사일을 전담하였다. 이들은 공단에 진출한 여공들과 함께 산업화와 도시화시대의 기반을 담당한 역군이었다. 여공의 분투를 그린 작품은 많지만 가정부의 진정한 역할을 다룬 작품은 많지 않다. 작품 속에서 가장인 나는 가정부에 대한 생각을 자신의 가난했던 시절 누님을 떠올리며 심정적 애틋함을 다음과 같이 묘사하고 있다.

"나는 점순이도 저나름대로 닿고 있을 어떤 가난의 끈 - 가령 작은 논밭에 매달려 사는 다 늙은 부모, 제대를 하고 와서 농사일을 거드는 것도 아니요, 그렇다고 취직도 하지 않은 상태에서 떤떤히 놀고 있는 오빠, 몇 달째 구멍 난 운동화를 신고 다니는 동생들을 생각하면서 때로는 망연해 하겠지 싶자, 갑자기 측은한 생각이 들었다."

가장인 나는 이런 생각을 하며 점순이에게 선물을 전달하는 과정에서 몹시 쭈볏거리면서 조심조심 하는 그녀와 얘기를 나누었으며, 자신의 순탄하지 못했던 소년시절이 그녀의 얘기 속에 얹혀져서 우울한 생각이 들었다고 속마음을 드러내고 있다. 작가는 선물 전달 건에 대한 자신의 해명을, 우연히 호구조사원의 방문을 계기로 동거인에 대한 무심했던 자신에 대한 책망과 함께 선물을 전달함으로써 가장으로서의 의무 같은 것을 이행하였다는 데서 찾고 있다. 그러나 점순이로부터 반향은 불순한 의도를 가진 주인아저씨의 선물제공이며, 추근거리는 남자들의 상투적 행위라는 것이다. 그러면 소설 속의 가장의 선의와 점순이의 오해의 간격은 어디에서 찾아야 하는가? 먼저 가장은 과거 어렸을 적 겪었던 가난을 생각하며 자신의 과거 인식에 젖어 점순이를 생각하였으나 이미 한 세대가 흘러 1970년대는 나름대로 생활사정이 향상되어 젊은이들의 생각도 달라졌다는 점을 지적할 수 있다. 즉, 가장과 점순이의 세대 간의 차가 오해를 불러 올 수도 있다. 점순이도 이미 세상물정을 다 알고 있어 가장의 선의를 남자들의 상투적 접근으로 오해할 수 있을 것이다. 가정부의 관점에서는 자신의 위상이 집안 내 남자들로부터 공격받을 수도 있는 불안한 처지라는 것을 인식하고 있다.

2) 가정부의 입장에서 본 가정부의 위상

세상물정에 무지하고 단순한 소녀 가정부인 나는 작품 속 관찰자로서 사회 명사의 이중적 행태를 고발하는 과정에서 자신의 위상을 저울질 하고 있다. 자신이 생각해볼 때는 지극히 평범하고 헬렐레하기까지 한 우리 아저씨를 왜 이웃은 물론 사회에서는 유명한 인물로 존경하고 있는지 도저히 이해할 수 없는 것이라고 하소연을 늘어놓음으로써 자신을 사회물정을 모르는 철부지 소녀로서 위상을 설정해 놓고 있다. 주인공인 가정부는 자신의 위치를 다음과 같이 자조적이면서 해학적으로 묘사하고 있다.

"나야 이 집의 가정부(괜히 부르기 좋게 이런 말이 생겨 그렇지 갈 데 없는 식모지 뭐)니까 집안에만 붙박혀서 쎄가 빠지게 일만하고 있으니까 우리 아저씨가 밖에서 동으로 뛰는지 남으로 뛰는지 잘 모르기는 해도 식모살이 수 삼년에 척하면 삼천리라고 그만한 짐작은 나도 할 줄 안다."

자신은 외출이라야 다 저녁때 시장 보러 가는 일이 고작이라고 표현하여 바깥 세상일에 어두울 수도 있지만 그 때마다 보는 사람들의 모습을 통하여 바쁘게 돌아가는 세상을 짐작할 수 는 있다는 것이다. 즉, 남의 얘기할 것 없이 우리 집 아저씨는 물론 다른 식구들도 자신이 차려다 준 밥상을 물리기가 바쁘게 모두 어디론가 후닥닥 털고 일어서는 것으로 보아 짐작하건대 세상은 바쁘게 돌아가는 것으로 주장할 수 있다는 것이다.

정작 주인아저씨가 바쁘게 하시는 일이 많다는 것은 아는데 무엇을 하시는 분인지, 정확한 직업이 무엇인지 한솥밥을 먹으면서도 잘 모른다는 것이다. 그러한 아저씨에 대한 생각과 자신의 처지에 대하여 이웃집 가정부 심순이와의 대화에서 다음과 같이 드러낸다. 즉, 우리 주인아저씨가 텔리비에 나와서 얘기를 하는 모습을 보았다며, 말을 걸어왔지만 아저씨가 무슨 이야기를 했는지에 대하여는 상호 입을 닫았다. "단지 제 푼수나 내 푼수에 말을 알아먹을 까닭도 없지만, 무슨 말을 어떻게 했는지에 대해서는 구태여 신경 쓸 게 없다는 태도였다. 따지고 보면 제나 내나 그렇고 그런 처지이기는 해도. ……"로 표현하여 가정부 자신들의 자조어린 한계를 스스로 설정하고 있다.

자신의 한계를 설정하면서도 주인집과의 관련성을 진하게 느끼고 있음을 다음과 같은 가정부의 독백을 통하여 짐작할 수 있다.

"내가 무슨 이 집의 호적에 오른 사람이라고, 아저씨가 남들의 존경을 받고 잘 되는 것이 까놓고 말해서 피 한 방울 안 섞인 나와 직접 관련된 것은 없다. 그러나 나는 내가 모시고 있는 아저씨가 사회 명사인 것을 자랑스럽게 여기고 있다. 기왕이면 다홍치마라고 이런 집에 들어와서 일하는 것을 다행으로 생각하고 있다. 한 가지를 배워도 배울 것이 많으리라는 생각이다."

주인아저씨가 사회 명사라 배울 것이 많을 것으로 기대하였으나 지내면서 보니 보통 아저씨와 다를 것이 없는 이런저런 허물을 드러내는 행태를 보여 실망스럽기도 하였다. 그러나 가정부인 나는 차라리 허물이 드러나는 아저씨의 모습이 좋을 때도 있다고 마음속으로 생각하는데, 이는 평범하고 허물 있는 아저씨를 통하여 같은 인간이라는 동류의식과 가족구성원이라는 자부심을 갖게 된다는 것은 아닐는지? 그런데 작품 속에서는 가정부의 다음과 같은 독백을 통하여 근무환경과 연결시키고 있다.

"…… 그렇지 않아도 어려운 주인어른이 너무 범접하기 힘들만큼 근엄하다면 나로서는 숨통이 막힐 지경일 것이다. 그런데 우리 아저씨는 내가 이해하기 힘든 구석은 많이 있어도 집에서는 저 양반이 왜 저럴까 할 정도로 허리띠를 풀어 놓는 바람에 아저씨 대하기가 수월하기는 하다. 심지어 어떤 때 술이 과하게 취해서 들어오면 꽤 큰 소리로 유행가를 부르기도 한다. 그 유행가라는 것이 대개는 한물 간 정도가 아니라, 푹 곰삭은 노래여서 나를 웃긴다. …… 그것은 마치 어렸을 때 일자무식이던 우리 아버지가 술만 취하면 부르던 노래인 쑥대머리와 무엇이 다를까보냐"

여러 사람으로부터 존경을 받는 아저씨를 은근히 자랑스럽게 여기지만, 한편으로는 우리 아버지와 같이 허물을 가진 아저씨의 모습을 보면서 마음의 여유를 가지게 된다는 것이다. 그러나 가정부로서 자신의 월급에 대하여는 사회 명사다운 처리를 못해주셔서 서운한 마음을 가지게 된다. 옆집 심순이는 월급이 심심찮게 오르는데, 자신의 경우는 입으로 꺼내기 전에는 신경을 써주지 않는다는 점이다. 서운한 점을 다음과 같이 토로하고 있다.

"솔직히 얘기해서 우리네는 인간적인 대우도 대우지만, 때가 되면 조금씩이라도 월급이 오르는 것을 깨소금 맛으로 알고 붙어사는 건데, 우리 집 아저씨나 아주머니는 한 번도 자진해서 이 얘기를 꺼낸 적이 없으니 뿔다구가 날 밖에."

주인아저씨에 대한 가장 큰 실망은 가정부인 내 월급 인상여부를 아주머니로부터 상의를 받고 "잘 달래서 다둑거리라구. 그리고 당신도 그렇지, 나처럼 바쁜 몸이 식모 월급까지 신경쓰게 됐어?"라는 말을 하는 것을 듣는 순간 최고조에 달하였다. 평소 아저씨의 말이나 행동으로 보아서는 지나가는 말로라도 '거 좀 올려주지 그래' 이 말 한마디만 했더라도 이렇게 서운하지는 않았을 것이라고 되뇌었다. 물론 가정부 월급은 대개 아주머니들이 정하고, 바깥양반들은 가정부가 얼마를 받고 있는지 그리고 무슨 생각을 하고 지내는지도 모르고 살아가는 것이 보통이었던 시절이다. 결론적으로 작품에서는 가정부의 관심사항을 거론하고 있는데, 먼저 주인이 사회 명사이면 배울 점도 많아 도움이 되어 환영할만한 일이며 이는 근무환경의 좋은 조건으로 보지만, 무엇보다 중요한 것은 월급 오르는 것이라고 주장하고 있다. 그러나 월급은 주인아주머니 처분에 맡겨져 있어 가정부의 위상은 허약한 처지이다.

4. 작품의 분석 및 평가

이 글에서는 최일남의 단편소설, '점순이'와 '너무 큰 나무'에 나타난 1970년대의 가족구성원으로서 가정부 위상을 분석해 보았다. 본문에서 분석한 결과 이외의 소감을 피력하면 다음과 같다.

첫째, 1970년대는 산업화와 도시화로 농어촌의 노동인력이 도시로 유입이 왕성하게 이루어진 시대이다. 풍부한 노동인력의 도시 유입은 당시 열악한 근로조건임에도 불구하고 폭발적으로 이루어졌다. 어린 소녀들은 도시 중산층 가정에 가정부로 들어가거나 공단으로 진출하여 치열한 삶을 살며 우리나라 경제성장의 과정을 지켜본 역사의 증인들이다. 그런데 이 작품에서는 어린 가정부들이 집안 내에서 제한된 정보만으로 인식과 판단을 하는 모습을 보여주고 있다. 즉, 그들의 내면적 섬세한 삶의 모습보다는 이질적인 가족구성원들과의 바쁘게 돌아가는 관계에서 언제나 타인일 수밖에 없는 이들의 자조와 해학적 독백만을 다루었다. 이들의 도시 유입배경과 관련된 개인적 가정사에서 오는 내면세계의 복잡성이나 사회적 반응 및 그들이 기여한 사회적 역할은 다루지 않았다.

둘째, 점순이가 일하는 주인이 대지 40평의 단독주택에 사는 중견 사원 정도의 월급장이로 설정되어 있는데, 당시 인건비가 저렴하더라도 평범한 중산층에서는 가정부 고용이 쉽지 않았던 시절이다. 다소 치밀하지 못한 구성이라고 할 수 있다. 또한 '너무 큰 나무'

에서 사회 명사인 주인아저씨의 가정에서의 행동을 지나칠 정도로 어색한 못한 모습으로 묘사하는 등 과잉 폄하가 넘친다. 사회와 집안에서의 각기 다른 이중적 행태를 보이는 출세한 속물 인간을 고발하고자 하는 의도를 가지고 구성을 하다 보니, 가장에 대한 집안에서의 행태 묘사가 지나친 수준 이하로 그려지고 있어 불신의 벽만 높아지고 종국에는 허무주의로 귀착될 수도 있다.

셋째, 가정부의 눈에 비친 가장의 집안 내 위상이나 역할이 왜소하게 그려지고 있다. '점순이'에서 가장은 집안의 구색을 맞추고 있는 한 모서리에 불과할 뿐 생활도구의 하나처럼 그리 대단하지도 않은 위상을 가진 것으로 표현하면서 결과적으로는 가장은 나이 어린 식모나 희롱하는 하찮은 남자로 비쳐지고 있다. '너무 큰 나무'에서는 가장이 집안 내 대소사에 대하여 조그만 권한까지도 아내에게 빼앗긴 모습으로 그려진다. 즉, 가장이 자녀들 학교생활에 대한 궁금증을 제기한데 대하여 아내로부터 타박을 받는 모습이라든지, 가정부 월급 인상 건에 대한 아내의 협의에 대하여는 스스로 아웃사이더가 되어버리는 가장의 모습 등은 가장으로서 너무 나약하게 그려진 광경이다. 결과적으로 나약한 가장에 대한 가정부의 동정 내지는 연민의 정을 자극하는 장면이 과다 노출되고, 후반부로 갈수록 그러한 장면이 점증하여 당초 작품의 목표인 출세한 자의 이중적 모습을 부각시키자는 의도에서 벗어나 그의 허물을 완화시키는 결말로 치달아 작가의 의도를 짐작하기 어렵다.

<한맥문학 2018년 11월>

저자 약력

□ 홍 정 화

경기도 화성 출생
동국대학교 및 동 대학원 수료(경영학 박사)
가천대학교 교수 및 경영대학원장
한국상업교육학회장
한국회계정보학회장
한국경영학회 이사
대통령실 정책자문위원
한국노동연구원 감사
〈한맥문학〉 평론부문 등단(2017년 12월)
한국문인협회 회원
국제PEN클럽 한국본부 회원
한맥문학동인회장
현재, 가천대학교 경영대학 명예교수, 학교법인 동남학원 이사

[저서] 『문학 속의 경제현장 분석』(도서출판 두남, 2020)
- [2021년 문화체육관광부 선정(세종도서)] -

● 문학 속의 가족관계 분석

초 판 1쇄 인쇄 ── 2023년 12월 5일
초 판 1쇄 발행 ── 2023년 12월 11일
지은이 ── 홍 정 화
펴낸이 ── 전 두 표
펴낸곳 ── 도서출판 **두남**
　　　　　서울시 강동구 성내로 6길 34-16 두남빌딩
　　　　　신고 : 제25100-1988-9호
　　　　　TEL : 02) 478-2066, 2067
　　　　　FAX : 02) 478-2068
　　　　　E-mail : dnbooks@dunam.co.kr
　　　　　http://www.dunam.co.kr

● 정가 19,000원

ISBN 978-89-6414-979-9　03800